U0920459

国家治理
与财政学基础理论创新

马　珺　高培勇◎主　编

中国社会科学出版社

图书在版编目（CIP）数据

国家治理与财政学基础理论创新/马珺，高培勇主编.
—北京：中国社会科学出版社，2017.3
ISBN 978-7-5161-9976-3

Ⅰ.①国… Ⅱ.①马… ②高… Ⅲ.①国家—行政管理—研究—中国 ②财政学—研究—中国 Ⅳ.①D630.1 ②F812

中国版本图书馆 CIP 数据核字（2017）第 042013 号

出 版 人 赵剑英
责任编辑 王 曦
责任校对 王纪慧
责任印制 戴 宽

出 版 中国社会科学出版社
社 址 北京鼓楼西大街甲 158 号
邮 编 100720
网 址 http：//www.csspw.cn
发 行 部 010-84083685
门 市 部 010-84029450
经 销 新华书店及其他书店

印 刷 北京明恒达印务有限公司
装 订 廊坊市广阳区广增装订厂
版 次 2017 年 3 月第 1 版
印 次 2017 年 3 月第 1 次印刷

开 本 710×1000 1/16
印 张 22.25
插 页 2
字 数 329 千字
定 价 102.00 元

序　言

高培勇　马　珺

党的十八届三中全会通过的《中共中央关于全面深化改革若干重大问题的决定》（以下简称《决定》）对于财政的地位做出了全新的定位："财政是国家治理的基础和重要支柱。"这一定位是决策层在将财政融入国家治理体系的同时，第一次从根本上摆正了财政的位置。它标志着，以此为转折点，财政与财税体制已经同国家治理紧密对接，并且，作为国家治理体系的一个重要组成部分，财税体制改革已经同国家治理的现代化进程联系在一起，在彼此交融、相互促进的更高平台上、更广范围内发挥基础性和支撑性作用，由此也提出了重建中国特色财政学学科体系的理论任务。然而，当代主流财政学以资源配置为研究重心，因此无法对如何建立和维护一个好的国家治理体系的理论诉求做出回应。

2016 年 5 月，习近平总书记在哲学社会科学工作座谈会上的讲话提出：要建立中国特色哲学社会科学学科体系，其中就包括财政学学科建设。然而，财政学应当研究什么、应当怎样来研究，在学术思想史上历来是有争议的。传统财政学将财政作为资源配置的手段，在经济学框架下研究财政问题。如果将财政作为国家治理的基础和重要支柱，则超越了经济范畴，必然要求财政学研究也要超越单纯的经济学视野，采取跨学科研究方法，面向经济学、政治学、社会学、公共管理、历史学等多个学科。这无疑是财政学基础理论构建的一个新契机。

中国社会科学院财经战略研究院作为国家级学术型智库，有责任和义务承担起这一基础性理论问题的研究。这些年我们在这方面努力探索，为此设立了相关的基础学者研究项目，也获得了国家社会科学基金重大项目支持。为了引导和推动这一研究取得进展，凝聚学界更多力量参与此项研究，中国社会科学院财经战略研究院邀请京内外专家学者40余人于2014年10月25—26日在北京召开了“国家治理与财政学基础理论创新”研讨会。与会的专家学者分别来自中国社会科学院财经战略研究院、财政部财政科学研究所（现名为中国财政科学研究院）、中央财经大学、上海财经大学、厦门大学、南开大学、南京财经大学、中共上海市委党校、中南财经政法大学、对外经济贸易大学、国务院发展研究中心、北京工商大学等学术单位。

研讨会自2014年6月开始筹办，主办方先期在《财贸经济》、中国社会科学院财经战略研究院网站、中国经济学教育科研网、人大经济论坛网等媒体发布了征文启事，在来稿中筛选了18篇、总计30余万字的优秀论文结集成册，作为与会者共同研讨的基础。本书即是在论文集的基础上、历经2年时间修订而成。在本书付梓之际，书中部分论文已经在各级学术期刊上公开发表，为此我们一一征得了原出版方的同意以获准重印。

本次会议重点关注财政学基础理论问题，与会者就财政学基础理论的建设进行了深入、全面、富有成效的讨论，达成了一定的共识。会议的主要议题涉及以下几方面：

1. 财政学基础理论创新的必要性、可行性和方向

中国社会科学院财经战略研究院高培勇教授（现为中国社会科学院经济研究所所长）指出，十八届三中全会《决定》做出了一个重大的理论贡献，即把国家治理这个概念由学术语言转变为官方语言，并且以国家治理的现代化来统领各方面的改革进程。以十八届三中全会为标志，中国实际上进入了一个国家治理现代化的时代。十八届三中全会《决定》在财政基础理论上取得的突破有三：一是从根本上摆正了财政和财税体制的位置；二是从宏观上厘清了财税改革与全面深化改革的关系；三是从总体上勾画了现代财政制度的基本形态。当前局限于经济学视野的财政学研究能否匹配这一改革要求，是财政学界必须面对和给出答案的课题。

高培勇教授强调，作为一个颇具历史和理论高度的全新论断，“财政是国家治理的基础和重要支柱”揭示了中国财政运行新规律的基本底色。随着现代财政制度的构建，有关财政的基本概念、基本方法和基本理论面临着一系列重大挑战，直面中国财政发展步入新阶段的现实，不失时机地推进财政基础理论创新，为中国财政实践提供学理支撑和方法论支持，以此为基础，建立起体现中国特色、中国风格、中国气派的中国财政学体系，是时代赋予我们的神圣使命。

财政部科学研究所刘尚希所长（现为中国财政科学研究院院长）认为，财政学要有所创新，必须超越财政学科的局限，站在人类社会发展的高度，放眼整个社会科学来思考财政问题。天津财经大学李炜光教授亦强调，财政学研究要有大问题和元问题意识。

中国社会科学院财经战略研究院杨志勇研究员认为，中国公共经济改革与政策实践呼唤公共经济学理论体系创新，同时实践也为理论体系创新提供了素材。对中国改革成功实践的系统总结，可望促进包括公共经济学理论在内的一般理论的发展。

杨志勇认为，国内传统的财政学研究、公共管理学和经济学同时参与了财政学（公共经济学）在国内的发展过程，目前实际上形成了国内公共经济学三足鼎立的状况。从发展力量上看，三者还不够均衡。不同视角的发展，为财政学（公共经济学）在中国的发展提供了养分，也为公共经济学理论体系创新提供了可能。由于财政学理论体系创新难度很大，需要在扎实的研究基础之上稳步推进。可以在财政学（公共经济学）思想史，财政史（公共经济史），新比较财政学（公共经济的比较研究），财政学（公共经济学）的理论前沿研究，中国公共部门的界定、机构设置与运作的经济研究等方面先深入研究，再在相关成果的基础之上推进新的财政学（公共经济学）理论体系构建。

2. 财政学研究方法论

中国社会科学院财经战略研究院马珺研究员区别了西方财政学研究传统下的两大研究范式（配置范式和交易范式），及其各自形成与特色、其方法论基础和国家观念。认为配置范式财政学作为新古典微观经济理论的应用性分支，与交易范式财政学（即从“交易”的视角研究人类社会治理和公共秩序构成的范式），存在方法论上的重大区别。财政学研究追求在配置范式下的理论和方法创新固然重要，但超越这一范式，对财政学的性质及其发展方向提出批判性的新认识，同样值得重视。

3. 财政学研究的多学科视角

来自比较政治学、财政社会学、财政政治学、财政史学等领域的学者分别从其各自的学科视角，对国家治理与财政学理论建设的话题发表了意见。

天津财经大学的冯杨副教授、李炜光教授强调，财政在国家运作中有着纲举目张的地位。熊彼特（1918）就提倡从财政来观察国家、国家的性质、国家的形式以及国家的命运。自近代开启从传统到现代的转型以来，中国正经历深入改革的关键历程，并正式提出了财政是国家治理的基础和重要支柱，其改革是一场关系国家治理体系和治理能力现代化的深刻变革，是立足全局、着眼长远的制度创新。若要更为深刻地认识思考这一关键历程中的财政改革和国家治理问题，必须打破藩篱，融合政治学、经济学、历史学等多个学科的理论视野，并在当今全球化开放经济的时空背景下对财政问题加以研究。

刘志广（中共上海市委学校）副教授、李炜光教授等财政社会学学者，主张以大历史观来理解和研究历史上和现实中的财政问题。刘志广强调，财政社会学的诞生源于对财政学技术化的反思，并曾被认为就是财政学本身，其核心思想是，财政问题是社会问题、经济问题和政治问题等的根源，它要求宏大理论架构与宏大历史述事相结合。要通过财税体制改革推进国家治理体系和治理能力现代化，我们必须创新财政学基础理论。财政社会学在当代的兴起，及时回应了这一要求，我们可以站在财政社会学的立场上，对现有财政学理论进行整合，从而深入理解财政与国家治理的关系。

上海财经大学的刘守刚副教授提出，当前的学科体系将财政学定位为经济学的一个分支，这样的定位不能满足财政学科自身发展的要求，有必要接续国内外探讨财政学政治属性的传统，探索财政研究的政治学路径，发展财政政治学学科。财政政治学可以在与财政经济学、财政社会学相互区分的基础上建立自己的研究对象和研究方法。

针对多学科视野的研究是否淡化了财政学作为一门学科的主体性，多数与会专家认为，多学科研究视野并不妨碍财政学的学科主体性，无论从哪个角度来研究——诸如财政社会学、财政政治学、公共经济学、财税法学、财政史学、财政思想史等——它们都还是对财政学的研究。重要的不是研究的角度，而是财政学的研究起点是什么，人们应该围绕什么来展开研究。

迄今为止，财政学的研究起点至少有公共物品、广义外部性等，刘尚希研究员主张从风险和不确定性切入，他认为国家是一个组织化的过程，是人类共同体面对公共风险、其组织化程度得以提升的过程，正是有了这一起点，人类才形成一种共识，即通过公共化以面对风险，以维护共同体的生存和发展。

4. *西方财政学在中国传播的历史、发展与未来*

中南财经政法大学邹进文教授回顾了西方财政理论在中国近代的传播、运用与发展，阐述了自清末至民国财政学作为“西学”东渐的历程。他还通过对海外留学生博士论文的考察，厘清了近代留学生在财政学研究上所做的工作。

厦门大学的张馨教授和刘晔教授分三个时期，即计划经济时期、改革开放至20世纪末以及21世纪，对新中国成立60余年以来财政学在中国的发展进行了系统的总结与概括。马珺梳理了16世纪以来西方财政学在全球的发展史，她认为，进入21世纪之后，中国财政学步入全面跟随和模仿英美的快车道。这一背景奠定了如今中国财政学教学与研究的主流风气，即无论是研究主题还是研究方法，都普遍地向英美主流财政学看齐。这一做法虽然有利于中国的财政学研究迅速融入国际主流，但对财政学研究全面发展的作用未必全部是良性的。

未来财政学在中国的发展将会走出一条什么样的道路，在这一点上目前还存在分歧。有的学者认为，财政学的国际化、科学化、量化研究趋势不可避免，中国在人才培养、学科建设和研究方法上都应主动适应和融入这一国际趋势，在此基础上围绕中国问题做出对财政学的独特贡献。

也有学者认为，财政学的国际主流思路是将其作为资源配置问题来对待，这一单一化的视野必定限制人们对复杂的财政问题的理解。为此，一些学者呼吁重视西方财政学的欧洲大陆传统，引入“交易”的研究视角。马珺特别强调了社会取向财政学（social - oriented approach to public finance）的新近研究成果，认为其将财政问题作为人们如何实现自我治理的问题来研究的思路，对于构建作为国家治理的基础和重要支柱的财政学理论，在方法论上有值得借鉴之处。另一些学者则建议引入不同学科的研究视角，丰富和改造当前以经济学为基础的财政学理论体系。

中央财经大学马海涛教授、白彦锋教授认为，推进国内财政学研究的国际接轨，应注意保持财政学院系和专业设置的本土特色，维护财政学的本土人格。我国财政改革的实践丝毫不落后，落后的是国内的财政学研究，如何将国际经验中国化、中国经验国际化，这是国内财政学界面临的严峻挑战。我国台湾等地出现的财政学乃至经济学者不关注本土财政问题、以发表国际期刊文章为唯一目标的做法是不可取，也是不可效仿的。

5. 财政学的前沿研究趋势

南京财经大学朱军副教授介绍了财税理论在国际上的新发展，包括向计量财政、空间财政、实验财政、行为财政、动态财政、结构模型与公共政策评估等多个方面的拓展，认为这对于我国的财税理论研究和教学改革，对于我国相关财税政策研究的内容革新和科学依据提供了丰富的理论背景和方法论支撑。

此外，一些学者的发言涉及了财政学专门研究领域的进展。其中，对外经济贸易大学毛程连教授、吉黎博士介绍了现代财政理论中的激励相容思想，厦门大学经济学院王艺明教授则提供了中国财政政策与货币理论 30 年来的研究进展。上海财经大学马国贤教授、李艳鹤博士以加拿大为例，从理论和案例两个维度分析“什么是预算绩效管理”和“如何建立预算绩效管理制度”的问题。马国贤教授强调绩效对于国家治理的核心意义，他还专门谈及绩效时代的财政学建设问题。中国社会科学院财经战略研究院赵早早副研究员分别从经济、管理与政治的视角，阐述了她对财政预算理论进展的看法。

6. 财政学量化研究方法

与会学者认为，量化研究方法是当今主流研究趋势。朱军指出，计量经济学的迅速发展和广泛应用，不可避免地将其研究领域和研究视野拓展到公共财政领域。基于时间序列、截面数据和面板数据模型的计量经济学方法，有效地运用到了公共财政领域。在计量财税领域中，对于传统的财政学学科体系而言，需要开设基本的计量经济学方法论课程，开设基于方法论的《计量财税文献》课程。

在厦门大学王艺明教授看来，财政学研究使用什么方法不是最主要的，量化研究方法在经济学视野下运用得多一些，在社会学、公共管理等视野下则应用得少些，都是学科规律使然，无可厚非。但只要是选择使用了量化研究方法，就应当考虑到中国特殊的制度背景，在建模的时候，使中国的制度特征能够和西方引进的模型很好地结合起来。他认为，至少从国内作者的宏观经济学论文来看，能够真正把中国的宏观制度背景与计量模型结合起来的文献少之又少。在财政学的量化研究上，应该吸取这一教训，做出真正有质量、有价值的研究来。

7. 财政学学科和教学体系的构建

马珺以财政学教科书为例，展示了财政学的两种范式在国内外教学上的应用情况。她认为，建立在配置范式基础上的、具有工程学特征的财政学，是自 20 世纪 50 年代以来的国际主流范式，21 世纪以来，国内财政学教学与科研的主流是对这一范式的模仿和跟随。但是，如果财政学教学与研究更多地吸纳交易范式的精髓，将治理问题作为其研究的核心，考虑到中国社会制度背景的独特性，则中国财政学有可能在模仿和跟随之外，做出自己的独特贡献。

朱军指出，虽然中国财政学教学和研究的制度背景已经完成了从“计划经济”向“市场经济”的转变，但财政学（含税收学）教学和研究的内容、方法和人才培养方案的转换尚未完成。我国目前还没有对现代财税教学和研究的方法论基础、研究视域拓展形成系统化的认识，基于工具方法的现代财政“教研体系转换”还没有真正开展。

朱军认为必须革新传统的公共财政课程体系，他还提出了改革公共财政专业课程体系（含本科教育和研究生教育）的政策建议。例如，在硕士生和博士生的培养方案中，应全部包含现代的计量财政、空间财政、实验财政、行为财政、动态财政、结构模型与公共政策等方面的内容。这些课程的基本方法训练和文献阅读训练要系统化、深入化，以便提高人才培养的专业性、研究的专业性，并与国际接轨，缩短中国财政学专业教学和研究与国外的差距，真正实现教学和研究的现代化、国际化和前沿化。

厦门大学经济学院谢贞发副教授结合自身在国外知名大学访学的经历，分析了美国本科生与研究生财政学教学内容特点，并提出了将“国际化”与“本土化”相结合的教学改革思路。他认为，以重要的中国式财政理论和现实问题为导向，以重要研究文献为基础，融合多学科的研究成果，形成中国式财政学的系列专题，应成为重构中国式财政学教学体系的重要发展方向。

上海财经大学的曾军平副教授指出，作为一门以寻求“治国之道”为取向的学问，财政学如果要在社会改革与发展中发挥其应有的理论引领作用，其理论分析不应局限于研究人与物的关系，而应转向研究人与人的关系，以人际利益冲突的解决为核心议题。这要求财政学应将对公平正义的探索作为其研究的中心。这种公平正义原则，是针对规则的，而非针对结果的；是针对事前的，而非针对事后的。朱为群教授、曾军平副教授还专门就公平正义原则在税制建设上的运用撰文分析。

经过充分研讨，与会者在如下方面达成了初步共识：

第一，与会学者普遍认为，相对于其他经济学科，比如金融学或会计学，财政学在国内的发展是滞后的，不仅滞后于国际学术发展的步伐，也同样滞后于财政改革实践的步伐。改革开放以来，财政学虽然已有一定发展，但是跟随和模仿国外的研究较多，创新和发展包含中国经验的研究较少。研究工具方面取得的进步较大，而思想、思维创新的进步较小。财政学研究取得的进步大，而财政学教学（特别是本科教学）取得的进步小。官方将财政定位于国家治理的基础和重要支柱，已经超越了财政学界对于财政学的认识。对此，财政学界应有清醒的认识，并抓住这一契机，推动新的历史条件下财政学基础理论的创新。

第二，与会者认为，创新并不意味着放弃传统，面对分立的知识，财政学研究者应始终保持谦逊之心，认识到财政学研究必须能够包容不同的视角、方法、工具和理论，否则，都极易对全面、科学的财政学研究构成障碍。

第三，财政学者应该建立起自己的专业自信，坚持问题导向的研究。财政学是治国理政的学问，避免把财政学仅当作资源配置问题来研究，不要把财政系办成一个个的“小经济系”。

第四，财政学研究在追求科学化的同时，还要保持对历史和人文的敬畏。由于财政与政治、经济、社会的紧密关系，从财政学中确实可以比从别的学科中发现更多独特的中国元素。特别是，中国正处于全面深化改革阶段，中国公共部门覆盖范围较广，运作方式特殊，这些都为财政学（公共经济学）理论体系的创新提供了素材。反过来说，理论的创新，也可以为财政改革提供理论支持。

作为会议的主办方，我们感谢与会专家学者对本次研讨会的大力支持。我们深知，本书的出版作为集体努力过程的一个见证，它仅仅代表我们全部研究征程上迈出的第一步，远未达到最终目标。愿以此次会议作为起点，沉下心来做基础研究，当下最根本的就是践行习总书记讲话精神，建设中国特色社会主义财政学的理论体系、学科体系和课程体系，中国社会科学院财经战略研究院愿意与大家共建这一体系，为大家做好搭建平台和铺路搭桥的工作。最后，中国社会科学院哲学社会科学创新工程基础学者项目对本次会议的召开给予了资助，在此致谢。

目　录

第一编　总论

第二编　多维视野下的财政学

第三编　财政学教学与研究

第四编 税制改革、预算管理及其他

第一编　总论

论中国财政基础理论的创新[①]

——由“基础和支柱说”说起

高培勇[*]

（中国社会科学院经济研究所　100836）

摘　要：作为一个颇具历史和理论高度的全新论断，“财政是国家治理的基础和重要支柱”揭示了中国财政运行新规律的基本底色。随着现代财政制度的构建，有关财政的基本概念、基本方法和基本理论面临着一系列重大挑战，我们正迎来财政基础理论创新的重要契机。因而，直面中国财政发展步入新阶段的现实，不失时机地推进财政基础理论创新，为中国财政实践提供学理支撑和方法论支持，以此为基础，建立起体现中国特色、中国风格、中国气派的中国财政学体系，是时代赋予我们的神圣使命。

关键词：财政理论创新　财政运行规律　现代国家治理　中国财政学

一　引言

中共十八届五中全会将创新定义为引领发展的第一动力并将其摆

*　作者简介：高培勇，中国社会科学院学部委员、中国社会科学院经济研究所教授。研究方向：财政理论与政策。E－mail：gaopy@ cass. org. cn。

①　论文首发于《管理世界》2015 年第 12 期。

在国家发展全局的核心位置，由此做出了不断推进理论创新、制度创新、科技创新、文化创新等各方面创新的战略部署。可以认为，至少在中国未来五年以及更长的一个时期内，创新将贯穿于党和国家一切工作，成为引领中国经济社会发展的新航标。

理论是行动的先导，创新自然要从理论创新做起。作为排在诸方面创新第一位的理论创新，无疑是实现创新发展的战略基点。中国财政基础理论的创新便是一个显著的例子。

自中共十八届三中全会以来，“财政是国家治理的基础和重要支柱”——不妨将其简称为“基础和支柱说”——无疑是被中国社会各界引用最多的全新论断之一。这当然与全面深化改革的深入推进直接相关。作为在全面深化改革的背景下提出、对全面深化改革实践具有“路线图”意义的“基础和支柱说”，本来就是回答全面深化改革从何处起步、以什么为重点之类问题的。但是，除此之外，还应当看到，“基础和支柱说”之所以能够如此迅速传播并引起广泛关注，亦源于它是一个颇具历史和理论高度的全新论断。

“基础和支柱说”所带来的最突出变化，就是以往作为经济范畴、经济领域要素之一的财政，跨越经济、政治、文化、社会、生态文明和党的建设等所有领域而跃升至国家治理层面，在国家治理的总棋局中加以定位。

“基础和支柱说”所蕴含的最重要意义，就是以往作为经济范畴、主要在经济领域定位的财政，在跃升至国家治理层面、于国家治理总棋局中定位之后，不仅其功能和作用获得了全面提升和拓展，而且作为第一次从根本上摆正了财政位置的回归本义之举，亦获得了学理支撑和方法论支持。

以创新的理念加以理解和审视，“基础和支柱说”显然是我们在深刻总结国内外财政发展经验教训的基础上形成的，也是在深刻分析国内外财政发展大势的基础上形成的，更是针对我国财政发展中的突出矛盾和问题而提出的。它标志着我们对中国特色财政运行规律以及经济社会发展规律的认识达到了一个新高度。

故而，从“基础和支柱说”出发，全面推进中国财政基础理论的创新，无论是对于深化财税体制改革，加快形成适应国家治理体系和治理能力现代化要求的各领域基础性制度体系，还是对于提高经济新常态下的财政发展能力和水平，如期实现全面建成小康社会的奋斗目标，都是一项非做不可、意义重大的基础性工作。

本文的出发点和归宿即在于此。

二　中国财政运行新规律的基本底色

认识到“基础和支柱说”具有前所未有的理论和实践意义，如下几个互为关联的问题不能不接踵而至：

（一）“基础和支柱说”是在什么样的语境下提出来的？

不难发现，中共十八届三中全会是在将国家治理概念引入官方语系，并且以国家治理的现代化作为统领全面深化改革总目标的同时，做出“基础和支柱说”这一全新论断的。习近平总书记明确指出，此次提出全面深化改革，“就是从国家治理体系和治理能力的总体角度考虑的”。这就是说，“基础和支柱说”是在国家治理命题的语境下提出来的。所谓基础和支柱，是相对于国家治理而言。说到底，它终归是国家治理的基础和重要支柱。没有国家治理，不将国家治理现代化提上议事日程，就没有“基础和支柱说”。离开了“基础和支柱说”，也就谈不上国家治理，更谈不上国家治理现代化。两者如同一对连体婴儿，是在如影随形、亦步亦趋的状态下一道进入人们视野的。

换言之，“基础和支柱说”是和国家治理或国家治理现代化命题捆绑在一起的。只有从两者相辅相成、互为条件的关系中理解“基础和支柱说”，才可能给出恰如其分的阐释。

（二）为什么直至今天才做出“基础和支柱说”的论断？

翻遍几乎所有的财政文献，在中共十八届三中全会之前，我们很难发现类似“基础和支柱说”这样的表述。即便在论及其他方面问题时，勉强可以迂回地找到一些与此表述近似的踪迹，也难以直接摆上国家治理与财政之间关系的层面。它的缘起，显然同中共十八届三中全会“站在新的历史起点上”——建设现代意义国家，实现国家治理现代化——的战略思维密切相关。

从历史上看，传统计划经济体制的最显著特征，就是把几乎所有的社会资源集中到政府手里，并由政府直接支配。在那个时候，长官意志主导一切，“治理”二字既提不到议事日程，更难以与国家对接、形成国家治理概念。在改革开放初期，当改革主要立足于经济体制、发展主要聚焦于经济领域的时候，我们不可能提出国家治理现代化的命题，也不可能形成建设现代意义国家那样的目标。只有在我们基本确立社会主义市场经济体制框架、跻身于世界第二大经济体之后，当我们有资格、有基础、有底气、有条件打造现代意义国家的一般制度形态的时候，才会提出推进国家治理体系和治理能力现代化的目标。

进一步说，中国经济发展和社会进步的过程，也是社会结构和利益格局深刻变动的过程。特别是市场经济的深入发展，不仅使得原有的阶级、阶层和利益群体发生分化，而且催生了一些新的社会阶层和利益群体，呈现出多元、多层的利益关系格局。不同于以往经济社会主体相对单一、利益关系相对简单的社会结构和利益格局，随着不同社会阶层、利益群体逐渐形成，经济社会主体日趋多样性和多元化，不同利益群体之间发生矛盾和冲突的可能性大大增加，传统的国家治理方式已经与此不相适应，需要启用与现代市场经济和现代社会结构相匹配的现代国家治理结构来协调越来越繁多的各种利益矛盾和冲突，包容越来越复杂的各种利益关系，规范越来越难以处理的责任、权力和利益，从而形成一种共谋、共建、共担、共享的利益共同体，保证经济发展和社会进步的全面可持续。

也正是因为我们今天走到了这一步，才会有财政被纳入国家治理体系以及与之相匹配的“基础和支柱说”的出现。

这意味着，“基础和支柱说”是中国经济社会发展到一定阶段的产物，它标志着中国财政迈上了一个新的历史发展阶段。

（三）“基础和支柱说”是否具有超越改革的一般意义论断？

“基础和支柱说”显然是在全面深化改革的历史背景下提出的。它带给我们的一个重要启示就在于，随着改革深入到经济、政治、文化、社会、生态文明和党的建设等所有领域一起联动的阶段，作为各领域体制改革的一个交汇点，财税体制改革须发挥基础性和支撑性作用。但是，一个不容回避的问题是，“基础和支柱说”究竟是仅具有改革的特殊意义、仅适用于改革背景下的财政功能和作用定位的表述，还是具有一般意义、系关于财政在整个国家经济社会生活中长久功能和作用定位的表述？

这是一个至关重要的关节点。因为，如果是前者，那么，当我们完成了全面深化改革的任务之后，这一论断便可能不再适用或不再存在了。如果是后者，那么，无论是在全面深化改革进程之中还是在此之后，这一论断都要作为关于财政功能和作用定位的基本原理而与我们长期相伴。

毫无疑问，中国的改革和发展已经进入到以国家治理现代化为目标定位的阶段。站在现代国家治理的立场上，无论从哪个方面看，财政都是国家治理体系的一个不可或缺的组成部分。更为关键的是，它还不是具有一般意义的组成部分，而是处于基础和重要支柱位置的组成部分，恰如血管一样分布于国家治理体系的方方面面和枝枝蔓蔓。只要中国改革和发展的方向不可逆转，在大概率上，财政都要作为中国国家治理体系的基础和重要支柱而定位功能，发挥作用。

（四）“基础和支柱说”是否是人类社会历史发展的共同规律？

将视野由中国伸展至世界，站在历史的峰峦之上，还可以看到，作为一个世界性的趋势性变化，“多一些治理，少一些统治”，或者“从统治走向治理”，是21世纪世界主要国家政治变革的重要特征（俞可平，2014）。所谓现代国家的一般制度形态，其实质就是现代意义的国家治理体系和治理能力。中共十八届三中全会所勾画的“完善和发展中国特色社会主义制度，推进国家治理体系和治理能力现代化”蓝图，正是在深刻认识世界发展潮流的基础上，立足中国国情，所做出的事关中国改革和发展前行方向和前途命运的战略抉择。

有别于传统的统治（government）概念，治理（governance）并非单一向度的管理，而是一个上下互动的管理过程，其实质是建立在市场规则、公共利益和广泛认同基础之上的合作。因而，它所涉及的要素和领域空前复杂和宽广，既须凝聚包括政府、企业组织、社会组织和居民自治组织等在内的尽可能多的人的意志，又须协调多元利益主体特别是公共利益与个体利益之间的冲突，还须覆盖经济、政治、文化、社会、生态文明和党的建设等多个角度或所有领域。与此相对应，国家治理体系和治理能力自然要匹配这一格局的要求。

比较分析表明，在所有国家治理活动所涉及的政府职能中，由于所有政府活动的进行均要以财政资金的及时、足额到位为前提条件，只有财政职能可以覆盖所有的政府职能，并由此影响经济、政治、文化、社会、生态文明和党的建设等所有领域，因而它是一项最具综合意义的基本政府职能；在所有国家治理体系所涉及的制度安排中，由于国家治理体系格局的任何变化均要伴之以财税体制的同步变化，只有财税体制的触角可以伸展至国家治理体系的各个环节，并由此影响经济、政治、文化、社会、生态文明和党的建设等所有领域，因而它是一项最具基础意义的基本制度安排；在所有国家治理事务所涉及的利益关系中，由于所有公共事务均要最终落实在政府与市场、政府与社会、中央与地方等方面关系的调整上（楼继伟，2014），通过财政收入的缴纳、财政支出的拨付以及财政资金的调动所形成的财政关系，实际构成了这些利益关系的基本方面，只有财政关系可以承载并牵动公共事务线索上的各方面利益，并由此影响经济、政治、文化、社会、生态文明和党的建设等所有领域，因而它是一条最具“牛鼻子”意义的基本关系链条。

这意味着，现代国家治理体系和治理能力与财政的基础性和支撑性作用是相辅相成、密不可分的统一体。伴随着人类社会向着现代国家治理阶段前行的进程，财政天然地要作为国家治理的基础和重要支柱存在和运转。我们可以合乎逻辑地认为，“基础和支柱说”是一个具有一般意义的、同现代国家治理相匹配的财政运行规律的论断。它不仅适用于改革，而且适用于发展。不仅适用于当前，而且适用于未来。不仅适用于中国，而且适用于世界。它是一个人类社会历史发展的共同规律。

上述分析告诉我们，“基础和支柱说”勾画了中国财政运行新规律的基本底色。在国家治理体系中履行基础和重要支柱的使命，已经成为中国财政必须致力于完成的经常性工作和根本性任务。我们应当全面而适时地调整以往习以为常的理念、思维和做法，以与以往大不相同的理念、思维和做法推动中国财政理论和实践的转型。以此为基础，全面构建中国财政运行的新格局。

三　一份大致清单：财政基础理论面临的挑战

“基础和支柱说”以及由此推动的中国财政运行新格局的构建，涉及一系列重大的财政理论和实践问题。其中，首要的是财政基础理论。所以，在认识当前、规划未来时，我们首先应当沉下心来，对照“基础和支柱说”，认真地对有关财政的基本概念、基本方法和基本理论做一番清理。

如下是迄今能够拿出的一份大致清单：

（一）关于财政概念

对于财政，我们历来把它视作一个经济范畴并在经济生活领域来定义它。在我们使用多年的财政学教科书中，所谓财政，就是政府的收支或政府的收支活动。并且，政府的收支或政府的收支活动之所以必要，其最根本的原因，就在于满足通过市场机制解决不了或解决不好的社会公共需要。或者，就在于提供或生产通过市场机制解决不了或解决不好的公共物品和服务（高培勇，2004）。换言之，它所关注和对接的是政府职能层面的基本问题。

随着财政被从经济领域推进到国家治理层面，进而被纳入国家治理体系之中，并且注意到国家治理是一个整体性、系统性概念，国家治理体系也绝非某一领域、某一方面可以涵盖，从国家治理的总体角度加以定位，财政固然仍可表述为政府的收支或政府的收支活动，但它不再仅是一个经济范畴，而是一个可以跨越经济、政治、文化、社会、生态文明和党的建设等多个学科的国家治理范畴。它也不再仅属于经济领域，而是一个可以覆盖经济、政治、文化、社会、生态文明和党的建设等所有领域的国家治理要素。并且，从根本上说来，在国家治理层面的政府收支活动之所以必要，就在于满足存在于不同经济社会主体之中的公共利益——社会公共需要。或者，就在于提供或生产与各个经济社会主体公共利益相对应的公共物品和服务。换言之，它所关注和对接的是国家治理层面的基本问题。

这就是说，在某种意义上，“基础和支柱说”揭示并带来了财政概念性质的深刻变化。以此为转折点，财政具有了鲜明的“综合性”特征：一个可以跨越多个学科、覆盖所有领域的综合性范畴和综合性要素。

引申一步讲，财政既然是一个“多元”函数，那么，将“多元”变量而非“一元”变量置于财政的视界之中，从“更高层面、更广范围”的现代国家治理意义上定位财政——治国理政的基本线索，是“基础和支柱说”的题中应有之义。

（二）关于财政职能

对于财政职能，我们通常将其与政府职能层面的基本问题相对接，从政府弥补市场失灵的职能出发，而概括为优化资源配置、调节收入分配和促进经济稳定（高培勇等，2007）。① 这种概括，显然是在财政作为一个经济范畴、系政府从事的收支活动的认识基础上做出的。既然是一个经济范畴而非其他方面的范畴，财政职能自然主要指的是财政在经济领域所具有的内在功能。或者，作为一个经济范畴的财政，可以在经济领域发挥或具有哪些固有的、不可替代的作用。既然是政府的收支活动而非其他行为主体的收支活动，财政职能当然要纳入政府职能体系之中，作为政府所履行的职能之一来厘清其可能的边界。

---

① 其他类似的概括还有“资源配置职能、收入分配职能、经济稳定和发展职能”（陈共：《财政学》，中国人民大学出版社 2012 年版，第 25—30 页）。

在财政作为一个国家治理范畴和国家治理要素被从经济领域推进到国家治理层面之后，财政所履行的职能便要与国家治理层面的基本问题相对接了：作为国家治理的范畴，财政职能自然不限于经济领域，而须伸展至经济、政治、文化、社会、生态文明和党的建设等在内的所有领域。作为国家治理的要素，财政职能除了对接政府的职能之外，还要对接国家治理领域的其他经济社会主体的行为，并由此牵动经济、政治、文化、社会、生态文明和党的建设等领域在内的各种活动。正是在这样一种背景下，中共十八届三中全会站在国家治理的总体角度，从国家治理的基础和重要支柱的意义出发，将财政职能高度概括为“优化资源配置、维护市场统一、促进社会公平和实现国家长治久安”。如此的概括，无疑已经远远超出传统经济领域和政府职能的边界。

这就是说，“基础和支柱说”揭示并带来了财政职能格局的深刻变化。以此为转折点，财政职能具有了“跨越一般政府职能”的特征：一项可以覆盖并牵动国家治理领域诸方面活动的基础性、支撑性政府职能。

引申一步讲，财政职能既然是可以跨越各种政府职能的交汇点，那么，将多种性质的政府职能而非单一性质的政府职能置于财政职能的视界之中，从“统揽全局”的现代国家治理意义上定位财政职能——治国理政的重要抓手，是“基础和支柱说”的题中应有之义。

（三）关于财政活动主体

按照以往的定义，财政专指政府的收支或政府的收支活动。既是由政府来组织的、集中性的收支活动，它的活动主体自然只能是政府。除此之外，以其他企业组织、社会组织或居民自治组织为主体的收支活动，都不属于财政。这是财政收支活动区别于其他收支活动的基本特征。这意味着，财政收支须以政府作为主体、为前提。没有政府这一活动主体，财政这种经济活动也就不复存在。并且，在财政活动中，政府处于主动的、支配的地位。政府是财政活动的决定者和组织者，财政收入的取得，财政支出的安排，其规模大小、来源怎样、使用于什么方向，在很大程度上取决于政府的意志。

然而，在国家治理的视界内，其活动主体并非单一的。除了政府之外，还包括企业组织、社会组织乃至居民自治组织。政府不仅是治理的主体，而且也是被治理的对象；社会不再只是被治理的对象，也是治理的主体。这意味着，随着财政收支被纳入国家治理视界，作为在国家治理层面运行的一种重要活动，它不再只是单向的，同时也是互动的；不再只是独占的，同时也是共享的。因而，尽管政府仍须在财政收支中发挥主导性作用，仍旧在财政活动中居于核心地位，但不再是唯一的主体。除了政府之外，企业组织、社会组织或居民自治组织也是财政收支活动的重要参与者。并且，有关财政收支的决策和组织，除了要体现一定的强制性之外，更需在政府与社会广为互动的基础上贯彻协商性，即所谓协商民主。

这就是说，“基础和支柱说”揭示并带来了财政活动主体的深刻变化。以此为转折点，财政活动主体趋向于“多元化”：一种由政府主导、多元利益主体参与的政府收支活动。

引申一步讲，财政活动主体既然是多元化的，那么，按照人人参与、人人尽力、人人享有的共享发展理念，将协商民主置于财政活动主体的视界之中，从“多元交互共治”的现代国家治理意义上定位财政活动主体——“民主财政”或社会参与式财政，进一步提高财政决策的透明度和民众参与度，是“基础和支柱说”的题中应有之义。

（四）关于财政学科属性

对于财政学科，无论出于根深蒂固的理念，还是基于功利方面的考虑，我们从来都是把它作为一门经济学科来定性的。在计划经济年代和改革开放初期，即便它曾经被定性为政治经济学的一个分支，但在人们的内心深处，政治经济学和经济学本来就是同义语。随着市场经济体制的逐步建立以及经济学科的日趋繁荣，财政学作为一门经济学科的事实，更是几乎从未有人质疑过。故而，财政学科不仅在教学与科研领域被纳入经济学科加以管理，而且在实践中，与其相对应的财政职能部门和财政管理工作亦被划入经济领域，归属于所谓“经济口”。于是，在人们的眼中，财政问题就是经济问题，财政政策就是经济政策，财政工作就是经济工作，如此等等。

一旦站在国家治理的立场上，从财政作为国家治理的基础和重要支柱意义出发，肯定会随之发现，财政问题绝不仅仅是经济问题，财政政策绝不仅仅是经济政策，财政工作也绝不仅仅是经济工作，而是跨越经济、政治、文化、社会、生态文明和党的建设等所有领域的综合性问题、综合性政策、综合性工作。这就意味着，对于类如财政问题、财政政策和财政工作这样的事项，倘若仅仅停留于经济学视野、按照经济学的思维加以分析和处理，显然是不够全面的，甚至可能是挂一漏万的。拘泥于现有的学科分类，不加区分地套用某一个学科去分析和处理国家治理层面的问题，更是不够科学的，至少是同国家治理层面的需求不相适应的——可能因此看漏财政在政治、文化、社会、生态文明和党的建设等领域的功能和作用。正如财政是一个综合性范畴和综合性要素一样，作为一门学科的财政学，实质是经济学、管理学、政治学、法学、社会学等多个学科的融合体。当然，这并不排除经济学可能在诸多学科中处于主导地位，其他学科则可能是补充性的、辅助性的。但无论如何，经济学绝非财政学的全貌（刘尚希，2015），也非财政学的全部属性。

这就是说，“基础和支柱说”揭示并带来了财政学科属性的深刻变化。以此为转折点，财政学科还原于“交叉性”：一门以经济学为主导、兼容多个学科的交叉性或综合性学科。

引申一步讲，财政学科既然是拥有多个学科基因的混合体，那么，将财政学建立在多个学科彼此交叉、相互融合的根基之上，从“多视角”的现代国家治理意义上定位财政学科——关于治国理政的学问，是“基础和支柱说”的题中应有之义。

（五）关于财政学理论体系

任何学科都有自己的理论体系。仔细地观察、比较一下各个学科的理论体系，至少可以发现两个特点：其一，这种体系是由各个范畴和概念之间的内在联系构成的。其二，随着形势和环境的变化，范畴和概念也会发生变化，范畴和概念之间的内在联系需要重新说明，故而反映范畴和概念之间内在联系的理论体系也就需要相应调整。财政学自然也不例外。

对于以什么样的理论体系建构财政学，尽管人们的看法并非完全一致，但从大的方面着眼，在过去很长的一段时间内，主流财政学理论体系的基本逻辑关系是：以满足市场经济条件下的社会公共需要为逻辑起点，围绕履行政府职能层面的基本问题而界定财政职能，以此为基础，按照政府收支活动运行的内在联系依次引入各个相关范畴和概念。其中，进入政府职能层面的基本问题主要是优化资源配置、调节收入分配和促进经济稳定。故而，其体系架构大致归结为如下线索：政府与市场关系—社会公共需要—财政职能界定—财政支出规模与结构—财政收入规模与形式—财政收支平衡—财政收支管理—财政体制安排—财政政策布局。毋庸赘言，这样一个体系架构是建立在财政是一个经济范畴、财政职能主要限于经济领域、财政活动的主体是政府、财政学是一门经济学科等方面的认识基础上的。

现在的问题是，随着财政伸展为综合性范畴和综合性要素、财政职能延伸到国家治理层面、财政活动的主体趋向于多元化、财政学还原于交叉性或综合性学科，财政学科的理论体系又该做怎样的调整和改变？

尽管许多问题尚需做深入探讨，但从上述变化所蕴含的意义对照来看，对其基本逻辑关系做出如下的调整可能是必要的：以满足国家治理活动中的社会公共需要——而不仅仅是满足市场经济条件下的社会公共需要——为逻辑起点，围绕国家治理层面的基本问题——而不仅仅是履行政府职能层面的基本问题——界定财政职能，以此为基础，按照政府收支活动运行的内在联系依次引入各个相关范畴和概念。其中，按照进入国家治理层面的基本问题而界定的财政职能主要是优化资源配置、维护市场统一、促进社会公平和实现国家长治久安。具体线索可归结为：国家治理活动—社会公共需要—财政职能界定—财政支出规模与结构—财政收入规模与形式—财政收支平衡—财政收支管理—财政体制安排—财政政策布局。

这就是说，“基础和支柱说”揭示并带来了财政学理论体系的深刻变化。以此为转折点，财政学理论体系回归于“治国理政”轨道——以满足国家治理层面的社会公共需要为中心线索布局的逻辑体系架构。

引申一步讲，财政理论体系既然同国家治理活动相辅相成，那么，从现代国家治理意义上定位财政理论体系——以治国理政为中心线索的逻辑架构，是“基础和支柱说”的题中应有之义。

诸如此类的问题还有许多，但上述清单所列举的无疑是最重要的、最基本的。只有将这些问题一一搞清楚、说明白，分别做出清晰的理论解释，进而形成一个逻辑上自洽的理论框架，“基础和支柱说”方可真正落到实处，才不至于停留于口号和标签上。也就是说，我们亟待财政基础理论的与时俱进。

毫无疑问，这是中国财政学术界和实践层理应担当并努力完成的一项重要任务。

四　财政基础理论创新的重要契机

其实，随着客观世界的变化保持基础理论的与时俱进状态，系基础理论本身所须具有的基本品质。这是因为，所谓理论，无非是人们从实践中概括出来的关于自然界和人类社会知识的系统结论。毛泽东曾经说过，真正的理论在世界上只有一种，那就是从客观实际抽象出来又在客观实际中得到证明的理论。除此之外，没有任何别的什么东西可以称得起我们所讲的理论。

由于财政实践本身不仅在不断变化，而且在以令人眼花缭乱的速度变化，财政理论判断也好，财政理论概括也好，财政理论体系也罢，都极难达到对既有现实给予终极解释的境界。因而，面对多变、速变的世界，只有让财政基础理论跟上实践变化的进程，才能保持它的生命力。

（一）理论创新与实践变化的互动轨迹

追溯一下改革开放30多年来中国财政基础理论创新的基本轨迹，就会发现，事实上，财政基础理论创新同财政改革与发展实践始终是密切联系在一起的。

比如概念。在改革开放初期，使用计划经济的传统用语、用词来讨论财政问题并没有多大困难。后来，随着计划经济与市场调节相结合原则和有计划商品经济体制、社会主义市场经济体制的相继提出和确立，计划经济的传统用语、用词便行不通了。于是，计划经济的传统用语、用词便被相应替换为同计划经济与市场调节相结合和有计划商品经济、社会主义市场经济相匹配的用语、用词。在今天，我们所使用的很多财政概念以及其他相关范畴，都是改革开放以后出现的，都可归之于改革开放的产物。

再如方法论。以往的财政研究多习惯于以抽象的规范分析为主、以静态的定性分析为主，而不擅长定量分析。随着中国财政学融入世界的进程，特别是在社会主义市场经济体制确立之后，单纯思辨角度的研究便显得力不从心了。于是，规范分析和实证分析并重，定性分析和定量分析、静态分析和动态分析相结合的系统性研究，以及信息论、博弈论等一系列现代分析方法便被一一引入到财政问题的分析之中，甚至已经成为居主流地位的分析方法。

又如研究目的。在过去很长的一段时间中，财政研究往往侧重于揭示财政分配关系，强调透过现象看本质。那个时期形成的所谓不同学术流派，如国家分配说、价值分配说、社会再生产说、剩余产品说、国家资金运动说等，尽管表述有所不同，但均没有离开“财政本质”这个靶心。随着改革开放的不断深入，财政理论研究与财政工作实践之间的距离凸显出来了。于是，由以本质问题为中心的研究转向服务于经济社会发展，以财政与经济、财政与社会的关系为主线索，着眼于财政运行效应和财政运行机制的分析和描述，逐步演变为财政研究的主流状态。

还如宏观分析。对于财政收支，计划经济年代虽然也进行所谓宏观分析，但那时主要是被当作总量问题而放在综合平衡要素序列的。进入市场经济体制之后，随着总供求均衡这个具有普遍真理性的命题越来越多地提至人们面前，不仅财政收支越来越多地被当作宏观经济平衡中的一个重要砝码，而且宏观经济分析入主财政学学科的势头亦十分显著。于是，立足于宏观，从宏观角度探索财政问题，并且，运用宏观经济分析方法研究财政资源的配置，实现国民经济的持续健康发展，越来越成为财政基础理论创新的主流取向。

可以清晰地看出，中国财政改革与发展实践的变化，实质上是推动财政基础理论创新的重要源泉。故而，直面客观现实并与客观现实共进，积极而有效地回应实践层面的呼唤，无论过去、现在以及未来，始终都是中国财政基础理论创新的必由之路。

（二）直面中国财政步入新阶段的现实

聚焦当下的中国，财政改革与发展无疑步入了一个新的历史阶段。鉴于中国财政运行的规律已经发生极大变化，鉴于中国财政运行新格局的构建已经摆上议事日程，更鉴于这些变化是历史性的，躲不开、绕不过，留给我们的几乎唯一的选择，就是正视它们，并且谦虚地面对它们的挑战。

说到这里，有必要提及一件事情。曾经在不少场合多次听到这样的议论：相对于其他经济学科如金融学，这些年来，中国财政学的进步不大。如果说此种说法多少符合一些事实，那么，按照前述的道理，其基本的成因无非有二：实践层面的变化不大或尚未达到足以推动理论创新的地步；或者，理论创新未能完全跟上实践层面的变化。无论归结于哪一种情形，可以立刻得到的判断是，在当下的中国，我们正迎来财政基础理论创新的重要契机。

既然中国财政运行的规律已经发生极大变化，那么，围绕新规律，以财政运行规律为研究对象的中国财政学当然要做出新的理论诠释。围绕新诠释而展开的学术探索，本身即是中国财政学研究的富矿所在。

既然中国财政运行新格局的构建已经摆上议事日程，那么，围绕新格局，以服务于实践为己任的中国财政学当然要给予新的科学指引。围绕新的科学指引而展开的学术探索，本身即是中国财政学理论创新的源泉所在。

既然这些变化是历史性的，躲不开、绕不过，那么，无论你喜欢还是讨厌这些变化，都要不由分说地将其视作关系国家和民族发展的既定事实，在历史与现实相融合、理论与实践相结合的过程中进行集中阐释和系统解析。围绕这些阐释和解析而展开的学术探索，本身即是中国财政学进步的推动力所在。

所以，直面中国财政发展步入新阶段的现实，循着“基础和支柱说”的线索，从基础理论入手，不失时机地推进财政理论创新，为中国财政改革与发展实践提供学理性支撑和方法论支持，已成为时代赋予我们这一代财政学人的神圣使命。

（三）在“接地气”中推进财政基础理论创新

认识到推进中国财政基础理论创新的紧迫性，不妨说得更深入一些。

学术界通常将中国财政学的思想来源归结为两个方面：一是苏联财政学科体系；二是现代西方财政学（马珺，2015）。其实，除此之外，更全面地看，还应有第三个来源，这就是中国的“地气”——中华民族的思想传统和中国的实践。因为，无论哪一方面的思想，都只有在接上中国“地气”的前提下，才可能在中国生根、开花、结果。否则，简单照搬或照样移植，都难免以偏概全，水土不服，搞成“夹生饭”。应当说，对于今天的中国财政基础理论创新而言，第三个来源更值得我们关注，也恰是我们需要尽快补上的“短板”。

在过去的30多年中，中国财政取得的成就是有目共睹的。但与此同时，不能不承认，迄今为止，我们还未能真正建立起体现中国特色、中国风格、中国气派的中国财政学体系。在世界上，我们拥有的话语权也同中国的经济地位不相匹配。这是需要认真思考的。

从常识来看，中国财政之所以成功，一定是因为我们做对了什么。这些做对了的东西，当然是从苏联或现代西方的财政学教科书中难以直接找到的，也不可能是从马克思主义经典作家那里照抄照搬来的，而只能从中国的实践中来，只能在扎根于中国国情土壤的基础上产生。因而，把做对了的东西总结出来并上升于规律层面，本身就是理论创新，就是对财政学的理论贡献。

“基础和支柱说”仅是一个突出的例子。除此之外，值得提及的至少还包括公共财政体制、全口径预算、费改税、税利分流、分税制等。尽管这些具有理论创新意义的观点、主张、理念、思路等，是循着与西方主流财政学或苏联财政学科体系不大一样的研究范式生成的，但它们绝对是“接地气”的，是有用、能用、管用的，实践也可证明是做对了的东西。如果能按照国际学术规范将这些东西系统化，则不仅可以极大地推动中国财政基础理论创新的进程，而且可以通过讲好中国财政的故事而极大地增强中国财政学的国际话语权。

从根本上来说，这也是我们的理论自信、道路自信和制度自信的源泉所在。

五 结语

本文围绕中国财政基础理论创新的讨论主要是提出问题，而且在一定程度上主要是意识流状态的讨论。尽管目前的分析不乏新意，但还不很成熟，也尚未完全形成逻辑上能够自洽的框架。笔者期望，能以此为基础，在更广阔的范围内，将围绕此论题的研究深入下去。

迄今的讨论已经表明，从“基础和支柱说”出发，国家治理的现代化与中国财政学的现代化实质是一枚硬币的两个面。国家治理现代化的推进进程，就是中国财政运行新格局的构建进程。毋庸赘言，这也就是中国财政学向现代化目标逼近的进程。

注意到以国家治理现代化为总目标的全面深化改革和以建立现代财政制度为基本目标的深化财税体制改革的“时间表”均指向2020年，再注意到全面建成小康社会已进入决胜阶段，须下大气力破解制约这一目标如期实现的重点、难点问题，这意味着，在我们这一代财政学人的手上，理应实现初步建立起体现中国特色、中国风格、中国气派的中国财政学体系的愿景。

应当承认，这绝非一项可以轻松完成的工作。但是，我们只能义无反顾地朝着既定的目标扎实前行。

参考文献：

[1]《中共中央关于制定国民经济和社会发展第十三个五年规划的建议》，《人民日报》2015 年 11 月 4 日。

[2] 高培勇：《财政学》，中国财政经济出版社 2004 年版，第 15 页。

[3] 高培勇、杨志勇、杨之刚、夏杰长：《公共经济学》，中国社会科学出版社 2007 年版，第 18—21 页。

[4] 刘尚希：《重新认识财政》，载贝多广组编《大变革时代的中国经济》，中国人民大学出版社 2015 年版，第 78 页。

[5] 楼继伟：《深化财税体制改革建立现代财政制度》，《求是》2014 年第 20 期。

[6] 马珺：《财政学研究的不同范式及其方法论基础》，《财贸经济》2015 年第 7 期，第 15—28 页。

[7] 习近平：《切实把思想统一到党的十八届三中全会精神上来》，载《习近平谈治国理政》，外文出版社 2015 年版，第 90—91 页。

[8] 俞可平：《论国家治理现代化》，社会科学文献出版社 2014 年版，第 2 页。

财政学研究的不同范式及其方法论基础[①]

马 珺*

（中国社会科学院财经战略研究院　100028）

摘　要： 本文介绍了西方财政学[②]在全球的发展简史，特别是其中配置和交易两大研究范式的形成、其各自的特色、方法论基础和国家观念。文章还对当前由两大范式衍生出来的三种财政学进行了说明。作者认为，财政学研究追求在配置范式下的理论创新固然重要，但超越这一范式，对财政学的性质及其发展方向提出批判性的新认识，同样值得重视。

关键词： 财政学　配置范式　交易范式　治理

一　引言

中国历史上有丰富的财政思想，但缺乏系统的财政学。当代中国财政学的两大思想来源，一是西方财政学（至少包含英美和欧洲大陆两大传统），二是苏联财政学科体系。后者的影响力在当前已经式微。

---

* 作者简介：马珺，中国社会科学院财经战略研究院研究员、税收研究室副主任。研究方向：财政思想史、公共选择、税收经济理论、个人所得税。E－mail：majun@cass. org. cn。

① 论文首发于《财贸经济》2015 年第 7 期。获第五届（2017 年）“邓子基财经学术论文奖”。

② 本文中所言“西方财政学”，并非意指财政学有中西之分，而仅是因为系统的财政学研究起源于西方。

民国时期，中国的财政学研究以欧美为师，一度经历过短暂的繁荣期，但这一繁荣很快被战争打断（邹进文，2010）。新中国成立后直至改革开放之前，中国财政学教学与研究主要是师从苏联。20 世纪的最后 20 年，见证了中国财政学人如何摆脱意识形态桎梏、构建与社会经济发展相适应的财政学科体系的历程。其中，前一个 10 年（20 世纪 80 年代）财政学界的主要任务在于克服苏联财政学科体系的缺陷和意识形态因素对学术研究独立性的干扰；后一个 10 年（20 世纪 90 年代）的焦点，则在于大范围引入西方主流财政学教育资源，并致力于构建社会主义市场经济下的财政学科体系。其共同目标是要创建具有本土特色的中国财政学。进入 21 世纪，中国财政学步入全面跟随和模仿英美的快车道。随着高等财政学教育模式引入越来越多的英美元素，除了个别学者之外，本土财政学人基本上放弃了创建独立于西方财政学体系的追求，表现为财政学教学和研究上新的“一边倒”倾向。这一背景奠定了今日中国财政学教学与研究的主流风气，即无论是研究主题还是研究方法，都普遍地向英美主流财政学看齐（马珺，2012）。

财政思想史的研究表明，当代英美主流财政学确立于第二次世界大战结束之后，是以英美财政学传统及其国家观为底色，在工具性地吸收欧洲大陆财政学（下文简称“欧陆财政学”）成果的基础上发展而来的。它接纳了经济学研究向科学化、形式化和实证主义的转向，从而落实了财政学作为（新古典）经济学应用分支的学科定位（Rosen，1997，2002；Feldstein，2002；朱军，2010）。现代财政学由此演变为关于资源配置的学问，它关注政府的微观功能，即政府如何影响资源配置和收入分配，以及（根据某一规范标准）政府应该如何影响资源配置和收入分配（Rosen，2002），这也是财政学在当今中国的主流发展取向。

那么，究竟应当如何看待西方财政学自身及其在中国的这一发展呢？就西方财政学自身来讲，针对其研究对象、研究方法和财政学者所应扮演的角色，分歧早已有之，这一分歧至少可追溯至 20 世纪 30—40 年代，并且持续至今。虽然依托英美财政学传统的多数学者，长期以来位居主流，但依托欧陆财政学传统的少数学者并未被说服，双方在方法论和国家观念上的深刻分歧仍未弥合。

而在引进西学的过程中，中国财政学者内部的差异也日渐明朗。放下了最初带有意识形态色彩的争论之后，21 世纪以来争论的焦点在于，要不要接受当代西方主流财政学研究范式作为财政学在中国发展的唯一方向。正方认为，和经济学在中国的发展类似，财政学因循英美主流传统走科学化、形式化、国际化之路方是正途；反方则认为主流财政学虽然形式规范，但研究主题狭窄，研究对象单一，研究方法难以适应人类财政行为的复杂性，主张恢复财政学的跨学科研究传统，反对因追求科学化和形式化而损害对人类复杂财政行为的实际认知。长期以来，双方虽理念有异，但由于正方的立场实际位居绝对主导，双方力量悬殊过甚，并未形成对立之势，争论事实上隐而未发。然而，这一争论因中共十八届三中全会《决定》中对“财政”予以新的官方定位而显性化，反方学者从财政作为“国家治理的基础和重要支柱”这一官方措辞中寻求支持，以此作为财政学研究范式转向的合法性依据，积极倡导基于社会治理而非单纯资源配置的财政学研究取向（高培勇，2014；李炜光，2014）。

可见，财政学在中国的发展虽历经百余年，却仍在事关学科发展的基础问题上无法达成共识，这一背景足以引起我们思考，第一，财政学的研究对象是不是“资源配置问题”所能全面涵盖？第二，当代主流财政学研究范式是不是人们研究和认识财政学问题的唯一视角？本文认为，中国当下在这些问题上存在的不同看法，在一定意义上是西方历史上两大财政学研究范式之争的延续，尽管这一点为大多数参与者所忽略。欲使这一关于财政学性质，及其教学、研究方法的讨论有所收获，必然要求对西方财政学的两大不同范式及其各自的方法论基础和各自秉持的国家观念有全面的认识，本文的主旨即在于此。

文章结构如下：引言之外，文章第二部分简单勾画 20 世纪中期之前财政学在全球的发展。第三部分、第四部分分别介绍财政学两大研究范式（配置范式和交易范式）的形成，其各自的特色、方法论基础和国家观念上的差异。第五部分简要分析了围绕两大范式衍生出来的三种财政学体系，但限于篇幅，上述“两大范式、三种财政学”在教学上的应用情况，以及在上述体系框架内如何评价财政学的新近发展，则留待另文阐述。第六部分是结论。

二　财政学在西方的早期发展（15 世纪至 19 世纪末）

20 世纪之前，欧洲一直作为世界经济学的学术中心，起初（1790 年之前）是意大利独领风骚，此后大约 100 年的时间里（1790—1870 年），英国取而代之。19 世纪末期以来经济学在美国崛起（1870—1939 年），直至 20 世纪 40 年代取代欧洲成为新的世界学术中心。[①] 西方财政学的发展与几个世纪里经济学重心的这一全球性迁移不无关系。

作为一门系统的学科，早期的财政学起源于 16 世纪盛行于欧洲大陆诸国的官房学（cameralism），其中，以德国和意大利最具代表性。随着罗马帝国与天主教会陷入分裂，民族国家开始在欧洲兴起，到 1630 年《威斯特伐利亚条约》签订之时，欧洲独立存在的国家多达 300 余个，此前数目比这还多。小国林立、充分竞争的国际政治舞台上，每个国家的主政者都肩负扩张自保和政权永续的使命，因而产生了对辅助其治国理政的官房学者（cameralist）以及为其官僚系统和文职人员提供培训的官房学的需求，早期的财政学研究应运而生（Backhaus and Wagner，2005）。[②]

在那些新兴国家中，财政问题是中心论题。其中，各国为满足王

---

① 参见约瑟夫·熊彼特（1954）《经济分析史》（中译本第一卷第三章）以及罗杰·E. 巴克豪斯（2002）相关论述。

② 熊彼特提到：德文文献中的 Cameralist 或 Kameralist（官房学派）这个词，源于 camerae，即“地方国库”。根据熊彼特的描述，官房学者通常具有多重身份：他们既是学者，也是国王、王子及其他王室成员的顾问，同时还是矿山、土地等国家财富的实际管理者。参见熊彼特（1954）第 243 页脚注。

朝战争而产生的强大财政收入需求，导致间接税的过度发展，给当时的各国民众带来沉重的负担。摆在学者和官僚们面前的一个紧迫任务，就是对税负的分配做出解释，赋税问题因此成为核心的财政问题（熊彼特，1954）。这是日后税负归宿问题始终占据财政理论核心位置的最初原因。在欧洲大陆，经济学作为一门独立的学科正是始于财政学成为核心的研究领域（Backhaus，2004），这一点与当今流行的将经济学作为财政学之母的看法刚好相反。

实际上，在欧洲大陆，大学里训练文职人员的工作早在13世纪和14世纪就开始了，到16世纪，在马尔堡、柯尼斯堡、维尔茨堡和格拉茨等大学，这种工作的重要性仅次于训练牧师的工作，而且在17世纪就设立了"统计学"教授职位（熊彼特，1954）。普鲁士的Frederick William国王，于1723年在Halle（Aaale）and Frankfurt（Oder）大学设立了两个官房学讲席（Backhaus and Wagner，2005）。

而在英国，晚至18世纪，英格兰和苏格兰仍未见设立经济学教授职位。直到1825年，英国的第一个政治经济学讲席才在牛津大学设立（熊彼特，1954）。不过，相比欧洲大陆诸国，18世纪末期以后英国经济学的发展显示出更强的系统性。在这里，斯密以不同的视角提出了国民财富的性质和原因的问题。他将劳动分工视作市场扩张的前提条件；国家不是被看作经济活动的积极参与者，而在总体上被作为社会经济生活的负面的干预者，其作用被削减至征税和维护公共秩序。斯密《国富论》的第五篇专论财政学（君主的收入和支出）问题，成为后世英美主流财政学的开端。

而同时代欧洲大陆各国财政学的发展表现出更为多样化的特点。因其多样化而缺乏统一范式，并非所有财政学家都同意可以将之统称为欧陆财政学（Kayaalp，2004）。但这并不影响它们之间事实上所具有的相容性，使其实际上可以构成一个整体（Wagner，2005）。例如，在奥地利、意大利和瑞典等国，几乎是同时发展了方法论上的个人主义和财政交换思想。欧陆财政学传统下，国家不仅作为社会主体之一直接参与社会生产过程，对经济社会生活而言，更是一股生产性的积极力量。以上两种不同的国家观念传续至今。

早期英美财政学传统和欧陆财政学传统之间虽然存在差异，但其相互之间的共性也相当明显。首先，它们都是跨学科的，无论财政学还是（政治）经济学，都还是一门综合性的学问。其次，在本质上它们都以主权者的最大利益作为分析的出发点，这是当今最大化分析范式的先驱（Backhaus and Wagner，2005）。布坎南认为，在由君主国家组成的世界版图里，君主代表着臣民和国家的利益，因此，财政学或经济学表现出上述两项特征，并不难以理解（Buchanan，2007）。

然而，自19世纪中后期以来，两大传统的分歧越发清晰，对立日益明显。艾奇沃斯和威克塞尔分别被视为对两大范式首次做出清晰表述的代表（Backhaus and Wagner，2004），前者开创性地阐明了财政学的最大化福利分析范式或配置范式（the allocative approach to public finance）①，后者则是财政学交易分析范式（the catallactical approach to public finance）的集大成者。

三 英美主流财政学范式的形成与特色

（一）19世纪末至20世纪30年代

所谓“英美主流财政学”范式包含两重含义：第一，该范式是以英美财政学（或曰盎格鲁—撒克逊财政学）② 传统为基础，又称为财政学最大化福利分析范式或配置范式；第二，该范式在当代财政学教学与研究中居于主流位置，被广泛接受、研习和采用。从地理上看，英美主流财政学传统，最初以英国为学术中心，自“二战”之后，这一中心转移至美国。

① Backhaus和Wagner（2004）分别称之为艾奇沃斯式选择—理论传统（The Edgeworthian，Choice - Theoretic Tradition）和威克塞尔交易学传统（The Wicksellian，Catallactical Tradition）。虽然称谓不一，但含义与本文所指财政学的两大范式相同。

② 今英国所含三岛（除苏格兰外），曾为日耳曼人的一支（即盎格鲁—撒克逊人）所征服，后繁衍成为今日英格兰。其后裔在对美洲殖民的过程中，建立了美国。故今日美国与英国共享盎格鲁—撒克逊文化。

今天，美国的财政学以及经济学教育已然成为全球样板，其可复制的教学与研究模式、标准化的教科书体系，不仅使其大规模、产业化“生产”财政学者和经济学者具备了条件，也为使其他国家“复制”与发扬这一模式成为可能。然而，这一模式的成型并不是久远以前的事情，直到20世纪20年代末期，它才初步成型，而其完善和发展，则是20世纪50年代以后才逐渐实现的。

事实上，1880—1930年间美国的财政学教育仍然尚未达到今天这样的标准化程度。财政学在美国的迅速发展始于19世纪70年代，恰好与美国经济学开始崛起和进步主义改革运动同步。彼时，活跃的财政学者绝大多数学成于德国，深受德国制度主义和历史主义研究视角的影响，财政学界的科学主义和形式主义并不流行。尚无公认的参考书或教材可用，教师们的授课非常个性化。与今天主流研究传统内的财政学者对公共政策和社会问题的相对疏离不同，当时的财政学者均深度参与公共政策的讨论与制定。不仅如此，关于财政学的研究主题、研究方法等，学界亦均无定论，直到英国人庇古（Pigou，1928）的《财政学研究》一书问世并传入美国，这一局面才开始改变（Johnson，2010）。庇古的这部财政学成为英美学界此后近30年的经典教科书，直至20世纪50年代末被马斯格雷夫的《财政学原理：公共经济研究》（Musgrave，1959）所取代。

（二）英美主流财政学作为经济学子学科的确立

在英国这一边，经过马歇尔的改造，亚当·斯密的政治经济学传统让位于新古典主义经济学，后者关注的重点，由人类治理的组织与制度研究转向价格理论；由长期经济增长和国民财富的创造转向稀缺资源的有效配置问题。罗宾斯（2000）关于经济学研究对象和性质的系统阐述，随后在英美学界被广为接受，经济学从政治经济学向新古典经济学的转向成定局。作为经济学一个分支的财政学，承袭了经济学的这一演化结果。

因而，20世纪30—50年代流行于英美世界的财政学，是一种关于有机主义国家及其功能的理论。该理论由两部分组成，主要是庇古基于旧福利经济学而建立的税收归宿分析，其次含有少量基于外部性理论的财政支出分析。作为从欧洲移民到美国的学者，马斯格雷夫指出了英美财政学缺乏对欧洲大陆财政学传统的了解，并将欧洲大陆财政学家的主要思想（特别是其中财政作为自愿交易过程的思想）介绍到了英语世界（Musgrave，1939），这一工作受到萨缪尔森的注意，并启发后者完成了同时包含公共部门和私人部门配置决策的社会福利分析方法，建立了包含公共物品的竞争性经济的一般均衡分析架构。后马斯格雷夫以此为基础，构造了以公共物品理论为核心的有关国家功能的新古典主义财政学（Musgrave，1959），确立了庇古之后新的英美主流财政理论的基本格局。故这一范式又被称为萨缪尔森—马斯格雷夫（Samuelson - Musgrave）范式。其主体内容，是将当时流行的新古典综合经济分析框架应用到财政收支的问题上：一是依托新古典福利经济学，对政府收入和支出的效应进行分析；二是引入凯恩斯主义宏观经济理论，研究财政工具和政策的宏观影响。

马斯格雷夫奠定的这一财政学科体系框架，至今并未发生根本性的改变。综观当代西方主流财政学教科书，其基本的写法依然延续这一格局。唯一较为明显的偏离是，政府稳定经济的职能，作为宏观经济学的内容，不再是今天财政学的主要探讨对象。因此，20 世纪 70 年代以来，主流财政学教材中，已较少或不再涉及公债和财政政策问题，稳定政策成为宏观经济学的研究对象（Feldstein，2002）；对预算管理问题也基本不予提及，后者已成为公共管理学的重要研究领域。

那么，财政学如果抽离宏观经济学、预算与公共管理的内容，还剩下什么？对此，哈维·罗森直陈，“财政学”（public finance）是关于资源配置的学问。现代财政学关注的是政府的微观功能，即政府如何影响，以及应该如何影响资源配置和收入分配。政府的宏观功能——如利用税收、支出和货币政策以影响就业水平和价格水平——则主要在其他学科的研究范围之内。极端而言，当代主流财政学就是新古典微观经济理论在财政问题上的应用（Rosen，1997）。在这个意义上，他认为，对财政学更准确的称谓应该是公共经济学（public economics），即将经济学的分析方法应用于公共部门（Rosen，2002）。

（三）英美主流财政学范式的经济学基础：配置范式经济学

现代经济学研究存在两种范式，一种被称作配置范式（the allocative approach to economics），一种被称作交易范式（the catallactical approach to economics）。配置范式经济学又称为“作为选择科学的经济学”（economics as a science of choice），交易范式的经济学又称为“作为交易科学的经济学”（economics as a science of exchange）。当代奥地利学派重量级人物 Peter J. Boettket 等（2012）曾撰文指出，斯密开创了研究人类如何通过交易制度的创新而创造社会财富和取得社会进步的研究传统，即经济学的交易范式。然而斯密传统在后世产生了分化，一方沿着简化路线，将经济学化约为对理性个体面临约束条件下的资源配置或选择问题的研究，即自罗宾斯以来被广泛接受的经济学主流传统（mainstream economics），Boettket 等认为这一方向偏离了斯密原意。另一方，即以奥地利经济学派为代表的正统派（mainline economics），仍然遵循和坚持斯密传统，将“交易”作为经济学的研究对象，并致力于推进对于人类合作和扩展秩序的理解。

两大经济学研究范式最根本的差异在于：①经济学应该研究什么？②经济学应该如何进行研究？其中，前一个问题更为根本。经济学的研究对象是什么？这个问题一度成为经济学说史上的一段公案。经济学是研究人类行为的学问，自不必说。然而所研究的是何种“人类”、何种“行为”，此两点成为关键。它们关系到对于上述两大差异的理解。

自罗宾斯以来，广为接受的观点即是，经济学研究人类的一种特定行为，即理性个体如何处理目的与具有多种用途的稀缺手段之间的关系。他认为，稀缺性及约束的存在，是人类活动唯一重要的、本质上不可避免的特征。这一特征独立于人类行为所处的任何环境和特定制度背景。从这一本质特征（稀缺性）出发，“选择”成为不可避免的人类行为。至于人类创造的那些集体或社会性地应对稀缺性的方法（其中就包括交易），是派生的和次要的问题，它们从属于稀缺性这一根本的事实。人们总是先做选择，然后才与其他选择者发生互动和交易（Marciano，2009）。在这个意义上，罗宾斯认为，只有从稀缺性引申出来的结果，即人们做选择的必要性，才是经济学家所要研究的对象。因而经济学是关于选择的学问，经济学的问题就是理性的个体面临约束条件下的资源配置或选择问题。由此，立基于配置范式经济学的英美主流财政学传统，也被称作是配置范式的财政学。

那么，配置范式经济学对人的理解是怎样的？它研究何种人类的选择问题呢？在配置范式下，市场主体根据价格信号调整各自的行为及相互间关系，竞争性价格机制的假定，事实上取消了影响个体选择及相应调整方式的其他因素。这一范式下的个人，必然是原子化的、相互孤立的个人，人与人之间缺乏有目的的、主动的社会联系。所有人对他人的外部影响被看作是外生的，受影响的个体对外部影响将产生回应，但是这种回应是模式化的反射性回应，每个人对同等外部影响的回应只有程度的差别，而无本质的不同。一般均衡分析框架代表着对人类行为这一理解模式的巅峰成就。

（四）配置范式财政学的方法论基础

配置范式经济学两大公认的方法论是方法论个人主义和理性选择，这一点为配置范式财政学所继承。

方法论个人主义滥觞于北欧学派，并且是当前西方社会科学的主流思路。它强调，最恰当或最有效的社会科学认识来自对个体现象或过程的研究，即人们只能通过对个人及其行为的理解来理解社会。做出选择和实施行动的主体必定是个人，而不是政党、省份、国家等组织，社会是个人在给定环境中理性选择的结果（Buchanan，1987）。方法论个人主义的运用，意味着不必引入一个外部的观察者来为集体行动的最优结果做出判断。

理性选择方法是经济学的另一重要基石，布坎南在诺贝尔经济学获奖词中，曾使用“经济人”（homo economicus）这一术语来表达同样的意思。即个人是自我利益最好的判断者，他了解自己的偏好，知道如何在约束条件下获得最高水平的效用，并且，个人关注私利的本性不因他所处的场景而变化。

然而，毕竟上述方法论最初是用来进行市场分析的，而财政学是对公共部门或政治场合下人类行为的分析。配置范式财政学实质上并没有也不可能将方法论个体主义和理性选择贯彻到底。第一，上述方法论并未被实质性地推进到公共部门研究。比如，由市场选择下的个人理性选择不可能自动生成一个必然满足集体理性的结果，要达到同样的理性条件，只有将参与选择的所有个体当作一个整体来看待，使这个虚拟的“个体”代替所有人做出满足个体理性的集体选择，这就是主流财政学中用来沟通个体理性和集体理性的通行方法。它表明，其所支持的方法论个体主义只适用于市场分析，而止于对公共部门的分析。因此，在公共部门分析中，实际上适用了方法论集体主义。所谓的理性选择也是基于方法论集体主义的理性选择，即从一个身在局外的代言人的角度，刻画对全部社会成员来说最佳的资源配置条件应该是怎样的。第二，上述方法论也未被实质性地推进到供给方的研究。新古典微观经济学所主张的方法论个体主义是一种模式化的方法论个体主义（德索托，2008），在笔者看来，彻底的方法论个体主义必然意味着方法论上的主观主义。微观经济学中，方法论主观主义仅仅被采纳了一半，即在需求方分析中采纳方法论主观主义，而在供给方分析中，依然运用方法论客观主义，通俗来说，即商品的供给成本可以客观衡量。布坎南由此认为，主流新古典经济学完全是客观主义的。① 微观经济学这一不够彻底的方法论个体主义，也为配置范式财政学所继承。也就是说，公共物品的需求信息是主观的，需要由纳税人主动揭示，而其供给信息，即生产成本却是客观的，可从外部进行

① 布坎南认为，“在主流新古典经济学中，一方面认识到价格（价值）取决于主观决定的边际效用，但另一方面实质上却保留了客观成本理论”，从而“这一理论在本质上完全是客观主义的”。在这个意义上，微观经济学只能被称为主观价值经济学，它与主观主义经济学存在微妙的区别。“主观主义经济学意味着明确否认用于指导经济选择的数据的客观性”。主观价值经济学探讨的经济均衡是指“行为主体，即选择者，按照自己的标准选择偏好的替代性选择，并在外部条件不变的情况下达到经济均衡”。这种均衡“与描述多个行为主体或选择者之间的互动过程的那种均衡是截然不同的”。前一种均衡是“以客观确定的‘条件’或某些特定量值（如价格和成本）之间的关系来描述的”，而后一种均衡是“以各个决策者预期的共同部分的实现的形式来描述。客观主义和主观主义这两种分析方法之间的差异是深刻的，但是这却在新古典经济学对理想化市场互动过程的强调中被巧妙地回避了。在理想化市场互动过程中，所有人都被假定为按经济原则行事。在纯粹经济人所处的没有变化的经济环境中，这两种分析方法在表面上是相同的”。参见［美］詹姆斯·布坎南《成本与选择》，刘志铭译，浙江大学出版社2009年版，第23—25页。

计量。

布坎南（1969）批评了配置范式财政学在方法论上的这一矛盾。其一，市场分析是基于个人评价和主观价值，而公共活动分析却是基于集体评价和客观价值。其二，公共部门的需求面经济分析是基于个人评价和主观价值，而供给面经济分析却是基于整体主义和客观价值。

（五）配置范式财政学中的国家观念

在主流财政理论集体主义和客观主义方法论下，其国家观念必然是全知全能的、仁慈的社会利益代表者，否则，它将无法识别和遵从社会利益并做出选择。它外在于经济、社会本身，并且根据某一规范标准，代表社会成员做出对其最有利的选择。通常来讲，在财政学研究中这一规范标准表现为某种形式的社会福利函数。因此，任何财政政策变量都被视作经济社会的外部力量，其变化被视作加诸经济社会的外部干预，财政活动中的行为人，即个体或组织，作为假设中的“经济人”，对外部冲击做出反射性的回应。

财政学家则扮演着社会工程师的角色，他们能够观察到或计算出这种反射性回应的强度、方向和结果，并根据同样的规范标准，对实际财政政策过程和结果的合意程度进行判断，据此提出政策改善的意见，通常这些意见是基于唯一最优的结果而提出来的。因而，在配置范式财政学研究中，财政是作为社会工程师的改造对象，这种研究的实质是基于配置范式的经济学，将新古典一般均衡分析方法应用到财政决策及其结果的分析。

四 交易范式财政学的形成与特色

（一）交易范式财政学的经济学基础：交易范式经济学

20世纪30年代，对经济学的性质持有不同看法的奥地利学派忙于社会主义大论战，疏于方法论的阐释与维护，以至于罗宾斯事实上没有对手。罗宾斯关于经济学的定义在英语学界被广泛接受，萨缪尔森就此确立以资源配置为核心的经济学的新古典综合传统，特别在他著名的《经济学》教科书取得成功之后，这一传统长期占据了教学的主流，塑造了一代又一代经济学人的思维。20 世纪 40 年代以后，奥地利学派已经失势，此后直至 20 世纪 70 年代末其再度复兴的日子里，它所发出的声音微乎其微。

但这并不意味着，配置范式经济学没有反对者，布坎南就是其中突出的一位。他从事经济学研究之初，便关注方法论问题，他对经济学的贡献与其秉持的独特的方法论不可分割。布坎南不满于罗宾斯对经济学的界定，他承认存在约束，因而人们需要做出选择，但他不认为经济学因此就应被定义为关于选择的理论或选择的科学。

在布坎南看来，作为经济学的研究对象，交易比选择更重要。经济学家只应研究人们应对稀缺性时采取的某些活动（也就是交易活动），而不是全部。布坎南区分了“真选择”和“假选择”，以对此进行说明。配置范式经济学下，每个人在做选择时都把他人当作客体，不考虑其主动性和互动性。即使对方有所反应，这种反应也是条件反射式的，缺乏主动回应的自觉。这种选择在布坎南看来就是“假选择”，个人采取的行为不能算是经济行为（economic behavior），那实质上是一种计算行为（computational one）（Buchanan，1964）。而在“真”的选择行为中，人与人之间是交易和互动的，个人对他人行为（的外部影响）做出基于其主观判断的反应，这种反应不可能是对某种固定刺激模式的被动反射，而是对影响其利益的他人主动行为的因地、因时制宜的真正的回应。

他坚持认为，经济学应研究真的而非假的选择。将经济学定义为配置或选择问题，意味着分析的重心放在工程学的问题上，经济学家成为社会工程师。布坎南主张，经济学的目的不是要解决工程学问题，经济学家应当接纳“交易的视角”，应该注意人类活动的这一特定形式。将经济学定义为交易科学，意味着分析的重心必须放在个人之间的互动上，更确切地说，它暗示着个人不应当被作为客体或自然的一部分来看待。为此，布坎南倾向于用“共生学”（symbiotics）和

“交易学”（catallactics）来指称经济学①。从这一视角来看，个人并非因其做决策或者做选择而成为经济学的研究对象，而是因为他们之间作为自由的签约单位通过相互交易、贸易，以实现其内在的各种各样的目标，才成为经济学的研究对象。

以交易作为研究对象，体现了布坎南向斯密经济学传统的回归：第一，经济学回归到对人的天性研究；第二，经济学探求促进和达成交易的制度安排，这是斯密对国民财富之源最根本的认识（Buchanan，2008）。

（二）布坎南与当代交易范式财政学的形成

布坎南学生时代所接受的是前马斯格雷夫时代的财政学范式。正如他在自传中所说，“我所接受的财政学知识，是一种艾奇沃斯—庇古规范效用主义、马歇尔归宿理论（仅指税收归宿、不含支出归宿）和受凯恩斯主义影响而否认债务负担存在的多种观念的综合体”（Buchanan，2007）。布坎南意识到，当时被一致接受的主流财政学不能有效解决美国面临的经济问题，需要一种新的财政理论。但那时的布坎南，还没有能力实现这一目标。

1955—1956 年旅居意大利的一年间，布坎南完成了三项重要工作：一是将威克塞尔名为《财政学研究》的博士论文的第二部分从德文译为英文（Buchanan，1958）。二是系统综述了意大利财政思想（Buchanan，1960）。上述两项工作，代表着交易范式财政学的早期成就，它们构成了布坎南此后一生创作最主要的知识资源。三是构思了一部关于公债的书稿。这些工作，促使布坎南抛弃了自己思想中关于经济学配置范式的全部遗留，全面转向了交易范式。

与欧陆财政思想的邂逅，使布坎南意识到将交易范式由市场选择（主流经济学的研究对象）推进到集体选择研究的必要性。布坎南以财政交易为研究的切入点，将社会成员之间就税收—支出达成协议的

---

① 根据 Levy（1999）的语义学回顾，“catallactics”来自于希腊语“katallactics”，可以用来指称与他人之间的交易（exchanges with other individuals），体现人际互动的含义。而英文单词“exchange”是一个非人际的交易概念，表达的含义是人与自然，或与客体互动的含义。

集体选择过程视同为类似市场交易的过程，引入经济学上的方法论个人主义和理性选择模型对其进行分析。

前文提到，欧陆财政学传统下，国家活动能够发挥生产性的作用，带来社会成员私人利益的增进。问题是在一种怎样的决策规则下，财政决策的结果才能导致国家活动对全体（或尽量多的多数）社会成员都有利。威克塞尔提出，在政治活动中运用一致同意规则，能够保护每个社会成员的利益都不会受到损害，并在其《财政学研究》的第三部分中，以瑞典本国的经验证明，一致同意（或近似一致同意）原则并非只是一种理论构想，它在现实政治中是可行的。他认为，在瑞典这样人口较少的国家，按比例代表制选出代表组成议会，若议会实行一致同意规则，可近似等于直接民主制下的全体公民一致同意。

尽管如此，考虑到人口众多情况下的决策成本，还是有人批评威克塞尔的一致同意原则和近似一致同意原则缺乏现实性，一个重要原因就是，威克塞尔是在日常政治层面来讨论这些决策规则的。受弗兰克·奈特“相对绝对的绝对”哲学原则影响，布坎南区分了“两个立宪阶段”——“立宪阶段”与“后立宪阶段”，并与戈登·图洛克一起创立了宪法经济分析的框架（Buchanan and Tullock，1962）。他们将政治过程分为立宪政治和日常政治两个层面。在日常政治层面，人们按既定的规则就具体的公共事务进行决策；而在立宪政治层面，人们就日常政治决策的规则做出选择。理性的个人为了最大化其长远利益，有可能选择日常政治中的自我约束，接受那些对自己来说既无效率又有失公正的集体行动规则。此外，布坎南还认为，出于效率和正义的考虑，应从结果和规则两个方面同时对日常政治中财政决策的后果加以限制（Buchanan，1975）。上述思想，是布坎南对威克塞尔等欧洲大陆财政学家思想的发展。

在建立了这样一种分析框架之后，布坎南继续推动其在公共部门的各个领域进行应用研究，从交易经济学的视角来理解财政过程，这就是他所倡导的“实证财政学”（Buchanan，1968）。

（三）交易范式财政学的方法论基础

（1）方法论个人主义和理性选择。配置范式财政学虽然也声称其遵循方法论个人主义，但是其在公共部门中的应用是断裂的，其公共部门分析事实上又回到了方法论集体主义。而交易范式财政学，将市场经济学中的方法论个人主义和理性选择应用于公共部门中的行动主体，并在此基础上理解国家或政府。政府形成于社会成员理性地寻求个体利益的过程之中，集体行动及其结果需要通过对个人偏好、行为的理解才能得到解释。

（2）作为交易的财政过程。市场是一种连接个人交易的网络化过程，财政也是。在通常的市场上，个人用货币交换所需的物品和服务，而在承载财政活动的政治市场上，个人以自己同意承担的公共物品和服务的成本份额（税收），交换以集体方式实现的个人需要的满足。

在交易范式财政学的研究中，财政学家的任务不是要解决政府如何进行干预的工程学问题，不是为了求解科学上的最大化问题，而是要对实际的财政交易过程做出解释。

其一，公共部门和财政架构产生于社会成员之间的互动，财政结果内生于社会成员交易互动的财政过程，而不是源于外部的力量，它一旦成立，则又构成社会成员间交往互动的外在环境；其二，社会成员及其组织既在公共部门或财政架构内相互作用，也以自己的行动改变这一规则框架的边界，从而参与财政活动规则的制定。这就是作为交易的财政过程。

（3）方法论主观主义。交易范式财政学所主张的方法论主观主义，自然地涵盖了上述方法论个人主义和理性选择，但又超越其上。此中明显可见奥地利学派的影响。主观主义经济学意味着明确否认指导经济行为的经济数据的客观性（布坎南，1969），正是由于评价是主观的，财政过程中的个人或企业对财政变量的变化产生创新性反应，而不是反射性回应，并且，每个人的具体回应方式都取决于他所独有的信息结构、计算过程和对其他人回应的理解。行动着的个人，作为一个个的创新单位进入社会过程，取代了新古典框架下的“经济人"，"寻求他们认为与其身处的环境相关的目的和手段"，并"不断地创造性地生产出新的信息"，"在无意中启动了自发的协调过程"（德索托，2008，2010），故而这一过程的结果是开放的，而不是确定的和唯一的。配置范式财政学所应用的新古典一般均衡方法，可以看作是这一更为丰富、更具一般性的经济解释框架的特殊情况（德索托，2008，2010）。

（四）交易范式财政学中的国家观念

20世纪40年代正统财政学有一个隐含假定，即"政府是外生于经济的、内部铁板一块的、全知全能而仁慈的决策者（Buchanan，2007）"。国家被人格化为具备感知和行动能力的主体（entity）或组织（organization）来看待。

交易范式财政学中，国家则被理解为社会成员交易互动的结果，政府过程的黑箱被打开，国家观念获得了更新。它既非行动主体，也非特定组织，而是内生于经济社会秩序之中，它一旦形成，又构成社会成员交往互动的规则和平台（arena）。国家不再是拟人化的集体利益的代表，仁慈、全知全能的政府假设得以破除。正因如此，作为一个过程、平台、规则框架，对国家行为的评价标准与个人截然不同，"正义"取代"社会福利最大化"成为衡量国家行动可取与否的最终标准。

国家既然是人们按照自我利益而建立的，那么它必然有其生产性的一面，能够给社会成员带来共同利益。由此而需支付的税收就不能说是社会成员的纯粹牺牲，这就是生产性国家观念和相应的税收受益原则。这一点，与配置范式财政学的隐含假定，即非生产性国家和最小牺牲的税收原则恰成对照。

（五）交易范式财政学影响力不足的原因分析

交易范式财政学源于欧陆财政思想，20世纪中期以来，经布坎南等人之手得以整合、复兴，这一范式的基本框架体现在布坎南和图洛克《同意的计算》一书的第五、第六两章中，也就是基于人类行为学的公共部门分析。关于其方法论基础的集中阐述，反映在布坎南的两部主要著作中，其中，《经济学家应研究什么》全面展现了布坎南交易经济学的研究视角，及其对经济学家作用的看法，而《成本与选择》则是布坎南所支持的方法论主观主义尤其是主观成本理论的专著，及其对配置范式财政学构成的智识挑战。

然而，当代交易范式财政学在20世纪60年代之后，并未对财政学主流理论产生应有的影响，特别是，在方法论上未能根本性影响主流财政学的发展方向。造成这一局面的原因是多方面的，其中容易为人们所忽略的一个原因是，该范式的当代倡导者布坎南个人的学术兴趣及时间配置，未能充分投放到财政学学科建设的轨道上。

布坎南（1969）虽然强调主观主义方法在经济学和财政学中的应用，但他所建立的人类行为的组织分析框架（Buchanan and Tullock，1962），却仍然运用了新古典意义上的理性人假设和最大化分析方法，其中，国家仍然是作为人类活动的组织方式，而被个人通过自愿行动所选择。布坎南在将他所推崇的主观主义方法付诸运用的过程中，主动地偏离了这一方法的精髓，其原因是，他寄希望于在新古典财政学的框架里阐述自己的观念，使之能被更多的经济学家所接受。

按 Dennis Mueller（1976）的总结，公共选择经济学可分为两大部分，即实证公共选择和规范公共选择。其中实证公共选择部分，实质是新古典经济学方法在公共部门的应用，布坎南也称之为“实证财政学”，它与新古典主义财政学的根本区别，是推翻了仁慈政府的假设，国家不再作为铁板一块的有机体，将方法论个人主义和经济人假设推进到对公共部门内部行为人的分析。实证公共选择理论后来的发展，已经并入新古典经济学的轨道，可以看作是对后者的发展与完善，也被称作是“新古典政治经济学”。而布坎南本人的学术兴趣，主要落在规范公共选择部分，也称为“宪法政治经济学”。布坎南后来无论是在税收、公债、财政联邦主义等领域的专门论述，无不是从宪法政治经济学的视角展开，其关注的重点在于财政规则的演进及哲学和道德上的正当性。关于日常财政活动的研究，并非其主要的研究兴趣，对宪法政治学的关注，也分散了他继续推进和完善主观主义经济学和交易范式财政学方面所能运用的时间与精力。不难理解，在新古典经济学迅速成为主流的学术背景下，由于交易范式财政学主要倡导者的研究重心并不在学科体系建设上，而是偏向现实政治的立宪规则问题，交易范式财政学的继承和延续出现问题几乎是不可避免的。两种财政学研究范式的简单对比见表1。

表1　两大范式特征对比

对比目标	配置范式财政学	交易范式财政学
所理解的经济学	关于配置的学问	关于交易的科学
经济学方法论	不彻底的个人主义、主观主义	彻底的个人主义、主观主义
经济学基础	基于配置范式经济学；将新古典一般均衡分析方法应用到财政决策过程（作用机制）及其结果的分析	基于交易范式经济学，将交易经济学方法应用于对公共部门中个人交易行为的分析
作用机制	财政变量作为外部力量，个人或企业对财政变量变化产生反射性反应	社会成员及其组织在公共部门或财政架构内相互作用，财政结果内生于财政过程中社会成员的互动，而不是源于外部的力量，财政过程中的个人或企业对财政变量的变化产生创新性反应
结果	确定、唯一	不确定、多种可能
财政学家的目标	根据某一规范标准，对实际财政政策过程和结果的合意程度进行判断，并据此提出改善意见	不求唯一均衡解，只对实际的交易做出解释与预测
对公共部门的看法	作为社会工程师的改造对象	作为社会成员交易互动的政治过程
国家	外在于经济社会秩序	内生于经济社会秩序之中
政府与市场	二分	交融

可以说，尽管布坎南复兴交易范式财政学的努力，导致公共选择研究纲领的成功，但作为一个财政学传统的重建，成绩虽有，却远未成功。

五 三种财政学体系

从学科特色来看，当前财政学围绕上述两大传统，衍生出三类相互联系又各不相同的财政学知识体系。

第一类是传统的配置范式财政学。传统财政学实际上是在福利经济学的框架下展开的，它对于政府及其作用有两个基本的前提假设：第一，与其他经济主体不同，政府是经济社会生活的外部观察者和干预者，并且相信政府干预能够改善市场失灵。第二，存在一个客观的最优标准，也就是社会福利标准，用作政策分析的参照。在这两个前提下，传统财政学倾向于做约束条件下的优化分析，而忽视了对实际决策过程和决策规则的理解。

传统财政学体系主要由三大部分构成：①政府的作用，即从福利经济学基本定理出发，推导出市场失灵，引入对政府部门及其干预合理性的分析。②政府收入和支出的微观分析。主要是运用微观经济学原理，通过分析个体对税收和公共支出的反应，来研究不同税收和公共支出的福利效果。③财政联邦主义，即政府间关系经济学分析。国外的多数财政学教材不涉及或仅仅简单涉及公债和财政政策，而对预算管理问题则基本不提及，相对而言，国内教材一般仍或多或少就上述两方面保留一定篇幅。

第二类是公共选择视角下的财政学。公共选择视角下的财政学的主要特色是关注实际的财政决策过程，并进而关注决策规则。它反对福利经济学的最优分析，试图打开财政决策过程的“黑箱”。同时，它认为不存在一个客观的标准，可以用来判断社会资源配置和收入分配的最佳状态，对于效率和正义的追求应局限在规则层面。使之与交易范式财政学相区别的是，总体来讲它仍然在“组织”的层面上来理解政府。到目前为止，公共选择视角下的财政学教材在写作方法上大多是基于研究者本人的偏好，还未形成一定之规。

那么，是否可以断定，布坎南所主张并试图加以发扬光大的交易范式财政学，就是公共选择所呈现给我们的那种样子呢？显然不能在二者之间如此简单地画上等号。公共选择理论本身，尤其是其实证理论部分，最初由欧陆财政理论发展而来，但其后的发展已经超出了布坎南的预期，甚至在方法论上完全主流化，作为对主流经济学的完善而被后者所“吸收”。这一发展实际上背离了布坎南本人对于经济学性质的认识。在他眼中，作为“交易”的经济学研究范式和作为“配置”的经济学研究范式，由于立足点上的根本分歧（方法论主观主义 vs. 方法论客观主义），差不多是不可能得到调和的。

公共选择视角下的财政学兼具交易范式财政学和配置范式财政学的某些特征。从方法论上看，虽然它在总体上依然是配置范式的，然而，它对于财政活动及其参与者行为的理解，乃至对国家角色和财政学家任务的理解，在一定程度上又超越了配置范式，具有交易范式的部分特点。只是由于它所采用的方法论不足以支持这一超越，故而它在整体气质上，仍然归属于配置范式。严格来讲，纯粹交易范式财政学仍然在形成之中，至少到目前为止，我们尚未看到这样的一部财政学教科书问世。

第三类是社会治理理论视角下的财政学。以笔者掌握的情况来看，这是至今最为接近交易范式财政学本源的理论尝试。一些受欧陆财政思想影响的财政学家，正在朝着这方面努力。其中最为著名的当属美国财政学家理查德·瓦格纳（Richard E. Wagner）。他是布坎南20世纪60年代指导过的研究生，是布坎南所倡导的交易范式财政学最为坚定的支持者和贯彻者。由于既深谙奥地利学派的主观主义方法论，又了解意大利财政社会学思想和北欧财政交易学说，假以时日，瓦格纳有可能成为交易范式财政学复兴使命最有希望的承担者。

瓦格纳所试图建立的社会治理理论视野中的财政学（其自称“新财政社会学”），可以视为财政理论建设革命性的新思路。该理论是对布坎南交易范式财政学的继承和向前推进。其经济学基础在很大程度上取材于奥地利经济学或人类行为学（praxeology），在回应布坎南倡导而未能完全贯彻的主观主义方法论的基础上，抛弃了福利经济学的一般均衡分析方法，另辟蹊径，革命性地提出了取代它的新思路，试图成为真正的基于人类行为学的社会取向的财政学（social - oriented approach to public finance），或社会理论财政学（social - theoretic public finance）。在社会治理理论视角下，财政学以一种社会理论的形式出现。瓦格纳（Wagner，2007）认为，社会存在多种互动领域或场合，全面的社会理论应涵盖市场理论（market theory）、财政理论（fiscal theory）以及公民协作（the form of civic association）理论。在这一理论取向下，财政学研究人们以何种方式实现自我治理。政府，作为社会成员在其中互动的相互关联的若干领域之一而存在。财政活动是其中以交易①的形式互动的领域，而不是外部干预者进行选择的领域。财政分析的重点是交易的发生及其过程，而不是均衡状态，其结果是开放而非封闭的。因此，财政学成为广义社会理论的一部分，是基于社会（治理）过程分析的公共部门理论，其适用的分析范围和研究对象比在布坎南时代更为广泛。社会治理理论视野中的财政学，当前还处于探索阶段，瓦格纳基于多年对配置范式财政学的批判性思考，提出了以过程分析为导向的公共部门分析方法。虽然这一观念性的创新还有待于深入到传统财政论题的每一个细节，但这并不影响它的价值，每一位严肃的财政学者都会发现它对于财政学未来发展的深远意义。

六　结论

最近十余年来，中国财政理论界新理论、新方法的引进可谓日新月异。正因如此，我们有必要停下来思考财政学实质性的进步在哪里，以及中国财政学学科建设的未来。笔者认为，博弈论、信息经济学与机制设计、实验财政学、行为财政学、动态及新动态财政学等新的发展，都可以在上述“两大传统、三种财政学”的框架下找到自己的位置。限于篇幅，此处不加评论。

① “交易”意味着同意（consent），但并不排斥强制（duress）。

笔者认为，任何一个学科都有其必须回答的基本问题，而财政学所面对的基本问题最为独特，它要回答的是全部社会科学的基本问题，即社会是如何可能的？为此，它必定会涉及如下论题：一是社会秩序的构成原则；二是保证此原则得以实践的政治制度及其治理结构；三是为该社会公共事务进行融资、支出和管理的供求结构与制度安排。配置范式财政学所回答的只是最后一个问题，而且对这个问题的回答，仅仅是从效率或资源配置的角度展开的。

仅把财政学作为经济问题来对待，客观上造成了财政学作为一门独立学科的身份危机。在仅存的研究领域里，尽管其在科学化、形式化的道路越走越远，但财政学研究的现实感却越来越不充分。这是战后经济学英美化特别是美国化的严重后果。如果我们认同财政学应当关注“治理”问题，那么财政学者除了埋首于既定理论框架下的技术细节，还要对财政学的性质及其发展方向有批判性的新认识。

基于此，本文回顾了西方财政学说史上两大历史传统之间的分歧，作为当前中国财政学者在教学科研方向、方法上之分歧的国际学术背景提供给读者，希望以此引起财政学界对财政学在中国之发展问题的关注。

参考文献：

[1] ［美］约瑟夫·熊彼特：《经济分析史》（第一卷），朱泱等译，商务印书馆 1991 年版。

[2] ［美］詹姆斯·布坎南：《成本与选择》，刘志铭译，浙江大学出版社 2009 年版。

[3] ［西］赫苏斯·韦尔塔·德索托：《奥地利学派：市场秩序与企业家创造性》，朱海就译，浙江大学出版社 2010 年版。

[4] ［英］莱昂内尔·罗宾斯：《论经济科学的性质和意义》，朱泱译，商务印书馆 2000 年版。

[5] ［英］罗杰·E. 巴克豪斯：《西方经济学说史——从古希腊到 21 世纪初的经济大历史》，莫竹芩、袁野译，海南出版社、三环出版社 2007 年版。

[6] Alain Marciano, Buchanan's Catallactic Critique of Robbins' Definition of Economics, *Journal of Economic Methodogogy*, Vol. 16, No. 2, June 2009, pp. 125 - 138.

[7] David Levy, "Katallactic Rationality: Exploring the Links between Co - operation and Language", *American Journal of Economics and Sociology*, Vol. 58, No. 4, Oct. 1999, pp. 729 - 747.

[8] Dennis C. Mueller, Public Choice: A Survey, *Journal of Economic Literature*, Vol. 14, No. 2, 1976, pp. 395 - 433.

[9] Harvey S. Rosen, Public Finance: Essay for the Encyclopedia of Public Choice, Center for Economic Policy Studies Working Papers, No. 80, Princeton University, 2002.

[10] Harvey S. Rosen, The Way We Were (and Are): Changes in Public Finance and Its Textbooks, *National Tax Journal*, Vol. 50, No. 4, December, 1997, pp. 719 - 730.

[11] James M., Buchanan and Gordon Tullock, *The Calculus of Consent: Logical Foundations of Constitutional Democracy*, Ann Arbor: University of Michigan Press, 1962.

[12] James M. Buchanan, *Economics from the Outside in: "Better Than Plowing" and Beyond*, Texas A&M University Press, 2007.

[13] James M. Buchanan, Let Us Understand Adam Smith, *Journal of the History of Economic Thought*, Vol. 30, No. 1, March 2008, pp. 21 - 28.

[14] James M. Buchanan, The Constitution of Economic Policy, *American Economic Review*, Vol. 77, No. 3, June 1987, pp. 243 - 250.

[15] James M. Buchanan, *The Demand and Supply of Public Goods*. Chicago: Rand McNally & Company, 1968.

[16] James M. Buchanan, *The Limits of Liberty: Between Anarchy and Leviathan*, University of Chicago Press, 1975.

[17] James M. Buchanan, What Should Economists Do? *Southern Economic Journal*, Vol. 30, No. 3, Jan. 1964, pp. 213 - 222.

[18] James M. Buchanan, "La Scienza Delle Finanze": The Italian Tra-

dition in Fiscal Theory, In: James M. Buchanan, *Fiscal Theory and Political Economy*, Chapel Hill: University of North Carolina Press, 1960, pp. 24 – 74.

[19] James M. Buchanan, "What Should Economists Do?" *Southern Economic Journal*, Vol. 30, No. 3, Jan. 1964, pp. 213 – 222.

[20] Jürgen G. Backhau and Richard E. Wagner, From Continental Public Finance to Public Choice: Mapping Continuity, *History of Political Economy*, Annual Supplement 37, 2005, pp. 314 – 332.

[21] Jürgen G. Backhau and Richard E. Wagner, Society, State, and Public Finance: Setting the Analytical Stage. In Jürgen G. Backhaus and Richard E. Wagner (eds.), *Handbook of Public Finance.* Boston: Kluwer Academic Publishers, 2004, pp. 1 – 18.

[22] Jürgen G. Backhaus, Fiscal Sociology: What For? In Jürgen G. Backhaus and Richard E. Wagner (eds.), *Handbook of Public Finance.* Boston: Kluwer Academic Publishers, 2004, pp. 521 – 542.

[23] Martin Feldstein, The Transformation of Public Economics Research: 1970 – 2000, *Journal of Public Economics*, Vol. 86, No. 3, 2002, pp. 319 – 326.

[24] Orhan Kayaalp, *The National Element in the Development of Fiscal Theory*, New York: Palgrave Macmillan, 2004.

[25] Peter J. Boettke, Alexander Fink, and Daniel J. Smith, The Impact of Nobel Prize Winners in Economics: Mainline vs. Mainstream, *American Journal of Economics and Sociology*, Vol. 71, No. 5, November, 2012, pp. 1219 – 1249.

[26] Richard A. Musgrave, The Voluntary exchange Theory of Public Economy, *Quarterly Journal of Economics*, Vol. 53, No. 2, 1939, pp. 213 – 217.

[27] Richard E. Wagner, *Fiscal Sociology and the Theory of Public Finance: An Exploratory Essay* (New Thinking in Political Economy

series), Edward Elgar Publishing, 2007.

[28] Richard E. Wagner, Orhan Kayaalp, The National Element in the Development of Fiscal Theory (New York: Palgrave Macmillan, 2004) pp. x, 181, MYM69.95, ISBN 1 - 4039 - 2077 - X, *Journal of the History of Economic Thought*, Vol. 27, No. 2, June 2005, pp. 223 - 226.

[29] R. A. Musgrave, *The Theory of Public Finance: A Study in Public Economy*, New York: McGraw - Hill, 1959.

[30] Wicksell, Knut, [1896] 1958. A New Principle of Just Taxation (Translated from Finanztheoretische Untersuchungen by James M. Buchanan), In: Musgrave, R. A and Peacock, A. T. (eds.), *Classics in the Theory of Public Finance*, London: MacMillan, pp. 72 - 118.

[31] 高培勇:《论国家治理现代化框架下的财政基础理论建设》,《中国社会科学》2014 年第 12 期。

[32] 李炜光:《财政何以为国家治理的基础和重要支柱》,载高培勇、马珺主编《中国财政经济理论前沿(7)》,社会科学文献出版社 2014 年版。

[33] 马珺:《财政学:两大传统的分立与融合》,《经济理论与经济管理》2012 年第 10 期。

[34] 朱军编著:《高级财政学——现代公共财政前沿理论分析》,上海财经大学出版社 2010 年版。

[35] 邹进文:《近代中国经济学的发展——来自留学生博士论文的考察》,《中国社会科学》2010 年第 5 期。

西方财政理论在中国近代的传播、运用与发展

邹进文*

（中南财经政法大学经济学院　430073）

摘　要： 本文基于近代留学生博士论文，分四个历史阶段（清末、民国初年、民国政府前期和南京国民政府中后期），研究了西方财政学在近代中国的传播，运用和发展，系统梳理了财政学作为一门学科的“西学东渐”过程。

关键词： 西方财政理论　近代留学生　博士论文

迄今为止的人类文明形态，大体可以分为两种类型：一是农耕文明；二是工商业文明。在农耕文明时代，中国不仅形成了独树一帜的财政思想体系，而且积淀了丰富的财政制度内涵，在相当长时间里居于世界财政文明的前列。从 17 世纪开始，伴随着欧美资产阶级民主政体的建立和工业革命浪潮的展开，西方率先步入工商业文明时代，农耕财政文明开始向工商业财政文明演进，近代财政学及公共财政体系得以建立并不断完善。植根于农耕文明体系之上的中国财政文明开始落后于西方，中国财政文明开始由中学西渐转向西学东渐。

一　清末（1912 年以前）西方财政理论在中国的传播

清末是中国农耕文明向工商文明转型的肇始期，中国在农耕文明

* 作者简介：邹进文，中南财经政法大学副校长、教授。研究方向：中国经济史、中国经济思想史。E－mail：zoujinwen196301@126.com。

社会中形成的财政制度难以为继，不得不参照西方财政体制进行改革。财政制度改革的酝酿和展开，推动西方财政理论在中国的传播。

西方财政理论在清末的传播主要围绕四个方面展开。

（一）财政分权理论

将财政收支分为中央财政和地方财政，是近代西方财政理论和实践发展的重要成果之一。中国是一个中央集权历史悠久的国家，中央与地方的职权从未清晰划分，地方政府只是中央政府的派出机构，其职权并不固定，中央可以随时变更。中国古代历朝历代统治者虽然最为关注财政问题，却没有产生将财政划分为中央财政和地方财政的思想，一切财政收支，原则上都是以中央的名义运行的，财权集中于中央，地方官仅是中央政府的征税代办人。州县的财政收入抵扣规定的支出后，余额上交中央，不足部分由中央调拨。

中国近代中央与地方财政划分思想最早萌芽于清朝光绪、宣统之际。推动这一思想产生的力量主要有二：一是自上而下的预备立宪；二是风起云涌的地方自治运动。

1905 年 9 月，为推行君主立宪制，清政府派载泽、端方等五名满汉大臣随带人员分赴欧美日本考察政治，历时半年。回国后，考政大臣奏请立宪。端方在《改定官制以为立宪预备折》中主张中国仿效西方，确定中央与地方权限。事权与财权是密不可分的，中央与地方行政权力的划分必然要改革中国建立在中央集权基础之上的传统的集权型财政管理体制，理顺中央与地方财政的关系。

当时参与财政改革的官员受不同的西方财税理论影响和地方势力的左右，就国家税与地方税的划分问题特别是划分中央税与地方税的标准问题进行了激烈的讨论。如江苏编订的《江苏苏属财政说明书》探讨了国家税标准和地方标准。认为普及性税种、税源广大的税种、国有资产及关税、受国家法律之制裁或保护的行为而产生的税收、维护人民公益而产生的税收及因税率提高或税目增加而导致的税收归中央；地方税除中央税附加外，另征“一般税”和“目的税”。广西清理财政局拟定的国家税、地方税的划分原则是“根据收入款项之性质”来定，“计国税分为三项，一田赋，二税捐，三其他收入。省税分两类，一省捐，二其他收入”。[①] 直隶总督张锡銮在《条陈划分国家地方税》中提出了中央税与地方税的4条标准：“一宜提整齐简单，中央易于直接收入者归国税，零星参差不便直接收入者归地方；一中央需用经费须具有完全涨缩之权；一各省负担中央政费，虽多寡万难从同，宜令无偏枯废事之虞；一法令必须齐一，永免各省争竞纷扰之患。”[②] 这4条标准用现代经济学术语来说，就是中央与地方税收的划分要满足行政职能需要、征管便利经济、有利于中央宏观调控以及公平地区间税负。

在疆域辽阔、人口众多的国家，由于政权层级多，不仅存在中央与地方的财政分权，而且地方政府也进一步分为多个层级，各层级的地方政府之间必须进一步进行清晰的财政分权，才能确保公共品的有效供给。确定了国家税与地方税的划分原则后，对于地方税是否需要更进一步划分、如何划分，也引起了广泛的讨论。

清代地方政府分省、府、县三级或四级。[③] 江苏编订的《江苏苏属财政说明书》认为税收的划分应与国家行政体制相协调。该说明书指出：“行政统系多一级，税项统系亦多一级。我国现行章制，中央为一级，省为第二级，府厅州县为第三级，城镇乡为第四级。钦定行政纲目，分配事务，区为直接官治、间接官治、地方官治、地方自治四级。中央一级纯属直接官治，省一级兼有间接官治、地方官治，府厅州县一级兼有地方官治、地方自治，城镇乡一级纯属地方自治。税法统系应以国家、地方为两大纲，而地方税中再分官治、自治二级，官治为上级，浑其称曰地方收入；自治为下级，别其名曰地方自治收入。”[④] 该说明书提出了中国未来地方财政层级应分官治、自治二级的

① 《广西财政沿革利弊说明书》（北京大学图书馆藏）（卷一），第47、49页。

② 上海经世文社：《民国经世文编（财政二）》，北京图书馆出版社2006年版，第84页。

③ 明清时期，四级地方政府依次为省、府、州、县。三级地方政府中的州直接隶属于省（中间没有府），或者县直接隶属于府（中间没有州），也有一些州，隶属于府，其下没有属县。

④ 江苏省财政志编辑办公室：《江苏财政史料丛书》（第一辑第四分册），方志出版社1999年版，第221—223页。

建议。该说明书依据地方行政系统的性质而不是地方行政系统的层级来划分财政层级难以实现地方事权和财权的合理划分。

宣统二年十二月十三日（1911 年 1 月 13 日），两广总督张鸣岐提出地方税应分三级的“真电”：“租税之等级与行政区划之等级实为一正比例”，“将来地方行政应以省为一级，府厅州县为上级，城镇乡为下级，有一级之行政，即应有一级之税”，地方税因此应“分为省税、府厅州县税、城镇乡税三种”。① 为此，张鸣岐建议地方税应“就其征收之主体参酌本省之性质分为省税、府厅州县税、城镇乡税三种”。② 与此相适应必须建立省、府厅州县、城镇乡三级财政体制。需要注意的是，按照中国前近代的行政序列来说，府和厅州县不是一级行政组织，而是上下级的行政隶属关系，张鸣岐将其列为同级财政系统，这是中国较早的财政“省管县”的思想。

从长远来看，分级财政是与分级行政相适应的产物。财政是政权的重要支柱，有一级政府必须有一级财政相配合。问题是当时中国财政分权的改革刚刚开始，中央与地方的财政分权都没有完全厘清，在此情况下着手建立三级地方财政有没有可能，客观经济条件是否具备？对此，许多地方督抚提出了反对意见。

宣统二年十二月十五日（1911 年 1 月 15 日），江苏巡抚程德全针对张鸣岐提出的改革方案发表不同意见，他主要是反对城镇乡与府厅州县形成两级独立的财政体系，其理由有四：

一是从法理上看城镇乡属于自治机构，设立独立的城镇乡财政体系有违行政法。“城镇乡则是纯粹之下级自治。真电谓地方行政城镇乡为一级，似于行政法有抵牾之处。”

二是设立城镇乡财政与官制结构相矛盾。“新官制既经联奏分为三级，未便于税法上又加入一级名称。真电添入城镇乡一级似于官制有不符之处。”

---

① 转引自龚汝富《近代中国国家税和地方税划分之检讨》，《当代财经》1998 年第 1 期，第 54—57 页。

② 《两广张制台来电》，载《各省督抚对于地方税应分三级往来电》，燕京大学图书馆抄本，现存北京大学图书馆。

三是设立城镇乡财政在实际的运作中难以奏效。“中国财政紊乱由来已久，目前办法全在支配得宜。若徒引他国法理迁就本款性质必不免此绌彼盈之病。且城镇乡下级团体财力不均，如过为区分则贫瘠之区必将无事可办。真电谓城镇乡为一级即应有一级之税，似于实际上有难行之处。”

四是设立过多的财政层级会增加财政运行成本，加重人民负担。“级数太多，分析过细，势必城镇乡之下再有分区税，终觉琐碎。无论民力不能胜此数重之担负，且于征收手续亦嫌复杂。真电谓某处共同之事即以某税支办似于推行有未便之处。”

基于上述理由，程德全主张建立两级地方财政系统，认为“现定税法似宜以行政纲目为标准，先分国家地方两级，地方税中只分官治、自治两种”。①

对张、程二督抚的争论，有的督抚赞成张鸣岐，如两江总督张人骏、江西巡抚冯汝骙、浙江巡抚增韫、吉林巡抚陈昭常等，他们请张鸣岐主稿会衔电奏。也有不少督抚支持或倾向于程德全的看法，如四川总督赵尔巽、湖广总督瑞徵、东三省总督锡良、山东巡抚孙宝琦及云贵总督李经羲。

财政分权比较复杂，作为一个有几千年单一制传统的国家要向分权制演进，牵涉到许多方面，其中最重要的是传统的政治体制。在政治体制改革以前，财政体制改革难以单兵独进。清末财政分权仅限于纸上谈兵，来不及实施清政府就已灭亡。但这场争论是中国历史上第一次以近代西方财政体制为参照展开的财政分权的讨论，开启了中国百年财政分权问题探讨的序幕。

（二）预算理论

完备的现代国家预算制度是在新兴资产阶级向封建贵族专制统治进行斗争的过程中，作为一种手段而产生的，它与宪政的发达有密切的联系。

---

① 《江苏程抚台来电》，载《各省督抚对于地方税应分三级往来电》，燕京大学图书馆抄本，现存北京大学图书馆。

早在19世纪末，一些曾经到过西方的中国人（主要是清廷驻外使馆人员和留学生及个别赴国外旅游的人）和在华传教士就在他们的著作中开始片断地向中国引入西方预算知识，有些人还主张仿效西方，建立中国的近代预算制度。中国近代著名的思想家、企业家郑观应在其1893年刊行的名著《盛世危言》中的“度支”一章，专门讨论了预算问题。郑观应仅仅将预算视为一种理财的方法，没有看到它与近代民主政治的关系。

曾任驻日本公使馆参赞和驻美国旧金山领使馆总领事的黄遵宪在其1887年定稿、1895年刊行的《日本国志》中介绍了西方的预算制度，论述了预算的重要性，揭露了中国封建统治者不敢公布预算是为了要掩盖其陋规侵渔。值得注意的是，黄遵宪将英文“budget”一词直接译为“预算”，这是迄今所见汉语中第一次出现“预算”这一词汇。《日本国志》一书取材于日本，该书作者在日本担任驻日本公使馆参赞长达五年之久。可见，就像中国许多现代经济名词转译于日文一样，“预算”一词亦是从日本舶来的。

1898年百日维新期间，光绪帝采纳变法人士意见，诏令改革财政，编制预算决算，它是中国历史上由官方明确提出准备实行国家财政预算的最早文件。

清末推行预备立宪，作为财政核心内容的预算被誉为立宪的灵魂所在，因而将建立现代预算制度作为改革的重要内容之一，其中尤以建立国家预决算制度作为财政改革的重点。预决算制度改革实践的需要，也推动着当时思想界预算思想的系统和深化。1904年11月29日和1905年1月16日的《时报》连续发表该报记者所撰的《论今日宜整顿财政》《论统合预算财政法》二文，对西方预算制度作了较全面、深入的介绍。1906年11月6日《南方报》刊载《论中国于实行立宪之前宜速行预算法》一文，对西方预算制度作了有一定理论深度的介绍。该文认为政府在财政方面要取之于民，用之于民，就必须建立预算制度取信于民，接受百姓监督。1907年4月21日，《时报》发表《论国民当知预算之理由及其根据》一文，对为什么要制定预算及预算性质作了理论分析。该文介绍了西方有关预算本质的三种学说，即法律说、财政委任说、行政责任免除说。

宣统二年（1910）清政府试办之宣统三年预算案发表后，梁启超发表《度支部奏定试办预算大概情形折及册式书后》一文，对清政府颁布的预算草案的收支不适合问题进行猛烈抨击。次年梁氏又发表《为筹制宣统四年预算案事敬告部臣及疆吏》一文，对编制预算权的归属问题作了探讨，他认为以美国为代表的预算编制权集中在国会的做法无论是在学理还是在实践中都有弊端，中国应效法欧洲国家的财政政策，预算的编制权和审批权分开。

1911 年吴琼出版了中国历史上第一部预算学著作——《比较预算制度》。

（三）税收理论

清末在外力冲击下，开始了自然经济向市场经济的演变，这是中国社会经济结构的一次整体性重构运动，在这一历史进程中，近代工业、贸易与商业在国民经济中的地位越来越重要，立足于农耕文明基础上以土地税为中心的税制越来越与经济脱节。近代以来西方税收理论的引进，对我国传统赋税思想和政策产生了较大的影响。清朝末年，我国第一次运用西方租税理论尝试创设新的税法体系。清末有关新税种的探讨集中在印花税、所得税和遗产税的开征上。

印花税在西方近代税制中的地位虽不十分重要，但它却是中国仿效西方税制的第一个近代税种。清朝末年围绕印花税问题展开了三次比较大的议论。

1. 第一次印花税之议

中法战争以后，清廷与各省财政进入扩张期，为开辟新的财源，清光绪十五年（1889）八月十八日李鸿章在致总理衙门的信中就提出了开征印花税的建议。李鸿章的建议被总理海军事务大臣奕劻采纳，九月十五日奕劻上奏朝廷，光绪帝在奏折上批示：“下所司议”。总理衙门议覆的结果是：“洋法印花税，遽难议行。”① 第一次印花税之议遂寝。

---

① 沈桐生：《光绪政要》（卷 32），崇义堂石印本 1909 年，第 24 页。

2. 第二次印花税之议

1894 年中日甲午战争中国战败，中国赔款数额巨大，财政支绌。为筹措赔款，光绪二十二年（1896），清御史陈璧再次建议引进西方税制，奏请开办印花税。但他的建议未被采纳。其后，光绪二十五年（1899）出使大臣伍廷芳又奏请实施印花税，重申陈璧前议。光绪二十七年（1901）两江总督刘坤一和湖广总督张之洞联合会奏变法折，也主张引进印花税。光绪二十八年（1902）清外务部与户部会同海关税务司赫德商议，提出开征印花税七条，由外务部报请清廷核示，以期从速施行。[①] 是年底，直隶总督袁世凯上奏朝廷，请求在直隶先行开征印花税。1903 年上半年，袁世凯还委托日本印制“大清国印花票”，分“贰文”“拾文”“伍拾文”“壹百文”“伍百文”“壹千文”六种。[②]

由于当时官民大多不知印花税为何物，朝野又多持异议，1903 年 4 月，清政府谕户部：“印花税事属创行，恐滋扰累，著从缓办理。”[③] 印花税推行因又搁置。

3. 第三次印花税之议

1906 年 9 月 20 日清政府确定了禁止鸦片的政策，鸦片禁政实施后必然导致洋药税厘、土药税厘减少，为弥补洋土药税厘的短绌，1906 年底内阁学士兼礼部侍郎吴郁生最先提出以印花税收入来抵补鸦片税收的建议。1907 年 9 月，度支部提出要研究印花税问题，并设立财政研究所主其事。10 月 11 日，清廷谕度支部，明确提出以印花税收入来抵补鸦片税，并着度支部“详细调查东西各国成法，迅速研究，渐次推广”[④]。不久，度支部草拟了《印花税则》15 条，《办事章程》12 条，于当年十一月奉旨依议。

---

① 参见王延昭、王树敏《皇朝道咸同光奏议》（卷十一），台北商务印书馆 1960 年版。

② 参见丁进军《中国最早的印花税票》，《紫禁城》2001 年第 3 期，第 35—36 页。

③ 同上。

④ 参见刘增合《鸦片税收与清末新政》，生活 · 读书 · 新知三联书店 2005 年版，第 189 页。

光绪三十四年（1908）八月，印花税饬先在直隶试办，结果遭到天津商会的极力反对和抵制。在舆论一片反对声中，宣统元年（1909）二月，度支部奏准将印花税章程颁发各省试办。是年六月，印花税票向各省发行，标志着清末印花税政已步入全面实施阶段。各省领回印花票后，举措不一，基本上采取观望和攀比态度。遭灾省份率先请求缓办，甘肃、吉林、新疆、贵州等省首先被允准缓办。故清末虽有印花税的立法，但未能得到切实、有效的实行。度支部编制全国各省预算册中，宣统四年（1912）印花税一项预算收入为“印花税银九万三千一百八十七元”，[①] 清末推行印花税的成效由此可见一斑。

印花税是中国第一次引入西方税制的尝试，是我国传统税制向近代税制嬗变的起步，它本身无可厚非。印花税与鸦片税、厘金等毒税、恶税相比，确有它的优点。随着商品经济的发展，民间交换活动的频繁，以商事、产权凭证为征税对象的印花税，在税源保障上确实较其他税种具有潜力。问题是清政府推行印花税不是以改良税制为出发点，而是以敛财为急务，立新而不废旧，结果失信于民。此外，清末印花税未能得到有效推行的另一个重要原因是清政府将印花税划为国家税，地方不能分享，在当时威权下移、时势云谲波诡的税政环境下地方势必采取应付态度。这从一个侧面也反映出中央对地方已失去有效的财政控制。

所得税于 1799 年始创于英国。后英、美、日等国相继仿行。清宣统二年（1910）清政府度支部为缓解财政压力，吸取外国经验，引进所得税制，拟具了《所得税章程草案》30 条，规定分三种所得税：第一种是公司所得税、国家债及公司债的所得税。第二种是工薪所得，包括俸廉公费、各局所、学堂的薪水及从事行政衙门与公共机关者的收入。第三种为不属于前二种的所得。第一种所得采比例税制，税率定为 2%。第二种、第三种所得采累进制，起征点为 500 元。500 元以上分 8 级实行全额累进，税率最低为 1%，最高为 6%。此项草

---

① 贾士毅：《民国财政史》，商务印书馆 1924 年版。

案虽已送交资政院审议，但未及实行，清政府即已垮台。[①]

近代遗产税始征于1598年的荷兰，其后，英（1694）、法（1703）、美（1788）、意（1862）、日（1905）、德（1906）等国相继开征遗产税。中国古代受“子承父业，天经地义”的儒家传统思想及“父债子还”的观念的影响，一直没有开征遗产税。清朝末年洋务派在有关上奏中就提出了引入西方遗产税的建议。如1901年刘坤一和张之洞联合会奏变法折中对英国的遗产税收情况作了介绍并对中国征收遗产税的前景作了展望，谓：“遗产一项，英国最为巨款，其重税全在旁支承受、亲友分得，每年总数收十四兆余磅，而遗产一项多至八兆余磅。中国产业本廉，又系子孙相继，故此税势不能多。然中国若能办成，即较英国得二十分之一，亦可征银五六百万。但其查考领用之法分别差等之数甚为繁细。”[②]

（四）公共财政论

清末亦有少数人引入西方财政基础理论，特别是介绍了公共财政的理念。留日学生胡子清1905年在日本东京出版《财政学》一书。该书为当年在日本东京留学的以夏同和、杨度为首的一批留学生编译出版的“法政萃编”之一种，是作者在早稻田大学将课堂上听老师冈实先生讲课的笔记加以整理，“兼采《明治财政史》、《法规大全》、下村宏《财政学》等书，证所未详，间有未惬，则参以已意”[③]编写而成的。该书分析了经济学与财政学、财政与私经济之间的区别。认为“经济学为个人谋利益，财政学则为国家谋利益”。财政上的经费是“政团为谋公益所需一切之费用也”，主要做“私人所不能为之事”（如军备、警察）、“不可使私人为之事”（如铁路、运河）和“私人所不欲为事”（如普及教育、公共卫生、救贫、保护劳动者）。

---

① 国家税务总局：《中华民国工商税收史纲》，中国财政经济出版社2001年版，第42页。

② 刘坤一、张之洞：《遵旨筹议变法谨拟采用西法十一条折》，载《张文襄公全集》奏议五十四，中国书店1990年版。

③ 胡子清：《财政学》，（日本东京）井木活版所1905年版，参见许康：《百年前中国最早的〈财政学〉及其引进者——湖南法政学堂主持人胡子清》，《财经理论与实践》2005年第6期。

这实际上是中国最早的公共财政论。

1911 年陈焕章在哥伦比亚大学攻读博士学位的博士论文《孔门理财学》(*The Economic Principles of Confucius and his School*) 出版。该书当年作为哥伦比亚大学政治学教师编辑的“历史、经济和公共法律丛书”之一，由哥伦比亚大学资助，以第 44 卷、第 45 卷 112 号、113 号同时在纽约和伦敦出版。《孔门理财学》以孔子及儒家学派的经济原则作为研究对象，全书包括“通论”“消费”“生产”“公共财政”“结论”5 部分。陈焕章分别从“公共开支”“赋税的一般原则”“直接税”“间接税”等方面对孔门的公共财政思想作了论述。该书是中国第一部讨论中国财政思想史的著作。1912 年 12 月，鼎鼎大名的英国经济学家凯恩斯在英国著名的《经济学杂志》上发表评述《孔门理财学》一书的文章，认为“在陈焕章博士这本博学而令人愉悦的书中，有大量的内容人们将会引述，比如孔子的优生原则，关于劳工流动的规定，或是写得极好的中国税制史”。[1]

从整体上看，清末财政西方财政思想在中国的传播主体是具有近代取向的政府官员，少有专门的财政学家，因此主要是转述西方财政思想，少有理论创新。

二　民国初年（1912—1926 年）西方财政理论的传播

北洋军阀统治下的中国财政制度极端混乱，它是处于旧的封建财政体系崩溃，新的共和财政体制初建的过渡阶段，这一时期继承了清末财政现代化改革的某些成果，使财政制度进一步朝着近代化的方向艰难演进。

民国初年，大批留学日本的留学生学成归国，或执教于新式学

① 陈焕章：《孔门理财学——孔子及其学派的经济思想》，翟玉忠译，中央编译出版社 2009 年版，第 453 页。

堂，或出任政府官员、企业高级管理人员，或编书办报，通过各种途径传播他们在国外学到的财政学知识，成为中国财政学由传统向现代转型的重要推动者。1909 年中美两国达成利用“庚子赔款”向美国派遣留学生的协议，清政府继 1872 年派遣幼童留美之后，重启了向美国大规模派遣留学生的政策，民国初年开始再次出现大批官费和自费留美学生。这些留学生大多进入欧美大学和研究院以攻读硕士、博士学位为目标，其中有为数不少的人获得了博士学位。民国初年致力于财政学特别是中国财政问题研究的学者比较多，有关论著大致有几十本之多，开始出现了专门研究财政问题的博士及财政专家。

民国初年的财政理论的成就主要集中于以下几个方面：

（一）财政基础理论研究

在财政基础理论研究方面的代表作是陈启修的《财政学总论》和陈岱孙的《马萨诸塞州地方政府开支和人口密度的关系》，前者以宏观研究见长，后者以微观研究著称。

《财政学总论》一书 1924 年由商务印书馆出版。该书为陈启修在北京大学讲授财政学的讲义稿，十年间共发行了七版。直到 20 世纪 30 年代中期，中国人所撰财政学著作，仍有许多摘抄该书。其所开创的体例成为民国财政学著作的典范。《财政学总论》除绪论外，共分“财务行政秩序论”、“公共经费论”、“公共收入论”、“收支适合论”、“地方财政论”五篇。从篇名就可以看出，作者在书中凸显了财政的公共性。在书中，陈启修多次提到“公共财政”这个名词。如在第二编，讨论公共经费时，指出：“公共财政存在一日，则公共经费亦不能不存在一日。”[①] 该书是中国公共财政论的启蒙著作之一。公共财政思想的出现是中国传统财政思想向现代财政理论过渡的重要标志。陈启修的《财政学总论》一书就是这一转型的重要的代表性成果。

哈佛大学的陈岱孙（Chen Tsung Deison）着力研究他留学所在地马萨诸塞州的财政问题，1926 年他完成了博士论文《马萨诸塞州地方政府开支和人口密度的关系》（*The relation between local government*

① 陈启修：《财政学总论》，商务印书馆 1924 年版，第 17 页。

expenditures and density of population in Massachusetts）。地方政府开支与人口密度的关系是当时财政学界的前沿性课题。人口的增多，政府活动必有相应增加，在其他条件不变的情况下，政府开支总额必然增长，但总开支增长与人口增长会以何种比例增加？对此，当时西方学术界看法不一。陈岱孙的博士论文认为以往有关人口密度与政府开支的学术思想“主要（如果不是全部的话）是沿着抽象和先验的路线发展的……从未以全面的归纳法进行分析”。因此，他在博士论文中试图以“归纳方法来检验以演绎方法得出的上述理论”。[①] 论文研究了马萨诸塞州354个市镇1919—1921年间地方政府总开支与人口密度的关系，再进一步考察各类地方政府开支，如教育、公路、政府经常支出、保护人身和财产的开支、卫生和保健开支、慈善事业和军人福利开支、图书馆开支、娱乐开支及支付利息的开支等与人口密度的关系，最终得出令人信服的独到的见解，堪称财政学实证研究的一篇范文。

（二）外国财政研究

清末国人对于外国财政的介绍多是片段的、零碎的，民国初年走出国门留学西方的留学生开始系统研究外国财政制度以为中国殷鉴，出现了研究外国财政的热潮。

马寅初（Ma Yin - Chu）留学美国期间正值美国“进步时代”末期，财政体制经历了由乱到治的转型期。纽约市财政改革的巨大成就引起了当年正在纽约市哥伦比亚大学攻读经济学博士学位的马寅初的关注，他认为“纽约市维持了财政平衡，而信用地位没有丝毫受损的经过的叙述，将对中国财政当局有价值”。他试图通过介绍纽约市财政“由一种乱境进入治境的道理”，“为中国上一堂有益的课”。[②] 因此，他在哥伦比亚大学攻读经济学博士学位期间在著名的财政学家塞利格曼（Saligman）的指导下着力研究纽约市的财政问题，1914年他撰著的博士论文《纽约市的财政》（*The finances of the city of NewYork*）完成，通过论文答辩，同年列入哥伦比亚大学“历史、经济与公法研

---

① 陈岱孙：《陈岱孙文集》（上卷），北京大学出版社1989年版，第7页。

② 马寅初：《马寅初全集》（第一卷），浙江人民出版社1999年版，第1—2页。

究”丛书第61卷，由哥伦比亚大学出版，并随即被指定为哥伦比亚大学经济系一年级本科生的教科书。

刘炳业（Lew Ping Yeh）1924年获巴黎大学博士学位，博士论文题为《德国、意大利、奥地利、捷克和波兰的财产税（1919—1923）》（*L' Imp ôt sur le capital en pratique*，1919－1923，*Allemagne*，*Italie*，*Autriche*，*TchécoSlouaquie*，*Pologne*）。世界上最早开征资本税的是20世纪20年代初的欧洲国家，而刘炳业的博士论文出版于1924年，该论文是世界上最早全面介绍欧洲主要国家资本税实践的著作之一，反映出作者对于国际税制变迁的敏锐性。

其他的研究外国财政的博士论文还有哈佛大学博士朱中道1920年完成的博士论文《法国、英国、英属印度、奥地利和意大利的盐税》（*The taxation of salt in France*，*England*，*British India*，*Austria and Italy*）；康奈尔大学博士龙开霖1924年完成的博士论文《美国农业部门的财政史》（*A financial history of the United States Department of agriculture*）；耶鲁大学博士何廉1926年完成的博士论文《所得税管理的方法和过程：英美比较研究》（*Machinery and procedure in the aministration of income taxation*：*a comparative study with special reference to the United States and the United Kingdom*）；哈佛大学博士甘介侯1926年完成的博士论文《政治视角下的法国预算》（*Some political aspects of the French budget*）。

（三）中国财政问题研究

这一时期研究中国财政问题的著作较多，既有国内学者的著作，又有海外留学生的著作。这些著作，从内容看主要包括以下几个方面：

一是中国财政史的研究。早期中国留学生具有比较深厚的国学基础，在欧美大学又系统学习了财政理论，因此具有从事中国财政史研究的优势，加之中国财政史是西方学者陌生的领域，容易通过论文答辩，因此博士论文中有多篇研究中国财政史的论文，如哥伦比亚大学博士陈兆鲲1914年完成的博士论文《清代中国的税收制度（1644—1911）》（*The System of taxation in China in the Tsing*，1644－1911），列入哥伦比亚大学“历史、经济与公法研究”丛书第59卷，1914年出版。次年，A. P. Winston在《美国经济评论》上发表该书的书评文章，认为该书梳理了中国税收体系的事实，使西方人对中国“具有迷惑性且毫无规则”的盐税等税收机制有了大体了解。[①] 哥伦比亚大学博士黄汉梁1918年完成的博士论文《中国的地租》（*The land tax in China*），内容包括两大部分：第一部分为“清代以前的地租”。第二部分为“清代以来的地租”。[②] 该文列入哥伦比亚大学“历史、经济与公法研究”丛书第80卷，1918年出版。

国内学者的财政史著作以留学过日本，回国以后供职于财政部的贾士毅1917年出版的《民国财政史》一书水平较高。该书以中央和地方档案等第一手资料为主要依据，并搜罗时人论著，以制度为经，因革为纬，分总论、岁入、岁出、国债、会计、帛币六篇，另有附录。主要介绍晚清以来，特别是民国元年至民国五年（1912—1916）国家财政的基本状况。该书在当时及以后引起了广泛的注意。商务印书馆发行此书打出的是“既可供学问上之研究，又可资行政上之考证”[③] 的广告词。曾任财政总长的梁启超和熊希龄等为该书作序，给予很高评价。

二是公债问题研究。中国历史上向无政府向民间借债的传统，在封建社会中，作为政权象征的君主拥有至高无上的权力，臣民只有向其完税纳粮的义务，绝无向君主放债并要君主限期偿还的理由。因此，中国传统财政思想中并无公债观念，中国公债思想是在西学东渐的过程中提出来的。在财政危机的压力和思想界的鼓吹下，光绪二十年（1894）清政府模仿外国比照历来借外债办法向国内富商巨贾募债，即所谓“息借商款”，是为中国内债之嚆失。后于1898年和1911年又相继发行了昭信股票和爱国公债。前者名为股票，实为债券。

民国初年，中央权威式微，中央政府将公债作为重要的财政收入来源。因此公债问题也成为当时研究的热点。哥伦比亚大学的黄凤华1919年所著的《中国的公债》（*Public debts in China*）的博士论文是

---

① A. P. Winston, Review The System of Taxation in China in the Tsing Dynasty, 1644 - 1911, *The American Economic Review*, Vol. 5, No. 1 (Mar., 1915), p. 102.

② Han Liang Huang, *The Land Tax in China*, New York, Columbia University, 1918.

③ 申报馆：《最近之五十年》，申报馆1923年版，第245页。

在塞利格曼（Saligman）的指导下完成的，系统论述了当时中国非常紧迫的公债问题。该论文列入哥伦比亚大学“历史、经济与公法研究”丛书第35卷，1919年由哥伦比亚大学出版。法国巴黎大学博士孙绍康1918年完成的博士论文题为《中国公债评论》（*Etude critique sur la dette publique de la Chine*）。

三是财政分权问题研究。哥伦比亚大学博士李权时获得博士学位的博士论文《中国中央和地方财政：中央、省、地方政府财政关系研究》（*Central and local finance in China; a study of the fiscal relations between the central, the provincial, and the local governments*）列入哥伦比亚大学“历史、经济与公法研究”丛书第99卷，1922年出版。该书研究了中国中央与地方财政分权的历史与现实，比较了英、美、法、德、日五国的财政分权体制。从政治体制和财政体制的角度提出了调整中央、省和地方财政关系的一些基本建议。1923年李权时将自己的博士论文的主要内容翻译成中文，以《划分中央与地方财政问题》为题，以超长篇幅（33页）发表在《东方杂志》第20卷第15号上。

四是教育财政研究。哥伦比亚大学博士程其保1923年获得博士学位的博士论文为《中国支持一个足够的公共教育的财政能力》（*Financial ability to support an adequate public education in China*）。教育财政产生于公共教育制度的建立，是政府利用公共资金对教育进行干预的结果。在中国，由国家财政负担教育经费一直是中国古代的传统。在西方，18世纪末以前教育费用一直是个人和社会团体承担，从18世纪末起，西方国家政府才开始兴办教育或给私立学校提供财政补贴。20世纪初以后，西方教育财政理论才开始萌芽。① 该书不仅是中国教育财政领域的开拓性学术著作，即使是在世界教育财政学领域也是奠基时代的重要学术著作。

清末民初中国传统的财政制度遭到毁灭性的打击，传统财政思想完全退出历史舞台。西方国家当时几乎所有的财政制度和财政思想的

① 参见刘强《教育财政研究：一个历史性回顾与评述》，《生产力研究》2011年第12期。

文明成果在中国从形式上都得到移植，它浓缩了西方几百年财政制度和思想近代化走过的历程。其变化之速，程度之深，规模之大，范围之广，不仅在中国财政文明演进的历史上是空前的，在世界财政文明变革和发展史上也是少见的。从财政文明（制度和思想）形态上看，这一时期的变革是前所未有的，其意义也是深远的，但这一时期的财政制度的改革并未取得预期的效果，有些财政改革（中央与地方财政分权改革、预算改革、税制改革）出现了南橘北枳的“水土不服”现象，许多财政制度形同虚设，这在世界文明的移植史上是常态，并不是中国独有的现象。它说明引进和移植西方优秀的财政文明成果时必须实现文明成果的中国化，使之与中国的社会历史文化土壤相融合。只有这样，才能实现财政文明的全面、健康转型。正是在此基础上，当时有的学者认识到西方理论必须与中国现实结合①，南京国民政府时期有的学者提出了要建立中国的财政学的口号。

三　国民政府前期（1927—1937 年）西方财政理论的传播

国民政府前期，中国市场经济进一步深化，适应市场经济发展的近代财税体制次第建立，从而为财政理论的研究创造了良好的前提条件。加之这一时期政局相对稳定，中外学术交流非常频繁，留学学习财政学的人数大幅增加，层次明显提高，学术研究氛围良好。这一切都推动中国财政理论在这一时期获得了空前繁荣的局面，财政学论著大量涌现，将中国近代财政理论研究推向了一个新高峰。据不完全统计，这一时期出版的财政学著作有百余部，占整个近代财政学著作的一半以上。

---

① 如马寅初 1925 年在一次演讲中说：“曩者余在美国留学，费去许多光阴脑力，著成《纽约之财政》（*Finances of New York City*）一书，当时窃以为所见不差，归国后必能应用。然一入国门，则情形悉变，而所著之书询之国人，皆茫然不知。盖本国情形大异，此书不适用也。余受此挫折，决计不再从事著不适国情之书籍，专以演讲宣传，评论事实，颇见成效。”（晏智杰：《马寅初演讲与论文集》，北京大学出版社 2005 年版，第 52 页）

财政学著作中，以 1935 年商务印书馆出版的李权时的《财政学原理》，何廉、李锐合写的《财政学》和尹文敬的《财政学》三部理论著作水平较高，影响较大。

李权时的《财政学原理》分上、下两卷，上卷出版于 1931 年，到 1935 年又出版下卷。他研究经济学（包括财政学）的目的是要“制造国货，亦即仿照洋货，去代替来路货”。① 他认为要达此目的，必须分三步走：“提倡国货的最初步是在乎仿造洋货，所以提倡国货教科书的最初步是在乎翻译外国教科书。进一步则为自己监制或自己编述。再进一步则为自己能够精制以与洋货逐鹿于世界市场，或自己能够卓立一家以与世界学术界并驾齐驱。”他认为自己的《财政学原理》一书水平很高，其内容，“有的是在于提倡国货的第一期，有的是在于第二期，有的或者已入第三期”。② 该书出版后，有人发表评论文章，也认为李氏这本书表明作者“学贯欧美，心存华夏”，是“一本第一等的国货教科书”，称赞它“是一位经济专家多年研究的结晶，是一件贯通中西社会各家的作品，是一本物美价廉远胜舶来品的国货教科书，也是国内财政学书籍中最重要的权威”。③

1935 年，商务印书馆出版由何廉、李锐合著的《财政学》一书，是何廉在南开大学为开设《财政学》课程而与他的学生李锐合作撰写的教材。到 1947 年已出版 9 版，说明其在社会上影响较大。该书是一部体系较完备、内容比较丰富的财政理论专著。其特点是在内容上包括财政理论、财政制度和财政实务，在研究方法上注重历史和现状的结合，中国和西方的比较。

尹文敬所著的《财政学》是其在北平大学法学院讲授财政学、地方财政、中国财政问题等课程时，将历年教材所得，旁加搜集而成的一部财政理论专著。该书不仅注重财政理论，而且兼及各国财政制度之介绍。“其特点是对财政理论的阐述比同类的其他著作为全面而周

---

① 李权时：《经济学原理·自序》，民智出版社 1929 年版。

② 同上。

③ 参见章植《评李权时著财政学原理》，《经济学季刊》1932 年第 1 期。

详，持论亦较平允。它老老实实地引进，既不标新立异，也未塞进一些连自己也未全懂的古老财政史料，故到解放前夕仍为具有较大参考价值的财政学专著；其缺点是对英、美在二十年代后出现的财政学新观点介绍得还不多”。①

这一时期，南京国民政府面临的经济问题主要是经济大危机对中国货币体系的冲击所引发的货币问题，财政问题退居次要位置，但留学生的博士论文中仍然有不少关于财政问题的，见表1。

表1　1927—1937年中国留学生的财政学博士论文

姓名	毕业学校	毕业时间	论文题目
陈友松	哥伦比亚大学	1935	中国公共教育融资：重建面临的主要问题的实证分析
黄宪儒	哥伦比亚大学	1928	美国联邦铁路税
林书孟	伊利诺伊大学	1927	中国的外债
麦健曾	哥伦比亚大学	1930	安德鲁·杰克逊的财政政策
唐崇慈	加利福尼亚大学	1927	英国税收土地价值体系
田炯锦	伊利诺伊大学	1930	英美地方财政的国家监督研究
朱炳南	伊利诺伊大学	1933	经济剩余与税收
李超英	英国伦敦政治经济学院	1935	中国的公共财政制度：一个比较研究
周良栋	法国南锡大学	1936	中国的盐税
萧子风	法国卡昂大学	1931	中国的关税制度
周鸿钧	法国格勒诺布尔大学	1927	中国的公债
丁作韶	法国巴黎大学	1931	中国关税论
尹文敬	法国巴黎大学	1929	中国财政制度
朱偰	德国柏林大学	1931	中国财政改革的主要问题
朱伯康	德国法兰克福大学	1937	中国财政预算和财政制度
Cuang, Ying - Lai	德国耶拿大学	1932	英德财政：支出的视角

资料来源：Tung - li Yuan, A guide to Doctoral Dissertations by Chinese Students in America, 1905 - 1960; Tung - li Yuan, Doctoral Dissertations by Chinese Students in Great Britain and Northern Ireland, 1916 - 1961; Tung - li Yuan, A Guide to Doctoral Dissertations by Chinese Students in Continental Europe, 1902 - 1962.

---

① 胡寄窗：《中国近代经济思想史大纲》，中国社会科学出版社1984年版，第451页。

与上述三部教科书性质的财政学著作不同，留学生博士论文一般是专题性研究，有的具有较高的学术水平。

陈友松（Cheng Ronald Yu - Soong）[①] 在哥伦比亚大学攻读博士学位期间致力于教育财政的研究，他 1935 年完成的博士论文《中国教育财政之改进——关于其重建中主要问题的事实分析》（*The financing of public education in China: a factual analysis of its major problems of reconstruction*）受到学界的高度评价，马寅初在其中文版序言中认为该书在“教育科学和所谓沉闷的财经科学之间的一片尚未探索的边缘领域”进行了开拓性的研究。[②] 国立中央大学教育学院院长艾伟认为该书是“中国第一部教育财政学的专书”。[③] 美国教育学大师杜威称赞陈友松为“东亚一流学者”，他致函胡适，认为该书“是一件有实值能发光的作品，对于中国将大有价值”。时任美国哥伦比亚大学教授的著名教育财政学家施菊野（George D. Strayer）认为“此书非独对中国教育行政者是一种挑战，且对世界教育家是一种贡献”。该书对中国 20 世纪二三十年代的教育经费筹措、分配和使用进行了系统深入的研究。“此书的完成有赖于大量的、翔实的第一手统计资料。在广泛征集材料过程中，他曾向哥大校友宋子文（时任财政部长）提出要求，希望宋提供历年财政报告，宋慨允，装了一大木箱统计报表空运到美国供他使用。”[④] 该书出版以后商务印书馆少有地出版了它的英

---

① 陈友松（1899—1992），湖北京山人。1915 年入武昌博文书院，1921 年毕业后赴菲律宾马尼拉师范学院学习。1924—1926 年在菲律宾师范大学教育系研究教育理论。1927 年回国，先后任职于广西教育厅、商务印书馆、浙江省立西湖图书馆。1929 年赴美国留学，先后在加州大学、斯坦福大学和哥伦比亚大学教育学院留学，师从杜威等名师，着力研究教育经济。1935 年回国以后曾任大夏大学、厦门大学、西南联大、北京大学教授，湖北省立教育学院院长。1949 年以后，任北京师范大学教授。译有《教育财政学原论》（商务印书馆 1936 年版）。

② 方辉盛、何光荣主编：《陈友松教育文集》，社会科学文献出版社 2009 年版，第 8 页。

③ 美国内务部教育署全国教育财政调查团：《教育财政学原论 · 艾伟博士序》，陈友松译，商务印书馆 1936 年版。艾伟的此说不准确，事实上，早在 1923 年，同样留学哥伦比亚大学的程其保就完成了他的教育财政方面的博士论文——《中国支持一个足够的公共教育的财政能力》。

④ 方辉盛、何光荣主编：《陈友松教育文集》，社会科学文献出版社 2009 年版，第 8 页。

文版。

朱伯康[①] 1934—1937 年先在德国柏林大学（一学期），后转到法兰克福大学，师从该校著名的财政学家韦廉·盖洛夫（Willhelm Gerloff）学习经济学和财政学。博士论文题目《中国国家财政和财政制度》（*Der Staatshaushalt und Das Finanzsystem Chinas*）系盖洛夫教授所指定，以填补他所主编的《公共经济学手册》（*Handbuch Der Finanzwissenschaft*）第 3 卷《各国财政史》的空缺。该论文被列入法兰克福经济科学研究丛书第二种，1937 年下半年由莱比锡亨斯·蒲斯克出版社（Ver Lag Hans Buske，Leipzig）出版。

黄宪儒的《美国联邦铁路税》具有极强的问题导向性。当时美国财政收入中公司的所得税占有越来越大的比重，而在公司所得税中铁路公司的所得税占有很大的比例，因此铁路税问题引起美国公共财政学界的高度关注。当时美国的铁路税受美国联邦制的影响，各州都有铁路管辖权，各州都有征收铁路税的办法，以致跨州运行的铁路“一部分的铁路税征税方法合理和公平，而相邻另一部分的征税办法烦琐和混乱”[②]。因此建立统一标准的铁路税规则是美国联邦铁路税改革的重点，该论文就是致力于相关问题的研究。论文内容分为两部分：第一部分为“事实”，主要详细分析美国不同模式的铁路税并揭示其主要特征；第二部分为“理论”，试图介绍各种铁路税模式的优点和缺点，并思考与铁路税有联系的各种理论的优长之处。[③]

---

① 朱伯康（Chu Pakong，1907—2005），浙江温岭人。早年求学于杭州安定中学、上海劳动大学。在劳动大学读书期间曾在《新生命》上发表《中国封建社会起源之史的考察》一文，经日本学者天野元之助译成日文在日本发表。大学毕业后在北京大学任教授。“一·二八”淞沪抗战发生以后弃笔从戎，加入十九路军，任 78 师政治部主任，参加了著名的淞沪保卫战，后随军入闽，1933 年底“福建事变”失败后赴德国留学，深受德国历史学派影响。1937 年获法兰克福大学博士学位后回国，先后任中山大学、浙江大学、复旦大学等校教授。著有《经济学纲要》（1943）、《中国经济史纲》（与祝慈寿合著，1946）、《中国经济史》（上、下卷，与施正康合著，2005）等著作。

② Hsien Ju Huang，*State taxation of railway in the United States*，Preface，Columbia University Press，New York，1928.

③ Ibid..

四　南京国民政府中后期(1938—1949年)的财政学研究

1936年凯恩斯的《就业利息和货币通论》（下称《通论》）的出版，标志着西方财政理论的“革命”，完成了传统财政学向现代财政学的过渡。凯恩斯扩大了政府职能，形成了“大政府”的主体特色，政府不再仅仅充当守夜人的角色，而应积极干预社会经济活动。凯恩斯一反传统财政理论中的“就财政论财政”，转而“就经济论财政”，从而使财政活动带有“功能性财政”特征。

与国际经济学联系紧密的中国经济学界对西方财政理论的这一革命性的变化很快做出了反应。1938年9月，姚庆三出版《现代货币思潮及世界币制趋势》一书，分两节“公共建设政策之理论”和“公共建设政策之例证”介绍了凯恩斯财政理论和财政政策。

在财政理论方面，姚庆三主要介绍了凯恩斯财政理论对传统的平衡预算理论的冲击。他认为传统的平衡预算理论以每一年度预算平衡为目的，而当时的财政新思潮则以长期预算平衡为目的。显然，他是赞成后者的，并试图用经济周期理论加以解释。在经济衰落时期，政府税收减少，同时又应积极推进公共建设，以增加就业人数，以致支出反而增加，所以预算必难以平衡，赤字在所难免，但此种亏空可以用繁荣时期的预算盈余来弥补；在经济繁荣时期，政府税收既可增加，同时因失业人数减少，公共建设亦可从缓进行，使得支出反而减少，因此预算不但可以平衡，且或反有盈余，此种盈余即可用于抵偿衰落时期的财政赤字。所以，从短期看，预算不平衡，财政不健全，而从长期看，预算可以达到平衡，财政是健全的。①

在财政政策方面，姚庆三主要介绍了受凯恩斯财政思想影响的

---

①　姚庆三：《现代货币思潮及世界币制趋势》，国民经济研究所1938年版，第245—246页。

美、德、意等国实施的公共建设政策，认为这些国家通过公共建设促进了经济发展，解决了就业问题，中国应该仿行。他指出："罗斯福总统挟美国丰富之资金，以实现其复兴计划，固无足奇，而贫困如德、意，竟亦能完成其伟大之公共建设，何哉？盖德、意两国在独裁政治之下，其政府当局能以坚决之毅力，抛弃自由放任之传统政策，而采用有计划之统制政策固耳。我国失业问题之严重，甚于德国，而荒地太大粮食不能自给，尤酷似意国；公共建设既可解决失业问题，又可发展国民经济，德、意两国之经验，不亦足资吾人之取法乎？"[①]姚庆三还主张运用公债来推动公共建设。他建议学习德、意两国，设立国民经济建设委员会以统筹公共建设特别预算，以公债政策作为筹款的主要方式，外加利用外资。他还熟识凯恩斯的投资乘数财政理论，认为"社会所得之增加额亦必远较此项公共建设之原投资额为大，其倍数可称为投资倍数"。[②] 这从一个侧面证明了增加政府投资的合理性，基本上把握了乘数理论的实质。总的看来，姚氏的财政政策基于凯恩斯财政理论和美、德、意等国的实践，关键点在于利用公共建设，即增加财政赤字，来推动经济建设，"这可能是中国最早的类似政策建议"。[③]

对于凯恩斯的财政理论，也有中国学者提出了质疑。1948 年 8 月，马寅初出版的《财政学与中国财政——理论与现实》一书认为，《通论》"是完全根据于极端资本主义，高度工业化的英美两国的情形而写成的，以之介绍于中国人民，不啻纸上谈兵，不切实际"。他具体从 9 个方面作了分析，其中在财政方面他讨论了凯恩斯的公共工程和赤字预算。关于公共工程，他认为"在极端的资本主义国家里，在不景气的时候，人人视投资为畏途，人力物力皆无出路，不得不由政府出面来救济。但当工商业活跃时期，公共工程必须延缓，以待工

---

① 姚庆三：《现代货币思潮及世界币制趋势》，国民经济研究所 1938 年版，第 249 页。

② 姚庆三：《凯恩斯货币理论之演变及其最新理论之分析》，《国民经济》1937 年第 1 卷第 2 期，第 74 页。

③ 孙大权：《中国经济学的成长——中国经济学社研究（1923—1953）》，生活·读书·新知三联书店 2006 年版，第 279 页。

商业渐趋萎缩时再行举办”。而“在中国百废待兴，没有一桩大规模的工程，可以随举随停的”。关于赤字预算，他认为发达的资本主义国家要举办公共工程，“在财政上就要破坏收支平衡的原则，势必走上赤字预算的道路。在英美，固可以利用公共工程之自偿力以收回公债，于财政上不致发生危险”。“但在中国，当政治不上轨道的时候，这个方法施行起来含有极大的危险性”。

《通论》出版以后，中国几乎一直处于战争状态中，国家财政异常窘迫，并且通货膨胀十分严重，缺乏运用凯恩斯财政理论、政策的现实社会经济条件。因此，凯恩斯财政理论虽然较早就传播到中国，但民国时期并没有对中国的宏观经济政策产生实际的影响。由于中国学者更多关注的是战时财政，无论战时税收论还是战时通货膨胀论均以筹集战费为主要目标，忽视了公共建设对于经济增长的促进作用。因而，此期凯恩斯财政理论并没有在中国付诸实施。

这一时期中国海外留学生中以财政学为题的博士论文共有 8 篇，具体情况见表 2。

表 2　　1938—1949 年中国留学生的财政学博士论文

姓名	毕业学校	毕业时间	论文题目
周有璧	芝加哥大学	1942	国民政府的税收改革：1927—1937
周舜莘	哥伦比亚大学	1945	资本税
陶洁卿	哈佛大学	1946	战后中国税收结构研究
吴永珣	威斯康星大学	1947	美国羊毛税
马润庠	英国伦敦政治经济学院	1942	政府借款技巧：英国财政部借款操作方法研究（1914—1940）
余宗范	法国巴黎大学	1939	1912 年以来的中国财产税
龙吟	法国里昂大学	1943	中英法预算监督制度之比较
戴鸣钟	德国柏林大学	1939	个人所得税视野下的中国财政

资料来源：Tung - li Yuan, A guide to Doctoral Dissertations by Chinese Students in America, 1905 - 1960; Tung - li Yuan, Doctoral Dissertations by Chinese Students in Great Britain and Northern Ireland, 1916 - 1961; Tung - li Yuan, A Guide to Doctoral Dissertations by Chinese Students in Continental Europe, 1902 - 1962.

在当时的财政学博士论文中，周舜莘的《资本税》（*The capital levy*）最富理论与实际价值，该论文系统介绍了第一次世界大战以后西方国家围绕整理战争债务开征资本税而进行的理论与政策的争论，既研究了各种形式的资本税及资本税本身的运行机理，资本税与超额利润税、所得税、赠与税等的区别，又分析了资本税对生产、消费及金融市场的影响，堪称税收理论的经典之作。周舜莘的导师海格（Robert M. Haig）教授为该书写了序言，介绍了资本税问题的源起，对周舜莘的博士论文给予了高度评价："该书读者将有目共睹，周博士运用经济分析工具对他所研究的问题作了清晰、有说服力的研究，推进了该领域的学术研究。我相信，他是他所专注的领域的权威。"①

20 世纪上半叶，许多外国财政学家认为财政学根本不是经济学的一个分支，而属于政治学范畴，有的认为财政学是政治学与经济学之间的边缘学科，所以专攻政治学的学者也可以研究财政学。受此影响，近代中国海外留学生中也有从政治学的视角研究财政问题的，田炯锦的博士论文《英美地方财政的国家监督研究》就是立足于政治学的角度研究财政问题的。《英美地方财政的国家监督研究》（*State Supervision over municipal Finance in England and the United States*）一文资料非常丰富，除了参考相关书籍和论文以外，"材料大多来自于官方出版物，比如议会法案、国家宪法立法法案、政府机关报告及其他公开文件"。②

这一时期在中国财政学说发展史上还有值得一提的盛事是 1939 年元旦创刊的财政学学术刊物《财政评论》。该刊物是民国时期创办的第一个也是最重要的财政学学术刊物，发表了许多财政名家的学术成果，特别是发表了大量战时财政方面的学术论文。

---

① Shun - Hsin Chou, *The Capital Levy*, Preface, King' Crown Press, 1945.

② Chung Chin Tien, *State Supervision Over Municipal Finance in England and The United States* (An abstract of a thesis), Urbana, Illinois, 1930, p. 1.

新中国成立60年来中国财政学科发展的总结与回顾

张　馨　刘　晔*

（厦门大学经济学院　361005）

摘　要：我国财政学已经走过了60年的历程，这是我国财政理论立足于国情而发展演变的60年。以改革开放启动的1978年为标志，大致可以分为三个阶段。在第一个阶段，我国是通过引入苏联财政学，然后在其基础上“推陈出新”，开始了建立中国式计划型财政学过程的。在第二个阶段，在改革开放的大背景下，我国开始了否定计划型财政学的过程。第三个阶段，随着市场化和公共化改革目标的确立，开始了构建中国式的市场型财政学即公共财政学的过程。本文将分别从计划经济时期、改革开放至20世纪末以及21世纪三个角度，进行总结与概括。

关键词：中国　财政学科　总结与回顾

一　计划经济时期的财政学

新中国成立初期，我国面临着建设与新的计划经济体制相适应的

---

* 作者简介：张馨，厦门大学特聘教授，历任财金系系主任，经济学院副院长、院长，教育部经济学科指导委员会副主任委员。研究方向：公共经济学等。E－mail：zx@xmu.edu.cn。刘晔，厦门大学经济学院财政系教授，系副主任。研究方向：公共经济学、制度经济学、数理经济学。E－mail：liuye1682@sina.com。

财政制度及其理论的任务。通过引进和模仿苏联财政制度和理论，初步建立了我国的财政制度和理论。因此，20世纪50年代，尤其是其前半期，我国的财政学基本上就是计划经济性质的苏联财政学。在这一时期我国占主流地位的是苏联财政学的基本理论——“货币关系论”。

但即使是在这一时期，我国财政学也仍然包含某些自己的看法，如其后构成“国家分配论”的若干基本要素此时已经提出，但很快地我国财政学界就对苏联财政理论提出质疑，进而否定之，开始走上自我发展的路子。由于此时的计划经济背景，决定了对苏联财政理论的质疑与否定，不仅不是否定，反而是以强化计划经济为根本准则的，因而否定苏式财政学而形成的仍然是计划型财政学，但更为切合于我国的实践，可以说是我国特色的计划型财政理论。

随着计划经济体制的建成，我国财政理论也逐步形成与发展。这些财政思想和理论，大体上都具有为国家以指令性计划和行政手段直接配置社会资源服务的根本性质。这一时期大致以计划经济体制基本确立的1956年为开端，到改革开放开始的1978年而告终。这是我国计划型财政思想和理论最终形成并发展巩固的阶段。

20世纪50年代中后期，许廷星提出了“国家分配论”，并迅速扩大了其影响，得到了日益众多的支持。“国家分配论”的形成并占据主流地位，是我国财政学独立于苏联财政理论体系的集中表现。它影响和支配着此后30余年的我国财政学。在这一理论的指导下，展开了我国财政的实践活动，并形成了具有中国特色的一整套财政制度。

新中国成立初期，围绕着如何解决当时最急迫的财政经济问题，形成了若干财政理论与思想：①统一财政收支和管理的理论。这一时期统一了全国财政收支，实行了高度集中统一的财政体制和国营企业利润分配制度等，将财权财力都集中到了中央，并形成了相应的财政思想。②财政平衡与国民经济综合平衡的理论。这一时期，我国努力实现了财政的年度收支平衡，并且将财政平衡与国民经济综合平衡直接联系起来，在经济战线迅速取得了巨大的成效。相应地，综合平衡论和国力论也开始形成，并在其后20余年的计划经济实践中得到补充、丰富和完善。③经济决定财政的思想。通过发展经济来解决财政问题的思想，是根据地时期形成的“经济决定财政”思想在新中国成立后的延续。这一时期我国财政学者，如丁方、罗毅、尹文敬等，已经非常明确地论述了“经济决定财政”“财政对经济的反作用”等观点。其后数十年，经过我国财政学界的努力，关于财政与经济关系，或者说财政在社会再生产中的地位与作用问题的分析，成为我国计划型财政学中最具理论深度和含义的内容与构成部分。此外，新中国成立初期的财政学，还对财政各个组成部分，如财政支出、财政收入、财政体制等问题，也都有不同程度的涉及。

1964 年 8 月在辽宁旅大市召开了第一次全国财政理论讨论会，这是新中国成立后的第一次全国性财政理论讨论会，也是国家分配论在我国财政理论界占据主流地位的标志。相应地，我国财政学界也以国家分配论为基础，开始了创立自己财政学的过程。

此后一直到“文化大革命”开始乃至改革开放之前的 20 世纪 70 年代后期，围绕着“国家分配论”的争论，我国财政学界关注的重点集中在“财政本质”及其相关的如财政范围、财政职能等问题上。

财政本质问题是我国财政学界直至 90 年代前期为止，关注最多、争论最为激烈的财政基本理论问题。在大连讨论会上争论的诸如“国家分配论”“价值分配论”等，都被认为是财政本质理论，其中“国家分配论”最具代表性，影响最大，而关于财政本质问题的分歧和争论，也主要是围绕着国家分配论的基本观点，即“财政是以国家为主体的分配进行的”。

国家分配论基本的和核心的观点是“财政是国家为主体的分配”，它以“国家主体”为基点和核心，探讨有关财政方面的各种问题。围绕着国家分配论的争议，集中在国家与财政关系问题，并具体集中在社会主义社会的财政与国家关系上。就国家分配论来看，它对于国家主体的高度强调乃至绝对强调，与计划经济下国家支配和调控整个社会经济生活的体制本性有着很强的一致性与适应性，它成为计划经济时期的主流财政理论，就不奇怪了。

对于财政本质问题的争论，还延伸到以下的问题：①财政范围问题。这一问题以及下面的几个问题，都是财政本质问题的延伸。关于财政范围问题的争议焦点，在于银行信贷和企业财务是否应当纳入财政范围内。②财政特征问题。它探讨的是财政是否具有强制性和无偿性的问题。③扣除论问题。这一理论认为，社会主义社会的财政分配，是依据马克思的“扣除原理”进行的，即“社会主义财政分配扣除论”。④优越性论问题。这是关于社会主义财政的优越性的论述，诸如指出社会主义财政具有“人民性”“生产性”“建设性”“计划性”，资本主义财政具有“剥削性”“非生产性”“战争性”“盲目性”等。⑤财政职能问题。即财政具有哪些客观功能的问题。

这一时期的财政理论，除了财政本质及其相关问题之外，值得注意的财政思想和理论有：①关于财政与经济关系问题。这是在根据地时期就已提出的思想，在20世纪50年代初期已经开始涉及。②关于正确处理各种比例关系。如著名的“二、三、四”比例关系，就是这一时期提出来的，这是安排财政支出时必须遵循的规律性比例。这一财政思想，实际上构成了其后约30年我国财政在处理与经济的关系，在安排自己的收入和支出时，所遵循的基本准则之一。同时也是计划经济时期我国财政学中的唯一数量分析。③关于处理预算与计划的关系。④关于建设资金的积累。其中诸如价格剪刀差问题，是计划型财政学所特有的内容，等等。

二 否定计划经济时期的财政学

20世纪70年代末，我国开始了改革开放。就80年代及90年代初期来看，改革是以否定计划经济体制为基本内容的。这一基本背景决定了，直到90年代前期我国财政理论发展和演变才呈现出以下基本特点和主要内容：①这一时期计划经济体制尚未根本否定，决定了此时的财政理论总体上仍是计划经济性质的。②这一时期已开始市场化改革，计划经济逐步受到否定，市场因素正在加强，决定了此时的财政理论也在朝着否定计划性和增大市场因素的方向转变。

处在经济体制转轨与过渡的大背景下，财政理论的变革却是滞后的，其典型体现就是，“国家分配论”作为计划型理论，尽管早在60年代中期就已经确立了财政学的主流地位，但其发扬光大和最后成型，并且达到鼎盛状态，却是80年代以至90年代前期的事。换言之，以“国家分配论”为基本理论和体系构架的我国计划型财政学，不是形成于60年代，而是在70年代末80年代初，并且直至90年代中后期一直是我国基本的财政学模式。

这一时期的财政学，仍然是以“国家主体”为基点，强调国家对财政活动的主体作用，围绕着国家如何实现其职能的需要来考虑财政问题，来安排财政收支。这种理论与计划经济下国家安排和控制一切是有着高度的一致性与契合性的。因此，此时的财政学仍然是以阐述和论证财政如何服务于国家计划的安排，尤其是国家如何提供经济建设资金为基本内容的，从而仍然是计划经济性质的。但此时改革开放已全面推开，传统财政制度处于不断否定之中，财政学也反映了越来越多的财政改革内容。总之，这一时期的我国财政理论，一方面其计划性在逐步削弱，另一方面其市场性因素在逐步增多，呈现出不断偏离计划经济轨道，朝着市场经济方向转轨的基本态势。

这一时期否定国家分配论的声音也日益增强，除了60年代就已存在的否定国家分配论的观点，典型的如“价值分配论”“剩余产品价值决定论”等之外，70年代末又新出现了“社会共同需要论”等观点，对“国家分配论”提出了强有力的挑战。尽管这些理论都没有能够否定取代“国家分配论”在我国财政学界的主流地位，在当时背景下也难以从市场经济基点去形成自己的理论，从而还难以说是市场型理论。但是，“社会共同需要论”从“社会共同需要”的角度和基点去考察财政问题，与市场型财政理论以“公共性”为核心去分析财政问题有着相似之处，因而可以认为是市场取向的改革在财政理论上的反映。

这一时期我国财政理论的另一重大成果是“财经关系论”的最终完成。这是依据马克思的社会再生产四环节相互关系的理论，分析了财政在社会主义再生产中的地位问题，从而大大深化和完善从50年代以来就不断发展的该理论。此时的分析，超出了以往的对生产与财政关系的范围，深入进行了交换与财政关系、消费与财政关系，尤其是分配与财政关系的阐述，提出了“社会主义财政是社会再生产的内在环节，而资本主义财政则是社会再生产的外部条件”的观点。

这一时期财政理论关注的，主要还有诸如国家筹集建设资金、财政收入原则、利改税、财政支出分类、财政支出原则、基本建设投资“拨改贷”和企业流动资金全额信贷、财政体制的“分灶吃饭”改革等问题。由于这一时期已经连年出现大规模财政赤字，从而对财政平衡原则是否应当坚持进行了激烈的争论，其中强调财政平衡和综合平衡的声音是较为响亮的。

三　我国公共财政论的形成

市场化改革的30年，也是财政公共化变革的30年，同时也是中国式的公共财政论逐步确立的30年，但明确地从理论上提出公共财政问题，并由此开始形成我国自己的公共财政论，则是20世纪90年代的事了。市场化改革目标确立和1994年大改革初步建立了市场经济体制，直接对财政学界提出了建立市场型财政理论的任务。它首先引起了财政学界关于“财政职能”问题的讨论，诸如双元财政论、广义财政论等就是在这一背景下提出的。同时，人们开始探讨诸如公共产品、市场失效、公共财政的建立、公共财政的定义、公共财政的姓“资”姓“社”、公共财政论与国家分配论关系等基本理论问题。在激烈的论战中，促成了我国公共财政论的形成与发展。

我国公共财政论的提出和形成，是引入和借鉴西方公共财政理论，结合我国国情，对我国传统财政学扬弃的产物，是探索市场型财政理论的结果。

这一时期引入和借鉴的西方公共财政理论，主要有西方的“公共产品论”、“市场失效论”以及公共财政学（公共经济学）等。公共产品论是西方财政学的核心理论，对于分析市场经济下公共财政问题具有奠基性的意义。市场失效论是西方财政学的分析基础之一，它立足于市场基点，从市场失效角度来论证政府及其财政存在的必要性，进而展开公共财政问题的论述。而对于西方财政学教科书的引入，则是对于西方公共财政论基本理论和基础知识的介绍。

与此同时，我国财政经济理论界开始提出我国自己的公共财政问题。如1993年《财政研究》第3期叶振鹏文章《适应社会主义市场经济的要求重构财政职能》，从双元财政角度提出了公共财政问题；1993年《财贸经济》第4期安体富、高培勇文章《社会主义市场经济体制与公共财政的构建》，提出建设公共财政的主张，等等。

这些观点的提出，导致了我国财政学界先是展开了“双元财政”问题，然后再转入“公共财政”问题的争论。面对各种批评，公共财政论者对公共财政问题作了阐述与论证；对于各种质疑的答复，促使人们加深了对公共财政的认识。这些争论，大大丰富和发展了我国的公共财政论，使得我国自己的公共财政理论开始形成。

20世纪90年代，财政经济理论界对“公共财政”下的定义并不多，张馨关于“公共财政是指国家或政府为市场提供公共服务的分配活动或经济活动，是与市场经济相适应的一种财政类型和模式”的定义，是此时比较有代表性的公共财政定义。而面对占据主流地位的国家分配论，中国的公共财政论回答的基本问题有：①有无公共财政？②如有，什么是公共财政？③公共财政制度是如何构建的？等等。这些问题在西方财政理论界是不成“问题”的，因而对这些问题的解答，就形成了我国公共财政理论的特有内容，构成了我国公共财政论的基本框架。

四　我国公共财政论的发展

1998年，公共财政被正式确立为我国财政的改革目标模式，公共财政研究蓬勃发展起来，公共财政论也有了长足的进展。进入21世纪以来，在经济全球化和高等教育国际化大背景下，我国财政学科建设和发展步入了一个与时俱进的快速发展期。从总体上看，这一时期我国财政学科发展呈现出公共化、本土化、综合化、国际化等基本特征：

（一）公共化：我国公共财政论的进一步阐释和发展

经过20世纪90年代大规模的理论争鸣，公共财政理论在我国财政学界已基本形成共识。进入21世纪以来，后继者的阐释进一步丰富着我国公共财政理论，而其努力主要集中在进一步挖掘公共财政的制度内涵上。焦建国（2002）基于对财政制度变迁的考察后认为，公共财政作为一种财政制度，其实质是民主财政，建立公共财政基本框架既是经济体制改革的任务，更是政治体制改革的任务；井明（2000）的分析也表明，公共财政的本质是民主财政，而民主财政的核心则是契约安排；李炜光（2002）则关注公共财政制度中文化、观念等非正式制度因素，并将其称为宪政思维，他认为，对公共财政而言，这种思维比正式制度更为重要；刘晔（2005）、冯俏彬（2005）等则研究了私人产权与公共财政的关系，认为私人产权的确立使得公共财政制度建设具有了立宪意义。

作为公共财政核心理论的公共产品论，进入21世纪以来也得到了进一步的阐释和发展。其研究主要集中于两方面：一方面是对公共产品概念及性质的讨论。正如马珺（2005）所认为的，公共产品概念在公共政策话语中日益普及，但其理论和现实价值却面临着被解构的危机。在此背景下，一种有代表性的观点认为（秦颖，2006），公共产品本质上是由基于一定价值判断之上的社会属性决定的，而不取决于非排他性和非竞争性的技术属性。另一方面则是集中在对公共产品非政府提供的研究上。樊丽明（2005）系统研究了在现有政策背景下多层次的公共产品自愿供给；杨志勇（2003）梳理了国外实验经济学对公共产品供给的研究，并分析了其对公共产品理论研究的影响。

（二）本土化：我国公共财政实践的成果总结

现代公共财政理论来源于西方，其与中国改革实践和具体国情相结合的过程就是实现其本土化的过程。这一本土化过程在近十年来取得了丰硕成果，并主要体现在对中国公共财政基本框架构建和制度完善的研究上。其中有较高显示度的成果主要有：①张馨（2004）《财政公共化改革：理论创新·制度变革·理念更新》一书，该书对我国财政公共化改革的具体步骤与进程、设计与实施方案等进行了初步探讨；②2004 年出版的财政部财政改革与发展重大问题研究课题丛书，十一本书的主题都直接或间接地涉及公共框架构建的方方面面，如贾康和苏明《部门预算编制问题研究》、高培勇《中国税费改革问题研究》、张馨《构建公共财政框架问题研究》等；③以高培勇为组长的中国社会科学院财政与贸易经济研究所课题组自 2003 年以来每年出版一期的《中国财政政策报告》，特别是 2007 年出版的《为中国公共财政建设勾画"路线图"》，对构建公共财政的指标体系进行了有益的探索；④上海财经大学公共政策研究中心自 2001 年来分年出版的《中国财政发展报告》以及 2008 年出版的《中国公共财政政策研究丛书》，其主题涉及中国公共财政制度改革完善的各个方面；⑤吕炜（2005）在其系列论文基础上形成的《我们离公共财政有多远》一书，主要探讨了转轨背景下的公共财政定位，在比较借鉴国际经验的基础上，提出了对中国财政改革的独立思考。

（三）综合化：多学科间的交叉融合

21 世纪以来，以探讨财政学与公共经济学间的关系为起点，引发了对财政学学科属性多方位的思考与讨论，杨志勇（2007）对此曾给予过总结。从财政学与公共经济学的关系看，一般认为，在研究范围上公共经济学大于财政学（朱青，2006）。因为财政学研究的只是政府收支，而公共经济学还包括公共规制等政府收支之外的内容；同时，公共经济学所研究的公共部门除了政府还包括国有企业和非营利组织等（张馨，2004）。但从另一角度即从学科属性角度看，财政学研究范围则又可能大于公共经济学。因为公共经济学从根本上只是经济学的一个分支学科，财政学的传统研究领域（如预算）则介于经济学、政治学、公共管理学、法学等之间。因此，财政学的跨学科属性是公共经济学所难以涵括的[①]（杨志勇，2007）。

从财政学的多学科属性来看，进入 21 世纪以来，我国财政学的学科发展越来越明显地呈现出多学科交叉融合的特征，从而使其综合性趋势进一步增强，而这一局面的出现是经济学界和法学、政治和公

① 如高培勇（2002）曾提出财政学可以分为财政经济学和财政管理学。

共管理学、社会学界的学者所共同促成的。如我国公共管理知名学者马骏（2005，2008）在政治学和行政管理学学科基础上对中国公共预算改革进行了较为系统的研究，并在分析中综合运用了政治学、行政管理学、新制度经济学和财政史学方法；刘志广（2002，2007）则运用经济学、历史学、社会学的有关研究成果，在财政社会学基础上重新定义了财政体制，并以此分析了我国中央集权型财政体制及20世纪末的社会转型；周刚志（2005）从宪法学的制度层面为公共财政与宪政国家间内在关系的研究建立了一个初步框架；此外，刘剑文教授在财税法、李炜光教授在财政史上的研究，等等，也都在不同层面和不同程度上体现了这一时期学科交叉融合的成果。

（四）国际化：财政学研究范式的初步转变

在经济全球化背景下，受益于互联网的普及、国际交流的增加、课程体系的改革，我国财政学科发展的国际化程度在进入21世纪以来有了很大发展。在财政学研究上，则体现为研究范式、方法和风格出现了向西方主流经济学范式和方法转变的初步倾向，具体表现在以下几个方面：①注重对国际前沿文献的梳理和积累。21世纪初信息化的发展使得我国财政学研究对前沿资料获取的便捷性大大增强，由此加深了国际主流经济学和财税专业杂志对我国财政学研究的影响。在此背景下，我国国内期刊中按某专题对国际文献进行综述的研究论文大量出现。如厦门大学财政系主编的《公共经济研究·国际财税理论前沿2005专辑》对国际财税杂志当年论文分杂志进行了综述，《公共经济研究·2007专辑》则有部分论文分专题对国际文献做了综述。②数理工具和计量实证的普遍使用。这是21世纪以来财政学研究范式转变和经济学化最显著的标志之一。这一时期较有代表性的主要有：郭庆旺等（2006）、龚六堂（2002）、林细细等（2007）在财政政策、财政支出与经济增长上的研究；张晏（2004）、梁若冰（2009）等在财政分权上的研究等。③在国际主流经济学杂志上发表财政论文。这一时期我国国内学者开始在国际财政经济学主流杂志上发表论文。据笔者检索，2000年以来在 *Journal of Public Economics* 和 *Journal of Public Economic Theory* 上以中国大陆高校和研究机构为第一作者发表论文的有：申阳和姚洋（Yan Shen and Yang Yao，2008）、蔡昉（Fang Cai，2006）、邵宜航（Yi - Hang Shao，2005）等。但也应看到，我国财政学研究的国际化只是初步的，和国际水平尚存在差距，且目前学科基础和研究方法也只完全放在主流经济学上。

五 若干结论

在介绍了我国财政学科 60 年的基本发展状况之后，可以得出以下基本看法：

第一，我国自己的财政学的建立，最初的根源可追溯到苏联的财政学。新中国成立初期，我国在完全摒弃西方模式的旧中国财政学的同时，全盘搬入了苏联的财政学，形成了我国最初的苏联模式的财政学。这也是我国建立自己的财政学的起点和基础，尽管 60 年来风云变幻，我国财政学也经历了多次的脱胎换骨式的更新，尤其是向着公共财政学转变就更是如此，但至今尚难以说已经与这种苏式财政学完全绝缘了，其隐约的影响目前尚难以说完全消除了。

第二，我国财政学界很快走上了建立自己的财政学道路。这就是在苏联财政学基础上，结合对具体国情和现实建设的思考，我国财政学科开始逐步有了自己的看法与思想，其中包括新中国成立前根据地所总结的财政经济思想。随着逐步否定来自苏联的“货币关系论”，形成了我国特有的“国家分配论”。在此基础上，开始了我国计划型财政学的形成过程，其中一度为“文化大革命”所中断。不过，终计划经济之世，我国并没有完成以“国家分配论”为基础来构建我国自己的财政学的任务。

第三，不应理所当然地将否定计划经济的改革开放前期等同于否定计划型财政学的时期。其实，我国构建计划型财政学的任务，是延续到改革开放前期才完成的。这一时期改革开放刚刚开始，改革目标还在摸索之中，根本否定计划经济的认识也尚未确立。于是，人们很自然地延续“文化大革命”中断的过程而建立的我国财政学，就不能不是计划经济性质。此后，随着计划经济体制不断受到冲击和市场经济因素的不断增大，我国财政学的计划性内容在减少，市场性内容在增多，但市场化改革目标尚未明确，市场经济体制尚未建立，公共财政问题也尚未出现，决定了此时的财政学从总体上看，还不具有市场经济的根本性质。

第四，市场经济改革目标的确立，提出了建立公共财政的根本要求，产生了建立公共财政的呼声，也引发了激烈的争论。经过数年的争论，逐步立足于我国国情，解答了诸如“有无公共财政”、“什么是公共财政”和“如何构建公共财政”等问题，形成了中国式的公共财政论。到了20世纪90年代末期，随着公共财政正式成为我国财政的改革目标，公共财政论也逐步成为我国财政学的主流理论，财政学科顺应市场化改革的根本要求，实现了初步的转轨。

第五，60年来，我国财政学科经历了从构建计划型财政学，到否定计划型财政学，再到构建市场型财政学的演变过程。1998年公共财政明确成为我国财政的改革目标之后，“公共财政论”开始替代“国家分配论”，整个财政学科也转到了公共财政论的基点上来。此后的十余年来，在已经初步建立的市场经济体制和公共财政制度的基础上，我国公共财政论也在不断发展，这一过程正方兴未艾。

参考文献：

[1] Fang Cai, John Giles, Xin Meng, “How Well do Children Insure Parents Against Low Retirement Income? An Analysis Using Survey Data from Urban China”, *Journal of Public Economics*, Volume 90, Issue 12, December 2006, pp. 2229 – 2255.

[2] Yan Shen, Yang Yao, “Does Grassroots Democracy Reduce Income Inequality in China?”, *Journal of Public Economics*, Volume 92, Issues 10 – 11, October 2008, pp. 2182 – 2198.

[3] Yi – Hang Shao, “On the Optimal Taxation in a Growth Model of the Mixed Economy”, *Journal of Public Economic Theory*, Oct. 2005, Vol. 7, Issue 4, pp. 669 – 679.

[4] 安体富、高培勇:《社会主义市场经济体制与公共财政的构建》,《财贸经济》1993 年第 4 期。
[5] 丁方、罗毅:《新财政学教程》,十月出版社 1951 年版。
[6] 樊丽明:《中国公共品市场与自愿供给分析》,上海人民出版社 2005 年版。
[7] 冯俏彬:《私人产权与公共财政》,中国财政经济出版社 2005 年版。
[8] 高培勇:《"一体两翼":新形势下的财政学科建设方向——兼论财政学科和公共管理学科的融合》,《财贸经济》2002 年第 12 期。
[9] 高培勇:《为中国公共财政建设勾画"路线图"》,中国财经出版社 2007 年版。
[10] 龚六堂、邹恒甫:《财政政策与价格水平的决定》,《经济研究》2002 年第 2 期。
[11] 郭庆旺、贾俊雪:《政府公共资本投资的长期经济增长效应》,《经济研究》2006 年第 7 期。
[12] 贾康、苏明:《部门预算编制问题研究》,经济科学出版社 2004 年版。
[13] 焦建国:《民主财政论:财政制度变迁分析》,《社会科学辑刊》2002 年第 3 期。
[14] 井明:《民主财政论——公共财政本质的深层思考》,《财政研究》2003 年第 1 期。
[15] 李炜光:《公共财政的宪政思维》,《战略与管理》2002 年第 3 期。
[16] 梁若冰:《财政分权下的竞争激励、部门利益与土地违法》,《经济学》(季刊)2009 年第 1 期。
[17] 林细细、龚六堂:《生产性公共开支经济中政府债务的福利损失》,《管理世界》2007 年第 8 期。
[18] 刘晔:《资本市场发展与财政制度变革》,中国财政经济出版社 2005 年版。

[19] 刘志广：《财政社会学视野下的财政制度变迁与社会经济转型》，《经济与管理研究》2007年第2期。

[20] 刘志广：《中央集权型财政体制与我国古代社会发展的停滞——对我国社会经济发展史的“财政社会学”分析》，《上海行政学院学报》2002年第2期。

[21] 吕炜：《我们离公共财政有多远》，经济科学出版社2005年版。

[22] 罗彤：《“社会共同需要论”财政学流派初探》，《财政研究》2002年第7期。

[23] 马骏：《呼吁公共预算：来自政治学、公共行政学的声音》，中央编译出版社2008年版。

[24] 马骏：《中国公共预算改革：理性化与民主化》，中央编译出版社2005年版。

[25] 马珺：《公共品概念的价值》，《财贸经济》2005年第11期。

[26] 秦颖：《论公共产品的本质——兼论公共产品理论的局限性》，《经济学家》2006年第3期。

[27] 社会主义财政学编写组：《社会主义财政学》，中国财政经济出版社1980年版。

[28] 许毅、柳文：《建立科学的社会主义初级阶段公共财政理论体系与实际工作规范》，《财政研究》2004年第11期。

[29] 杨志勇：《财政理论研究前沿》，载《中国人文社会科学前沿报告2007年卷》，社会科学文献出版社2007年版。

[30] 杨志勇：《财政学科建设刍议：结合中国现实的研究》，《财贸经济》2007年第12期。

[31] 杨志勇：《实验经济学的兴起与公共产品理论的发展》，《财经问题研究》2003年第4期。

[32] 叶振鹏：《建立公共财政基本框架的几个问题》，《财政与税务》2000年第1期。

[33] 张馨：《“公共经济（学）”析疑》，《财贸经济》2004年第4期。

[34] 张馨：《财政公共化改革：理论创新·制度变革·理念更新》，

中国财经出版社 2004 年版。
[35] 张馨：《西方的公共产品理论及其借鉴意义》，《财政研究》1991 年第 11 期。
[36] 张馨、杨志勇、郝联峰、袁东：《当代财政与财政学主流》，东北财经大学出版社 2000 年版。
[37] 张晏、龚六堂：《地区差距、要素流动与财政分权》，《经济研究》2004 年第 7 期。
[38] 周刚志：《论公共财政与宪政国家：作为财政宪法学的一种理论前言》，北京大学出版社 2005 年版。
[39] 朱青：《关于财政学科发展需要探讨的几个概念问题》，《财政研究》2006 年第 1 期。

第二编　多维视野下的财政学

跨学科与全球化视野下财政研究的多重面向

冯　杨　李炜光*

（天津财经大学经济学院　300222）

摘　要：将财政视为国家治理的基础和重要支柱，并通过财政改革及其制度创新来推进国家治理体系和治理能力的现代化，无疑将财政研究带进了现代国家建构的语境。本文借助政治学、经济学、社会学、历史学等学科的理论视野及其中建制性权力、国家自主性等概念，结合全球化对国家治理和财政变革带来的挑战和影响，分析了财政改革及其重大问题在社会、政治和经济等方面的多重面向，以及它们对现代国家建构和治理的意义，并由此提出了重新将国家作为关键变量、进行比较历史分析、基于国家自主性探讨公共财政的分配职能、财政对经济周期和经济稳定的影响等关于财政研究方法和议题的思考。

关键词：现代国家建构　国家治理　建制性权力　国家自主性　财政改革　财政研究

财政在国家运作中有着纲举目张的地位，熊彼特（1918）就提倡从财政来观察国家、国家的性质、国家的形式以及国家的命运。自近代开启从传统到现代的转型以来，中国正经历深入改革的关键历程，并正式提出了财政是国家治理的基础和重要支柱，其改革是一场关系国家治理体系和治理能力现代化的深刻变革，是立足全局、着眼长远

---

* 作者简介：冯杨，天津财经大学经济学院副教授，研究方向：国家干预和国家治理理论。E－mail：fyjasmine@126.com。李炜光，天津财经大学经济学院财政学首席教授，研究方向：财政学理论、财政史。E－mail：13602001160@163.com。

的制度创新。如何更为深刻地认识思考这一关键历程中的财政改革和国家治理问题，本文认为是时候打破藩篱，融合政治学、经济学、历史学等多个学科的理论视野，并在当今全球化开放经济的时空背景下加以研究了。

一　找回国家与财政改革

（一）建制性权力、国家治理的现代化与财政改革的双重任务

一旦将财政视为国家治理的基础和重要支柱，以国家治理体系和治理能力的现代化作为财政改革的目标，国家问题就回到了财政研究的中心视野。在过去的研究中，我们习惯于把国家隐含在既定的假设中。在仁慈万能政府的假设下，财政主要是追求效率的一种技术和工具。经由公共选择理论对政府失灵的发现，越来越多的学者在自由主义的理论基础上将国家假设为与市场相对立，并在国家 vs. 市场的框架下寻求限制或缩小国家权力的途径。财政学界也出现了在新古典财政学基础上融入公共选择理论的新的综合分析框架，力求在需要政府与约束政府之间达到某种平衡（马珺，2008）。因此，在涉及国家时，大部分焦点都在国家权力的大小或国家的功能上。然而，国家自身到底是什么，其结构变化和活动是如何与社会经济结构建立起关系的，怎样的或在什么条件下国家才能推进市场繁荣，等等，这些问题从未直接进入财政探讨的范围。但这些是国家治理更需要直接面对的重要问题，关系到我们如何认识国家与市场的关系，不同历史情境下对这些问题的不同回答，在很大程度上决定着财政体制改革的走向以及相应的国家命运。

国家与市场的关系是国家治理和公共财政要处理的一个核心关系。漫无边界的大政府固然会损害市场，但小政府是否就一定能促成市场繁荣？政府 vs. 市场这一普遍流行的框架将政府与市场视为两个相对立的主体，除了保护产权、提供公共产品等基本功能和弥补市场失灵以外，政府干预只会导致市场低效率并产生寻租腐败等政府失灵

问题，因而政府与市场呈现出零和博弈的关系。但事实上，市场兴起和发展的过程，以及现今发达的市场经济国家，无不伴随着强大的政府。波兰尼（2007）对19世纪工业革命和市场模式演进的回溯与分析，以及格申克龙（2012）对19世纪俄国、法国、德国、意大利等国家在落后基础上开展工业化进程的研究，都戳破了市场自生自发这一神话。政府有时扮演了破坏市场的角色，有时扮演了推进市场的角色。正如诺斯（1999）指出的："国家的存在既是经济增长的关键，又是人为经济衰退的根源。"这个悖论才是真正的历史与现实，也是财政改革真正要解决的核心问题。

在政治学和比较政治经济学领域，国家主义推崇国家至上因而提倡国家控制经济和社会政策，自由主义推崇自生自发的社会秩序因而追求最小限度的国家。前者已在各国的现代化转型过程中日趋崩溃，后者强调国家和社会之间的冲突（零和博弈），却没能看到两者在一定条件下也能相互促进、形成双赢。新国家主义则在这方面提供了许多极富启发意义的观点，其对国家建制性权力的解释尤其具有突破性。传统的国家观一般从专制性权力来定义国家的强大与否，但从近代西方资本主义的兴起和现代国家的形成来看，国家的内涵在从传统到现代的转型过程中已经发生了根本的改变，国家力量取决于建制性权力的发展程度，专制性权力反而成为国家弱点的来源。迈克尔·曼和霍尔把建制性国家称为"有机"国家，其建制性权力有三种维度：第一，"渗透"能力，即国家进入社群并能与人民直接互动的能力。第二，汲取能力，即国家从社会汲取资源（原料和人才，无论是为了税款、战争、福利、发展或其他）的能力。第三，也是最重要的一点，"协商"能力，它体现于政治和市场主体之间高度战略性和制度化的一种合作形式，这不仅是建制性权力的高峰（因为它包含了强大的渗透、汲取和协商能力），而且最终变为国家强度的最高形式（琳达·维斯、约翰·M. 霍布森，2009）。建制性权力将现代的"国家治理"与传统的"国家统治"区别开来，很好地诠释了国家治理能力现代化的含义。

一旦用建制性权力而不是专制性权力来认识国家的强大，我们就会蓦然认识到，市场经济在西方世界的兴起从来不是一个自发的过程，而是始终伴随着强大的国家。在近代史上未能把封建专制性权力转换成能与社会达成共识、协商的现代建制性权力的国家，反而是无法有效推动形成市场经济的弱国家。这在很大程度上能解释为什么英国比法国能更快地发展成资本主义强国，以及为什么俄罗斯、晚清中国始终落后于人的事实。基于建制性权力的国家与市场的互动不会必然导致零和博弈，甚至可以是正和博弈。东亚奇迹中政府广泛的积极干预，无可否认地表明国家推动经济战略的能力产生了新的国际竞争力。这种国家能力不只是“以国家为中心”，也不是专制、独裁或以压迫主要经济群体为基础。相反，这种能力取决于国家机构与生产团体之间的不断合作，尽管双方都有自己不同的目标，也并非没有冲突，但“竞争性合作”甚至东亚式的“治理式互赖”克服了这种紧张关系。因此，成功的秘诀既不是专制统治（如沙皇时期的俄国），也不是消极回避（如晚清帝国），也不是国家能力薄弱，而是通过国家积极推动经济发展，从而在国家与各主要经济团体之间形成一个复杂的“协同效应”。国家力量在这里恰恰是指一个国家和各主要经济团体能够共同成长的正和游戏（埃文斯、鲁施迈耶、斯考克波，2008）。

新国家主义的观点对我们超越政府 vs. 市场这种零和博弈的框架具有突破性的意义，它一方面指出了市场与政府从来都是相伴相随，并不存在脱离政治而自生自发之市场过程的历史事实，另一方面也开放出了一个更广阔的研究领域，既然国家力量既可能推进市场也可能破坏市场，那么为了解决这一悖论，需要做的不只是论证政府具有什么责任或局限，更不只是限制政府，更重要的是思考创造什么条件来促使政府履行相应的职能，使其在与市场的互动中产生正和博弈的结果。

因此，对转型中的中国而言，财政改革作为塑造国家的利器，真正面临的不是大政府小政府的问题，因为一旦基于建制性权力的定义，政府越强大对市场繁荣就越有利，这一点毫无疑义，即使是推崇自由民主的福山（2012）也把现代政治的要素归纳为三点：强大的政府、法治和负责制。而要获得现代意义的国家治理能力，财政改革实际面临着双重任务：其一，约束国家的专制性权力，促进其完成从传统国家到现代国家的转型；其二，培育和拓展国家的建制性权力，使其在与市场的互动共赢过程中变成现代意义上的强大政府。

（二）国家自主性、有效国家治理与财政改革的公共利益至上原则

以培育国家的建制性权力来达成有效国家治理，另一个关键的政治学概念也就进入了公共政策和公共财政研究的视野，那就是“国家自主性”。在韦伯（2010）关于国家是垄断合法暴力的强制机构的定义基础上，斯考克波（2009）将国家自主性凸显了出来，“作为一种对特定领土和人民主张其控制权的组织，国家可能会确立并追求一些并非仅仅是反映社会集团、阶级或社团之需求或利益的目标，这就是通常所说的国家自主性”。强制力是国家自主性的基础前提，但国家自主性的根源还是在于国家自身的特殊利益，即保障自己的统治秩序。第二次世界大战以后，广泛流行的观点是将国家被动地视为社会冲突的舞台、阶级统治的工具等，而国家自主性强调国家可能作为独立行为的主体或制度组织，在社会和经济发展中是一个重要的变量，这就对过去那种以社会为中心的研究范式形成了一种批判和纠正。经过近年来的发展，国家自主性不再仅仅是一个概念的提出，而是形成了“宏观社会科学领域的一种范式转移，该转移蕴含着对国家与经济和社会之间的关系的一种根本性的重新思考”（斯考克波，2009）。在国际学术界，这种研究范式已经广泛应用到政治经济学、社会学、历史学以及比较公共政策等多个学科。

一旦我们从国家治理的高度来认识财政改革，就必然体认到国家自主性是达成有效国家治理的必要条件。在传统社会中，国家自主性常被理解为极权政府牢固地控制着社会。然而如上所述，国家的现代性恰恰在于将专制性权力转换为建制性权力，如果国家只代表部分群体或阶层的利益，甚至被特殊利益集团俘获，那么不仅建制性权力很难形成并实施，而且国家的合法性基础也将受到销蚀。因此，对现代国家来说，只要它理性地追求长远稳固的统治秩序，整合社会的普遍

诉求、代表普遍利益就成为现代国家自主性与合法性的来源，国家自主性就主要体现为国家对社会主要利益集团的超越。对于处在现代化转型进程中的我国来说，国家自主性尤其重要，政府必须排除特殊利益集团的干扰，才能从社会公共利益的角度出发推动政治现代化。政府超越于各种强势集团的程度如何（亦即自主性的程度如何），也直接关系它能否制定出一种稳定的、长远的、符合社会公共利益的现代化计划与政策。

公共财政和公共政策无疑是社会各利益集团相互博弈的阵地，要突破受制于部门和集团利益这种困局，财政改革必然要贯彻公共利益至上这一基本原则，但要实现这一原则，我们必须先思考的是：如何在改革设计和制度安排中增强国家自主性？奥尔森（2007）通过对第二次世界大战后发达民主国家的研究，深刻地揭露了分利集团如何横亘在政治权力与市场繁荣之间，分利集团对价格的扭曲和对创新的阻碍会导致经济的僵化，而且其对国家税收的截留和侵蚀还会导致税收体系的衰落和崩溃。由此，奥尔森（2005）提出应建立一个能保护个人权利、避免任何形式强取豪夺，与社会具有共容利益的强化市场型政府。但如何建立这样一个政府，恰恰是增进国家自主性的问题。除了奥尔森等学者指出的法律和政治制度安排以外，财政作为国家治理的基础和重要支柱，也必须有意识地去思考和解答这个问题，并以增进国家自主性作为财政改革的重要导向。

二　全球化下的国家治理与财政变革

国家治理不能脱离国际环境，正如斯考克波（2013）所说，国家从根本上来说有两副面孔，从而内在地依赖于两个方面：一是阶级分化的社会经济结构；二是国家的国际体系。除了考察社会集团的活动外，还必须关注国际条件和压力与国内政治经济利益主体之间的交叉点，正是在这些交叉点上，国家被深刻地塑造着。当今时代的一个重大特征是全球化，全球化已在世界各国引发了深刻的社会变迁和制度变革，它要求并推动着资本、技术、信息、劳动等生产要素在全世界范围内的流动，因而一方面以普遍的市场去管制化为特征，另一方面也对国家的治理和转型提出了巨大的挑战。

第一，全球化使威权式管制转向合作式治理成为必然。当今全球化与信息化、网络化密切结合在一起，创造了一种不同于工业经济的社会——经济系统，其最突出的表现就是全球化过程中的经济组织在新信息技术的推动下日趋网络化，各种供应商网络、生产者网络、顾客网络、技术合作网络等在不断地产生并扩展。为因应剧烈的技术变革而掌握不断更新的技术和产品信息，厂商借由网络开展合作与竞争成为20世纪90年代肇始以来的新经济的核心特征（卡斯特，2003）。与传统网络截然不同的是，当代网络的主要特征是去中心化、开放性和非对称，这使得技术创新和信息传播的速度甚至可以和光电的速度媲美。这不仅引发了公司组织从垂直式管理转向依靠平行化层级和团队的水平式管理的变革，传统大型公司垂直式指挥的层级组织越来越难以适应经济及技术快速变迁引发的各种不确定性，而且也使政府发号施令、对市场进行垂直式管理的治理模式不再适宜，威权式甚至专断性的政府管制日益成为全球化下市场主体运行发展的阻碍。为了因应后工业化乃至信息化时代，即使是日本等曾以威权模式取得成功的政府，也开始从“发号施令者”逐渐演变成“高级合伙人”（维斯、霍布森，2009）。

第二，全球化也使国家自主性问题变得更为严峻。全球化与信息化、网络化一起构成了以创新为驱动力的新经济，新知识的发现与创造，并通过信息处理而扩及所有经济活动领域成为生产力与增长的根源。信息时代的全球竞争，迫使产品、工艺、市场与经济投入，包括资本和信息都必须不断重新定义，这就形成了一种不断迅速改变社会经济和产业结构的“创造性破坏”。而创造性破坏伴随着社会政治经济利益的重新分配，必然受到既得利益集团的种种阻挠。这和奥尔森（2007）描述的分利集团为维护既得利益必然阻碍各种创新，从而形成经济停滞和制度僵化的局面是一致的。要避免这种局面，保障创新成为经济增长的根源并创造性破坏，国家就必须有足够的力量超越或控制分利集团，由此，国家的自主性成为比以往任何时候都更加迫切的问题。

第三，全球化也创造出一种新的财政危机。当今的全球化是以金融全球化为骨干的，资本的全球性流动、资本市场与货币相互依赖，导致各国货币政策、财政政策不再是独立的，而是受到其他国家政治和经济的约束。一方面，生产的跨国化使政府控制经济的难度越来越大，这不仅是多国公司带来的结果，更是把这些公司整合进去的全球性生产贸易网络的影响。由于信息技术的发展，企业可以设在许多不同的地方，并且依然能够与全球生产网络和全球市场连接到一起。因此，企业投资变得比历史上任何时候都更具流动性，随之而来的是政府在其领土范围内确保带来税收的生产基础的能力降低，或者说受到了更大的竞争和挑战。另一方面，随着企业或资本家能在全世界任何地方找到避税港，要从国际生产体系中多挤压出一些利益越来越难，于是，以国内为基础的税负系统与投资、生产与消费的国际化之间产生了一种强烈的张力，导致政府越来越需要税收以外的额外融资。根据卡斯特（2003）的整理分析，在逐步全球化的 20 世纪 80 年代至 90 年代初，从政府外债、政府净贷款占 GDP 的比例、中央银行的外汇储备、政府支出与国家出口等角度来看，美国、日本、德国、英国等国家的政府财政对全球资金市场的依存度一直在不断增加，尤其是美国联邦政府已在很大程度上依赖于全球资本市场和外国贷款。日本虽然依靠企业从贸易保护主义与出口业绩中积累起巨大贸易和国际收支盈余，因而政府财政相对较具自主性，但由于日本的银行主要依靠其参与跨国生产与销售的“裙带企业”来融资，国家则从这些银行借债，因此日本政府实际表现出一种对国际经济运动的次级财政依赖。各国经济之间的相互交缠，政府财政对全球市场和国外借贷的依赖，为一种新的财政危机创造了条件。美国的债台高筑、欧洲的债务危机，均是这种表现。

可见，全球化使国家面临着前所未有的国际竞争压力，而这种压力是不可能开历史倒车重新锁国来加以回避的。因为全球经济已形成由各个经济体相互连接的网络，在每个国家经济中都扮演着决定性的角色，脱落在网络之外的节点将被忽略，而资源（资本、信息、技术、商品、服务、技术劳工等）则继续在世界其余部分流动。任何个别脱离全球经济的行为都意味着惊人的代价：短期之内经济毁灭，并且无法接近增长的源泉。因此，如何参与全球化并取得国际竞争优势，成为现代国家治理的必然命题与约束条件，它一方面更为迫切地瓦解着传统威权式体制，另一方面也要求国家拥有更强大的能力来因应全球化下更复杂多元的不确定性。如何超越和控制分利集团，如何避免新型财政危机，则上升为关系到经济增长、国际竞争与国家治理长治久安的重大问题。

三　中国财政改革及其研究的多重面向

（一）现代国家建构与税收、预算体制改革的多重面向

国家治理体系和治理能力的现代化，实际上就是现代国家的建构，这是转型时期中国国家治理的本质底色。如前所述，约束专制性权力是现代性的一个根本议程。而财政权恰恰是国家权力的核心，一旦从财政权的两个主要方面——财政收入和财政支出——对国家建立起有效的约束和监督，那么现代国家的建构进程就实现了本质上的突破。这正是建立现代财政制度是国家治理的基础和支柱的意义所在，也因此，税收和预算制度的改革至关重大，面向国家构建的多个问题。

第一，税收和预算制度的改革直接关系到国家从专制性权力到建制性权力的转型。税收作为熊彼特（1918）所比喻的“经济抽取”，最为集中地体现着国家权力与个人权力之间的关系，征税权未得到控制，税收就会异化为侵害人民财产和自由权利的工具。而预算不仅仅是政府的财政开支计划，更是纳税人对政府财政行为的外部控制，体现着个人权力对国家权力的制约和监督。因此，约束税收和预算是约束专制性权力的关键所在。然而，在财政改革中不能只从政策上实现这种约束，最根本的是从法律上进行约束，而且其中最重要的是在宪

法上进行约束，只有依照对人民权力提供保障的宪法，才能形成对国家权力的制衡。正如麦基文（2004）指出的，“无论是哪个国家，只要它不承认宪法和政府的差别，那么它在事实上便没有宪法，因为政府的意志将不受约束，这个国家事实上奉行的是专制主义”。在这个意义上，税收和预算制度的改革所面向的不仅仅是以什么税种和税率来促进市场效率和如何确保政府提供公共产品效率的问题，更重要的是解决规范性的问题，正如涂尔干所言，市场必须要有规范的基础，这可以减少交易成本。而这一规范基础恰恰取决于国家专制性权力是否受到法治约束，从而使市场主体能够形成确定的预期，这反而有利于建立更强大有效的政府。17 世纪的英国就是由于王权不受制约，国王经常随意修改债务合同导致最终无法筹集到足够借款而形成财政危机，但光荣革命后，国王的权力受到了议会的制约，任何国债合约的修改设立都必须得到国会的批准，于是，王权的随意性大大降低，放款人的信心大增，英国政府的借债能力反而比光荣革命前翻了好几倍，其强大的融资能力也帮助英国在英法战争中打败了法国，发展为头号工业强国。实际上，在 18 世纪法国民众普遍不满于税收压榨而爆发法国大革命时，英国的税率却比法国还高，而英国之所以没有爆发大革命，也主要是由于受到法治制约的英国政府反而能够更有效地与社会互动协调，整合社会利益诉求并达成共识。这说明税率的高低只是表面问题，更重要的是征税是否以社会协调和共识为基础，这正是国家建制性权力的体现。因此，约束专制性权力正是培育发展建制性权力的基础和条件，在国家治理体系中寻求定位的税收和预算制度改革，远远不能只着眼于市场和政府效率等问题，它还深刻地指向市场与法治的规范性探讨、财政制度的规则，如何塑造建制性权力意义上强大政府等问题，因而除了经济学，财政研究也必然要结合政治学和法学，深入到财政立宪、国家理论等领域。

第二，税收和预算制度改革在本质上也是一种公共选择和政治参与的过程，涉及国家合法性、国家自主性、社会稳定等多个问题。不同于传统一元化的国家统治，现代的国家治理以多中心、协商合作为特点，也因此国家的建制性权力才尤为重要。亨廷顿（1989）通过比较研究转型国家的现代化得出一个著名论断：“现代性孕育着稳定，而现代化过程却滋生着动乱。”财政是各种社会力量相互博弈的核心焦点，税收和预算制度的每一次变革，都是社会政治经济利益的一种重新分配，而这种分配是否有利于社会发展和稳定，取决于它是否表达并符合了社会大多数人的诉求和利益。这就决定了税收和预算改革不能只是一种单中心的、从上到下的决策调整，还必须是一个多中心的、有广泛社会群体参与的公共选择、意见表达和监督的过程。从政府和纳税人的权利义务关系界定，到税率、税目、税种的确定和调整，再到预算的编制、履行和责任承担等，都应在信息公开透明的前提下确保社会的参与、问责和监督。从本质上来说，这一过程就是一种扩大了的政治参与。亨廷顿（1989）指出，政治参与的扩大不仅是一个关乎正义的问题，也是一个有助于增强现代国家有效性（亦即国家治理能力）的问题。政治的现代化包括权威的合理化、结构的分离、大众的参与，在转型时期，即便是威权政治也需要强力以外的合法性做支撑，而广泛的政治参与正是国家合法性的来源，提供并满足政治参与是现代化过程保持稳定的一个决定性条件。其实除了亨廷顿所关心的合法性与政治稳定以外，在税收和预算改革中实现广泛的政治参与，也有利于形成公共利益。公共利益及其实现的界定，从来都是现代国家机制形成的应有之义，但只有在广泛的参与和表达下，国家才有可能摆脱既得利益集团增强其自主性，吸引和安排新的社会集团，整合全社会的利益诉求，促进社会内部的社会和经济变革。因此，税收和预算制度改革更为根本地面向着塑造民主政治的问题，关系并支撑着国家的合法性、自主性与长治久安。在当今资本流动性加强的全球化时代，税收和预算制度改革若不能在这些意义上成功地塑造现代国家，还会削弱税基甚至导致财政危机。由于国家财政主要依赖于国内外私人资本，这就使得资本所有者们以投资者的集体身份拥有对国家政策和制度的否决权（Block，1977）。在全球化的背景下，正如奥尔森（2007）发现的，资本常常从专制社会或者不成熟的民主社会（即便该社会资本是高度稀缺的且回报很高的）流向持久的民主社会中（即便该社会中资本供应相对充足且回报是很低的）。智利、牙买加、墨西哥在改革过程中就因政策、制度不被私人资本认可，而目睹了投资流动的戏剧性变化。因此，对于税收和预算制度的改革，财政研究不仅要探索规范性的问题，还必须探索程序性的实践问题，亦即应建立何种公共选择和政治参与程序来实现有效的国家治理，这也是需要结合政治学、经济学、法学、社会学等学科来共同完成的。

（二）财政分权改革的多重面向

财政分权一直是财政改革的重大议题，它不仅仅是处理政府间特别是中央政府与地方政府间财政关系和职能分配的问题，更是如何平衡集权与分权的核心问题。一定的中央集权是保障市场统一和社会稳定的必要条件。从当今繁荣稳定的国家来看，崛起的东亚国家和地区，不论是日本、韩国还是中国大陆，无不具有强大的中央权威。即使是实行联邦制的美国，也由于对国家安全和世界霸权的特别强调，而保持着相当大的中央权威。反之，非洲有些国家由于种族冲突、宗教冲突、部族政治等原因而无法建立稳固有力的中央集权，政府对经济和社会的管理和协调能力相当有限。在民主“第三波”中，很多威权政府的衰落带来的不是自由、民主和秩序下的公民社会和有效治理，而是国家失败，政府软弱、无能或者无政府状态，也成为贫困、腐败、艾滋病、毒品和恐怖主义等重大问题的根源（亨廷顿，1998）。一定的中央集权不仅是福山（2012）所指的现代政治三要素中“强大政府”的基础，也是在国家治理中实现建制性权力的基础。

当然，过度的集权也是体制僵化和效率低下的根源。而在当代全球化的推动下，中央集权也受到了极大的挑战。正如卡斯特（2006）指出，网络社会中的社会利益不断多元化和分散化，民族国家越来越无力同时应对花样众多的需求，这就是哈贝马斯所说的“合法性危机”，为了消除这种合法性危机，国家把它的权力分散给了地方或区域的机构，既使得地方或区域更有效率地应对需求，也使得国家把精力集中于应对由财富、通信和权力的全球化所带来的重大挑战。然而，一旦启动了这种权力分化过程，地方和区域的政府就会抓住有利于其民众的主动权，并投身于与全球体系相对立的发展战略，最终与自己的国家展开竞争。这种趋势在全世界都是显而易见的。中央集权统治在面临新的信息技术时走向了解体，而不是掌控了这种新的信息技术。新的信息技术释放了网络的力量，并使权力分散，打破了单向、垂直的官僚监控的中央集权的逻辑。

分权化已是从权威体制向多元体制过渡的大势所趋，但分权化也蕴含着挑战国家自主性的问题。奥尔森（2007）研究发现，层级越高的政府越有动机寻求与全社会发展的共容利益。地方政府不具备中央政府那样整合全社会利益诉求、维护统治秩序的需求和压力，因而相比于中央政府，其进行全局性、长远性考虑的动机较弱，机会主义动机却较强。事实上，地方政府常常基于地方甚至是自身的利益对国家制度或政策加以变通甚至扭曲，这种运作方式在一些地方甚至成了对抗国家的一种手段。地方权力过大甚至失去制约，不仅容易产生地方保护主义的问题，也容易使地方权力向某些社会利益集团倾斜甚至与之形成利益联盟。在我国的分权化改革中，就普遍出现了政府行为企业化、市场化的趋势，各地方政府直接成为市场中的活跃行动者和利益主体，并与社会中的不同利益团体结合形成了法团主义的社会结构，直接造成了政府在经济活动进而整个社会活动中的超越性降低，也削弱了国家自主性。国家无法阻止地方政府向市场扑近而与市场强势组织集团黏合，无法根据公共利益来调节社会利益关系和社会阶层结构秩序，在很大程度上也是导致两极分化日趋严重的重要原因（孙立平，1994）。由于“地方政府公司化”的严重倾向，“掠夺型地方政府”和“勾结型地方政府”的普遍存在，导致越到基层，老百姓对地方政府的评价越低，产生了严重的政府信任危机，这无疑也大大损害了国家的建制性权力和现代治理能力。

可见，从本质上说，全球化背景下社会转型与国家治理面临的共同难题是：一方面国家必须通过一定的中央权威来实现对社会矛盾的整合，另一方面又必须以更民主、更高效的方式分而治之，并取得国家治理的合法性，这正是集权与分权的两难。我国的财政分权是政治集权体制下的财政分权，虽然各级地方政府不能像财政联邦制下的地方政府那样自行安排收支，但是地方政府却通过财政包干制和分税制，甚至非税收入比重的扩大而部分地掌握了财政自治权（刘承礼，

2011）。如何进一步推动改革，我们不能仅从效率的角度诟病集权，也不能仅从事权与财权相匹配的角度主张分权，还要看到其与国家合法性、自主性的深刻关联。过度集权导致的“跑部钱进”促成了部门与地方的利益勾结，损害了国家的自主性。但如果地方政府腐败和地方精英被利益集团俘获，那么财政权力向地方政府转移也将造成宏观经济不稳定、财经纪律缺失以及公共支出无效。正因如此，一些发展中国家的财政分权对经济增长的影响反而为负（Davoodi and Zou，1998）。

因此，如果我们同意适度的中央集权是必要的，而分权化也是一个必然趋势，那么我们要思考的就不是要不要分权，而是以什么形式、什么条件、什么时机进行分权，以及如何达成分权与集权的平衡。财政分权在本质上首先是权力的再配置，而要打破我国长期以来要么权力回收要么权力下放的怪圈，中央向地方的分权还必须同时配合向社会的分权，尤其是要以地方之间形成充分竞争为必要前提，而只有在人、资本能够充分自由流动的前提下，地方之间的充分竞争才谈得上，才可能激励地方政府有效地提供公共产品、促进制度创新，这就要求户籍制度改革、金融改革等一系列的配套。因此，财政分权并不是孤立的，必须结合其他制度改革，并考虑相应的法律规范和监督制约机制等问题。否则，只是单一地推进财政分权，反而会损害经济增长、削弱国家的合法性和自主性，最终影响到国家的长治久安。实际上，财政上升到国家治理的高度，就一定意味着它是系统化推进的改革而不是碎片化的改革，而财政分权的多重面向也决定了它必然在跨领域、跨学科的视野下进行探讨。

四 基于国家治理的财政研究方法与议题

对于从传统向现代转型的中国来说，基于国家治理来认识财政，就是将财政改革作为了现代国家建构中的重要过程。这不仅促使我们从跨学科和全球化的视野重新理解财政的多重面向，也对财政研究的方法和议题提出了新的要求。综前所述，本文认为至少有三个方面值得我们重新思考。

第一，国家应作为关键的内生变量重新回到财政研究的中心视野。现代国家的建构是国家在与社会及市场的互动过程中重新定位和演变的过程。国家不是一个抽象的分析层面，而是一个控制（或试图控制）边界和人口的实际组织（斯考克波，2013）。在不同的历史阶段和不同的国度，国家与社会及市场的相互作用、相互影响各不相同，并非一成不变或者遵循了某个统一模板。基于仁慈万能政府的假设把政府及其财政职能作为弥补市场失灵的手段，既过于单一也不现实。而基于政府失灵将限制国家权力贯穿到财政改革也是不够的，现代国家治理远不止要求一个有限政府，还要求一个具有强大治理能力的有效政府，这正有赖于国家建制性权力的进一步发展。而为了维护国家治理的合法性及长治久安，国家也会采取各种自主性行动，在社会危机或强烈的国际竞争压力下，国家甚至可能与支配阶级或特殊利益集团开战。因此，和限制取消国家的哲学不同，国家在转型过程中必然是关键的角色，而财政作为现代国家治理的基础和重要支柱，深刻地涉及国家合法性、自主性等问题，并以多样化的方式和可能路径影响甚至决定着国家的命运以及政治和经济的现代化进程。要在国家与社会及市场互动的过程中动态地探索这些问题，就应在跨学科的视野下将国家及其制度作为一个关键的内生变量，而非像过去那样将其隐含在假设之中，这种研究方法也是现代化转型作为制度性变迁的本质体现。

第二，一旦将国家作为关键变量来理解财政变革如何影响和决定着现代国家建构和国家治理的动态过程，比较历史分析的方法将变得尤为重要。比较政治学和比较政治经济学将表现现实国家的多样性特征称为“国家的实践”。基于理想化的西方国家的单一标准或其他单一标准，不利于我们深刻理解国家的实践问题，不同国家的现代国家建构和国家治理有着各不相同的路径依赖和历史问题，国家的规范性形象必须被放在现实多样性的背景下。比较历史分析对我们理解现代化转型过程中面临的共同问题和特殊问题尤其有效，可以避免对问题的概念化、简单化和意识形态化，并最终发现其中的因果关系。正如斯考克波（2013）指出的，比较历史分析方法压倒一切的目的是：建立、检验和提炼有关民族国家一类的事件或结构整体的宏观单位的因果假设。比较历史分析既要在正面案例中进行，也要在正例与反例之间进行，以识别和确证原因，而不是仅仅进行描述。由此，比较历史分析为理论思考提供了一种有效的检验或支撑。

第三，在跨学科和全球化视野下理解财政改革与国家治理，也为我们开放出了许多具有延展性的议题。例如，国家建制性权力、国家自主性等概念的引入，使我们认识到公共财政的三大职能并不能作为默认的假设而不假思索地存在，如何促使政府实现这些职能才是我们去研究发现的重点，这显然依赖于有效政府的塑造，而这一塑造过程正是财政作为国家治理的基础和支柱的重要体现。尤其是当社会两极分化严重时，能否实现公共财政的收入分配职能更是取决于政府超越于各种强势集团的程度如何，这恰恰是国家自主性的问题。再如，全球化过程中的巨大流动性对世界各国政府和各地方政府来说，都导致了税基的不稳定，借债等非税收收入越来越成为财政收入的重要组成，并构成了一种新型的财政危机隐患。而由于政府借债与银行信贷和货币发行息息相关，所以对经济周期也产生了相当大的影响。因此，财政对经济稳定和经济周期的影响，进而对国家建构的影响，也应成为现代国家治理的重大议题。

参考文献：

[1]［德］马克斯·韦伯：《经济与社会》（第二卷），阎克文译，上海人民出版社 2010 年版。

[2]［美］奥尔森：《国家的兴衰：经济增长、滞胀与社会僵化》，李增刚译，上海人民出版社 2007 年版。

[3]［美］奥尔森：《权力与繁荣》，苏长和等译，上海人民出版社 2005 年版。

[4]［美］彼得·埃文斯、迪特里希·鲁施迈耶、西达·斯考克波：《找回国家》，方力维等译，生活·读书·新知三联书店 2009

年版。
[5] [美] 道格拉斯·C. 诺斯：《经济史中的经济结构与变迁》，陈郁等译，上海三联书店、上海人民出版社 1999 年版。
[6] [美] 福山：《政治秩序的起源》，毛俊杰译，广西师范大学出版社 2012 年版。
[7] [美] 格申克龙：《经济落后的历史透视》，张凤林译，商务印书馆 2012 年版。
[8] [美] 卡尔·波兰尼：《大转型：我们时代的政治与经济起源》，冯钢、刘阳译，浙江人民出版社 2007 年版。
[9] [美] 琳达·维斯、约翰·M. 霍布森：《国家与经济发展——一个比较及历史性的分析》，吉林出版集团 2009 年版。
[10] [美] 曼纽尔·卡斯特：《认同的力量》，社会科学文献出版社 2006 年版。
[11] [美] 曼纽尔·卡斯特：《网络社会的崛起》，社会科学文献出版社 2003 年版。
[12] [美] 塞缪尔·亨廷顿：《变化社会中的政治秩序》，王冠华译，生活·读书·新知三联书店 1989 年版。
[13] [美] 西达·斯考克波：《国家与社会革命：对法国、俄国和中国的比较分析》，上海人民出版社 2013 年版。
[14] [英] 麦基文：《宪政古今》，翟小波译，贵州人民出版社 2004 年版。
[15] Hamid Davoodi and Heng - fu Zou, Fiscal Decentralization and Economic Growth: A Cross - Country Study, *Journal of Urban Economics*, Vol. 43, No. 2, 1998, pp. 244 - 257.
[16] Joseph A. Schumpeter, The Crisis of Tax State, In Richard Swedberg, Eds., *Joseph A. Schumpeter: The Economics and Sociology of Capitalism*, Prince - ton University Press, 1991.
[17] 刘承礼：《中国式财政分权的解释逻辑：从理论述评到实践推演》，《经济学家》2011 年第 7 期。
[18] 马珺：《当代财政学：新的综合分析框架——评阿耶·希尔曼

〈公共财政与公共政策——政府的责任与局限〉》，《财贸经济》2008 年第 1 期。

[19] 孙立平：《向市场经济过渡过程中的国家自主性问题》，《战略与管理》1996 年第 4 期。

财政理论的重构：以公平规则的探索为主题

曾军平*

（上海财经大学中国公共财政研究院　200433）

摘　要：公平（由换位思考意义上的可逆性检验有效来定义的公平）不仅是社会所追求的目标，同时也是资源有效配置的前提保证，作为一门以寻求“治国之道”为取向的学问，财政学如果要在社会改革与发展中发挥其应有的理论引领作用，其理论分析应将对公平正义的探索作为其研究的重心。由于公平所涉及的只能是个体所得的收益和（或）所承担的成本同影响成本收益的相关因素之间的“关联”的合理性，公平只能是规则意义上的而不可能是单纯的结果。以公平正义为核心的财政理论研究应聚焦在公平财政规则的架构上而不是放在对所谓的公平结果的探求上。由于未能将公平正义作为其研究的核心主题，同时，也由于未能将对公平正义的关注点放在规则的架构上，现有的、以福利经济学为基础的主流财政理论范式对于财政政策选择与制度架构所起的引领作用有限，在诸多时候甚至是将对国家治理之策的探索引入歧途。为了克服理论研究的局限，财政学的理论分析需要转向，需要从现有的以直接寻求最优配置方式（由帕累托效率或某个社会福利的最大化来定义）为核心任务的最大化计算，回归到亚当·斯密传统意义上的以公平正义为核心的古典财政理论思路上来，将对公平财政规则的架构作为其理论研究的主题。至于公平财政

---

*　作者简介：曾军平，上海财经大学中国公共财政研究院副教授。研究方向：集团选择理论、财政公平理论、公共选择理论。E－mail：zengjp@ mail. shufe. edu. cn。本文是上海财经大学校立科研项目《市场起决定性作用下的政府职能研究》与上海财经大学基本科研业务费项目《税制改革顶层设计研究》的阶段性研究成果。

规则的探索方式，鉴于公平需要平等地考虑“我”及与“我”进行“交易”的其他主体的利益，公平财政规则的确定需要我们站在罗尔斯“无知之幕”后去选择。同时，鉴于公平代表了一种理性的平衡，规则的确定又需要财政学的理论工作者及社会其他人员的共同讨论与参与。由于所关注的问题的焦点及其解决问题的思路均与主流的理论分析不同，以公平规则探索为使命的财政理论与现有的主流财政理论存在很大的不同。

关键词：财政理论　公平正义　无知之幕　财政制度

党的十八届三中全会吹响了全面深化改革的号角。那么，在以完善和发展中国特色社会主义制度、推进国家治理体系和治理能力现代化的伟大变革中，作为国家治理基础和重要支柱的财政，它又该如何来建设呢？相应地，在学术的研究上，作为制度变革的先导，财政学理论又应该如何来发展，以适合时代发展的需要呢？在我们看来，作为一门以寻求“治国之道”为取向的学问，财政学如果要在财政政策选择与财政制度安排中发挥其应有的引领作用，其理论研究就需要摆脱以福利经济学为基础的主流财政理论所形成的桎梏，需要重新回归到以公平正义为核心的、亚当·斯密传统意义上的古典财政理论思路上来：以对公平财政规则的探索作为其研究的历史使命。一方面，在所关注的、真正所需要解决的问题方面，财政理论所要考察的重点不在于“物”方面的、资源具体如何配置是最优的（由帕累托效率或某个社会福利的最大化来定义），而在于“人”方面的、社会各主体的利益如何协调是公平的、正义的。另一方面，在问题解决的具体方式方面，由于公平只能是规则意义上的而不可能是单纯的结果，以公平正义为核心的财政理论分析，其任务就在于去寻求能够经得起可逆性检验的、某种具有准永久性的公平财政规则。

一　财政学的理论研究应围绕公平规则的选择来展开

财政学的理论研究应围绕公平规则的选择来展开，有两层含义：其一，财政学的理论研究重点应该关注与人际利益协调有关的公平正义问题；其二，以人际利益协调为导向的财政公平分析应该落实到规则的选择上，即寻求公平的财政规则，而不是去寻求某一单纯的公平分配结果。至于其中的原因，这与公平正义原则本身的性质及其在社会价值规范体系中所处的地位和所起的作用有关。

（一）财政学的理论研究应以对公平正义的探索为主题

1. 公平正义是社会所追求的重要目标

公平正义是社会制度架构的基本原则，是人类社会发展与国家治理所追求的公认的价值目标，这一点不管是在政治学领域还是伦理学领域抑或是在经济学方面，都是如此。

在政治学领域，与其对于社会制度架构所起的规范作用相适应，公平正义获得了公认的价值，并获得了政治哲学家的广泛赞誉。在此方面，亚里士多德（1996）强调了公平正义对于社会秩序形成所起的基础性作用。他指出，“城邦以正义为原则。由正义衍生的礼法，可凭以判断（人间的）是非曲直，正义恰正是树立秩序的基础”。而罗尔斯则将正义作为社会制度的首要价值。在《正义论》中，罗尔斯（2003）曾用其富有感召力的语言指出：“正义是社会制度的首要价值。正像真理是思想体系的首要价值一样。一种理论，无论它多么精致和简洁，只要它不真实，就必须加以拒绝或修正；同样，某些法律和制度，不管它们如何有效率和有条理，只要它们不正义，就必须加以改造或废除。每个人都拥有一种基于正义的不可侵犯性，这种不可侵犯性即使以社会整体利益之名也不能逾越。”

在伦理学领域，柏拉图的《理想国》就个人正义和城邦正义做了区分。而亚里士多德则更进一步地将有关个人正义即公正、公平之德的研究归属于伦理学的范畴（区别于以城邦正义探索为主题的政治学）。至于道德领域内公正的意义，其一，对于个人，在柏拉图与亚里士多德等先哲看来，公正之于个人是一种德态，是全德，至德（宋希仁，1988）。其二，对于社会，亚当·斯密在《道德情操论》中强调了公正对于社会秩序所具有的基础性作用。在就仁慈和公正进行比较时，斯密（1998）指出："与其说仁慈是社会存在的基础，还不如说正义是这种基础。虽然没有仁慈之心，社会也可能存在于一种不很令人愉快的状态之中，但是不义行为的盛行却肯定会彻底毁掉它。"实际上，也是基于正义伦理价值的考虑，国内有学者将公正作为"以德治国的最重要原则"（王海明，2001）。

在经济学方面，以马斯格雷夫为代表的现代财政理论家强调了公平正义对于国家治理所具有的价值和意义。而在古典的经济学分析中，尤其是在亚当·斯密的理论体系中，公平正义更是理论研究的中心：在就财税制度与政策进行评价时，亚当·斯密均以公平正义作为基本的评价标准。其中，在讨论财政收入问题时，比如对征税问题的讨论，斯密（1997）就将平等原则作为判断税收征收是否恰当的首要原则："一国国民，都须在可能范围内，按照各自能力的比例，即按照各自在国家保护下享得的收入的比例，缴纳国赋，维持政府。……所谓赋税的平等或不平等，就看对这种原则是尊重还是忽视。"而在财政支出的分析方面，尽管斯密没有像对税收所做分析那样明确提出公平的标准，但他仍然将公平作为财政支出正当与否的基本价值准则。比如，在讨论"公共工程和公共机关费用"的分摊方案时，斯密其实就是从费用分摊是否公平合理的角度来就相关的制度与政策做出判断和取舍的。

2. 公平正义是实现效率目标的保障

其实，公平正义不仅是社会发展与国家治理所追求的目标，同时，它也是社会资源得以有效配置的基本保障。因为，其一，在性质上，社会不是一个纯粹的资源配置体系，而是一个将资源配置与利益分配组合在一起的混合结构。在社会决策过程中，一方面，人们通过"交易"而增进了彼此的福利，实现了资源的有效配置；但另一方面，社会交易过程同时存在人与人之间的矛盾和冲突。用罗尔斯（2003）的话来说："虽然一个社会是一种对于相互利益的合作的冒险形式，它却不仅具有一种利益一致的典型特征，而且也具有一种利益冲突的典型特征。"其二，社会合作中之所以会存在配置的低效率，从根本上来说，这与"交易"过程中人际分配冲突的存在有关：正是合作中的矛盾冲突及其相关的横向"张力"才导致了社会的内耗与配置的效率损失。毕竟，在一个纯粹的资源配置结构上，如果资源没有达到效用的可能性边界，那必然存在帕累托改进的可能，在理性假设前提下，个体就会去寻求潜在的获利机会而实现资源的最优配置。现在，对于社会合作中的矛盾和冲突，如果能够以公平正义的方式而加以妥善解决，那么，人际间的矛盾冲突就得以恰当的化解，社会合作中的张力就得到了有效的抑制，而社会运行的结果，就会如斯密的自由秩序原理所表明的：理性个体对于自我利益的要求就会将社会运行的结果引导向最为有效方面（曾军平，2009）。

与这里所提出的公平与效率具有内在一致性的论点不同，主流的理论分析认为公平与效率是相互矛盾的：我们无法在保留效率这块蛋糕的同时又平等地分享它（奥肯，1998）。至于观点存在分歧的原因，这在于：主流理论分析所持有的公平是使人平等意义上的均等，而我们所认为的公平则是利益分配的平等待人。其中，对于给定的利益分配方式，它是否是平等待人的，在理论上，正如经济学家可以用帕累托改进是否存在来就资源配置是否有效做出判断那样，我们可以用换位思考意义上的可逆性检验来就分配的公平与否做出判别。公平的分配是能够经得起可逆性检验的分配：如果"我"认为某种分配方式是公平的，那不管自己是何种角色，不管自己在社会中所处的位置和地位如何，都会认为它是合理的；反过来，如果"我"站在"自己"的角度认为特定的分配方式是公平的，而当"我"站在"他"的位置时，则认为它有失公允，那么这种分配方式实际上就没有通过可逆性检验，它可能因过分考虑自己的利益而没有做到平等待人（曾军平，2006）。就使人平等意义上的公平来说，在某些特殊的情况下，它有一定的合理性。但是，从一般意义来说，将公平与使人平等意义上的均等联系在一起，这在很大程度上是对公平的误解乃至亵渎。因为，从最直观、最通俗的意义上来说，关于公平，就是在个体存在矛盾和冲突时，利益分配的方式能够平等地对待与此相关的每一个人，强调的是人的平等，即平等待人。就平等待人意义上的公平而言，由于它对相关个体利益均统筹考虑，它能够有效化解社会合作中的矛盾和冲突，它与效率不仅不存在矛盾，反而能够为资源的有效配置提供“康庄大道”。与效率相矛盾的是使人平等意义上的公平，但此等公平并不是我们所追求的一般规范目标，以此来讨论公平和效率的矛盾也就没有多大的价值和意义。

（二）以公平正义为主题的研究应聚焦在规则的选择上

1. 公平所涉及的只能是规则而不可能是单纯的结果

关于公平，理论上常有结果公平和规则公平之区分。进而，有关公平问题的讨论，人们往往也就围绕着“是结果公平还是规则公平”的问题而加以展开。在这里，结果公平与规则公平都是可供选择的备选对象。但实际上，纯粹意义上的结果公平——将与结果相关的所有因素都撇开在外的公平——是没有意义的：任何的公平问题，如果它要有意义的话，那它必然是规则意义上的。因为，在具体形态上，对于公平，不管其所涉及的分配问题如何，也不管是谁参与分配以及在何种情境下进行的分配，它所涉及的必然是个体所得的收益和（或）所承担的成本及其他相关因素（如个体的努力、付出、运气以及所承担的其他代价等）之间的“关联”的合理性、正当性，而不是与“关联”因素无关的单纯的结果。而对于单纯的分配结果，由于它完全切断了结果同与之相关的其他因素的联系，我们往往无从就其公平与否发表任何有价值和意义的判断和见解（曾军平，2014）。既然公平只能是“关联”的正当性，那“公平”也就只能是规则意义上的，而不是纯粹的结果。进而，对于财政学的理论研究来说，它要以公平正义为研究的核心，其实质就是去探求公平的财政规则：公平财政收支规范的具体架构究竟如何？

当然，对于“纯粹的结果公平没有意义”的观点，有论者可能会对此进行质疑并提出反对意见。在他们看来，当研究收入分配的学者以基尼系数、相对差异系数、罗宾汉指数与泰尔熵作为指标来就收入的公平性进行评价时，人们所持有的公平就是结果的公平。相似地，当研究地区财政不平衡的学者就公共服务的均等化——地区收入抑或支出水平的差异——进行度量时，他们所采用的公平也是结果意义上的，而对收入差异与公共服务均等化的讨论则完全是有其价值和意义的。关于这一问题，我们的观点是，个体收入差异与地区公共服务的均等化问题，从表面上看，它是纯粹结果公平意义上的，但实际上它则是规则公平方面的。因为，当我们从个体或（和）地区占有资源均等度和差异度的角度来就分配公平做出规范评价时，其潜台词就是：相关的资源需要考虑“人头”与“地区”等方面因素，即这里所坚持的是按“人头”和“地区”来进行分配的规则。表述上，如果我们将上述这两方面的因素也撇开在外，那此时的结果均等实际上就与公平完全无关，进而也就无所谓公平不公平（曾军平，2014）。

2. 以纯粹结果公平为导向的政策选择存在问题

一方面，是概念上的、公平正义本身的“规则”性质及其对于财政理论研究所提出的要求。另一方面，则是应用层面的、以纯粹的结果公平为导向的相关政策选择与制度安排所存在的问题。在公共政策的选择与制度的安排上，如果公平是纯粹结果意义上的，那么，何种结果才是公平的呢？从逻辑上来说，既然公平需要考虑与分配结果相关联的因素，纯粹的结果公平实际上就无法确定。相反，诸多的讨论之所以可以去确定公平的分配规范，这恰好在他们讨论公平问题时将分配的结果与其他相关的因素“关联”在一起。比如，理论界有关公平税收问题的讨论。学术上，一直存在着霍布斯、斯密、孟德斯鸠与格老秀斯传统上的受益传统，与穆勒以来，以边沁、庇古、埃奇沃斯等为代表的能力传统的理论论争。就这两种税收公平传统而言，它们所主张的、公平分摊税收的方式是不一样的。但是，不管是何种理论传统，社会哲学家在考虑公平的税收分摊方式时，他们都不是纯粹就结果——税收分摊模式——而论结果的，他们要么是将税收的分摊模式与个体从支出中的受益联系在一起，要么则是将税收的分摊与个体的支付能力相联系。可以肯定地说，如果将税收的分摊与受益和能力等方面的因素都撇开，再天才的社会哲学家也不可能在公平税收规范的确定上发表有价值的见解。

除了规范标准确定上的问题外，对于纯粹的结果公平，由于它把相“关联”的因素撇开在公平规范的结构之外，此时，具有相同形式的两种分配方式是完全等价的，而彼此之间所进行的互换和调整也不会违背社会的公平和正义。比如，收入的分配问题，在此逻辑下，两种具有相同形式的分配结果，比如（1，2）和（2，1），它们是完全等同的，可以相互替代。但实际上，正如诺齐克（2008）有关收入分配公平的洞见所表明的，外形相同的两种分配模式所具有的意义可能完全不同，而由一种分配变为另一种具有相同结构的分配，这可能造成不正义。因为第二种分配尽管外形相同，但可能侵犯人们的资格或应得。与之不同，一旦我们从规则的角度来理解公平，其他相关的因素就要考虑进来。此时，与纯粹结果公平相影随的肆意调整就会得到限制和禁止，而诺齐克所说的与分配结构调整有关的权利侵犯问题就会得以避免。进而，这进一步说明，以公平正义为核心的财政理论分析所追求的应该是规则的公平，而不是单纯的所谓的公平分配结果。纯粹的结果公平不是合理不合理的问题，而是根本就没有意义、实际上根本不存在的问题。

二　现代主流的财政理论偏离了公平规则探索的轨道

在“规范”层面，财政理论分析应以公平规则的探索为其历史使命。那在“实证”方面，财政理论探索的实际情况又如何呢？种种迹象表明，以福利经济学为基础的主流财政理论并未聚焦在公平财政规则的选择与架构上。一方面，作为一种价值目标，主流的财政理论并没有将公平正义置于其应有的位置；另一方面，作为一种手段，主流的理论分析也不太关注基于公平的利益协调来实现资源的配置效率。理论研究的局限也就使得现有的财政理论对于现实的财政改革所起的作用非常有限，在诸多的时候，甚至是将问题的解决思路引入歧途。

（一）主流财政理论未给予公平目标以其应有的位置

1. 未能对资源配置所涉及的公平问题给予应有的关注

与这里所强调的以公平正义作为研究中心的学术理路不同，自罗宾斯（2001）于20世纪30年代将经济学的研究对象限定为资源配置以来，公平正义问题在很大程度上被诸多的经济学、财政学理论分析所忽视了。一方面，在宏观的政策操作和调整层面，当人们基于凯恩斯宏观经济理论框架所强调的正统政策（包括财政政策与货币政策）与其他理论流派所强调的非正统政策（比如结构调整、政治承诺与信心维护）来干预经济时，相关的政策分析主要关注的是经济增长、物价稳定以及国际收支平衡的有效性等方面的问题。作为公共政策调整所需要的公平正义诉求及其相关的价值目标，则往往被人们所忽视了。另一方面，在微观的治理方面，针对公共产品、外部性、垄断与信息不对称等方面的微观市场失灵，作为社会“医生”的经济学家，在提出自己所认可的“治疗”方案时，他们所关注的是资源配置的效率，至于与政策调整与制度安排有关的人际间的分配公正性问题，理论家往往对此并未给予应有的关注。

当然，如果利益分配的公平与资源配置的效率问题彼此是完全独立的，或者，如果经济学所关注的微观配置与宏观增长可以独立于公平正义而实现，那么，在理论上忽视公平问题完全是情有可原的，从某种意义上来说是必要的。因为，将公平正义问题撇开在分析的范围之外，这可以保持经济学研究阵地的纯洁性。在这一方面，有经济学家就认为：公平问题之所以被忽视，这倒不是因为他们认为公平不重要，而是在他们看来，相比公平，由于学科本身的性质，经济学家更应该关注效率；或者，认为经济学（包括财政学在内）应该有自己独特的领地，经济学只应该关注微观的资源配置与宏观的经济增长，至于公平正义的问题，则是伦理学家所关注的主题。然而，实际的情况并非如此。一方面，在技术上，公平和效率问题其实是一枚硬币的两面，是一对比“暹罗双胞胎”更为紧密的结合体，它们“技术上”是完全不可分割的：社会领域里面的所有资源配置问题（除了纯粹的个体选择问题之外），它同时也是一个与个体利益分配有关的公平问题。进而，对于效率问题的关注必然涉及公平问题。另一方面，在逻辑上，微观的有效配置与宏观的经济增长不可能脱离利益的公平分配而存在。可以说，正如一架不平衡的飞机难以持续飞行那样，我们很难想象，撇开公平正义的经济方案会对经济的良性发展有真正的、持续的促进力。毕竟，所有的资源配置都是人在推动的，而资源配置的根本问题是人际的利益冲突问题，不解决人的问题，就不可能真正去解决资源配置的问题。

既然效率不可能独立于公平而存在，那么，忽视公平的资源配置研究就会存在问题：所提出的政策方案或（和）制度主张会违背公平正义而丧失其正当性。与此同时，既然资源的有效配置依赖于利益的公平协调，不是从人际利益公正协调角度去选择的政策方案，就不可能是真正有效的方案。实际上，也正因如此，在资源配置方面，当斯泰登、乌姆贝克与张五常等学者基于个体理性模型而得出"世界永远有效"的结论时，[①] 他们就走得太远了；同时，其想法其实也太天真了。一方面，在客观实在性上，社会的经验雄辩地表明，我们所处的经济结构中存在方方面面的配置上的低效率。另一方面，也是尤为重要的方面，既然相关论者能够基于个体理性模型而得出"世界永远有效"的结论，那基于公正利益协调来促进资源有效配置的思路，则完全是多余的。

2. 公平目标在主流的财政理论分析中处于从属地位

指出公平在理论上所遭受的冷遇，这主要是针对侧重于微观资源配置与宏观稳定与增长问题的分析，而并不是说人们完全将公平问题的研究抛给伦理学家而将之彻底搁置一边。实际上，自马斯格雷夫的政府职能理论以来，收入分配职能、资源配置职能以及宏观经济稳定

① 在一篇具有挑战性的论文中，斯泰登与乌姆贝克指出，如果效率被定义为帕累托效率，逻辑上就不可能从理性决策的微观经济模型中得出非效率的结果。相似地，张五常争辩说，既然在现实中，人人都遵循约束条件下最大化行为的假设，经济非效率这一概念就暗含着矛盾。只要模型能用收益与成本形式充分描述世界，世界永远都是有效的。参见埃格特森（2000）。

与增长职能被定义为政府的三大职能。围绕收入的分配问题，有诸多的理论分析考虑了社会的公平问题，有关公平的分析并不少见。但是，尽管如此，相比对于效率问题——资源配置问题与宏观经济增长与稳定——的热切关注而言，在现代主流的财政理论分析中，公平问题无疑处于一个次要的、补充的地位。关于这一点，我们只要看一下目前有关公平分析的章节在财政学教科书中所占的比重就知道了。

应该指出，这里强调公平正义目标对于财政学理论探索的重要性，这倒不是说效率不重要。实际上，作为个体理性最大化诉求的一个自然延伸，社会必然涉及整体福利最大化意义上的效率追求问题。强调公平正义的重要性，这主要是说：在价值诉求方面，公平目标本身不能被忽视；同时，也不能将公平置于从属于效率的地位。当然，关于国家治理所要追求的目标，自凯恩斯革命以来，除了效率与公平，主流财政理论也将宏观经济的稳定与增长目标作为其重要的组成部分。但实际上，宏观经济的稳定与增长并不能构成一个独立的目标。因为，宏观经济的稳定与增长之所以重要，无非是因为这有关公平和效率：如果宏观经济的波动与增长既无关社会的公平，也无关社会的福祉，那么，对此所做的研究可以说是多余的。

（二）解决问题的思路未落实在公平规则的架构上

1. 未从公平协调的角度来寻求优化配置之策

一方面，是国家治理规范目标的定位，另一方面，则是实现目标的方式和途径。关于资源配置效率，根据广为接受的观点，只要帕累托准则——帕累托改进不可能——被满足，我们可以将特定的社会状态判断成是帕累托最优或帕累托有效的。相应地，在政策选择与制度架构的过程中，只要帕累托准则被运用到社会状态的变迁或运用中去，并且该准则得到满足，则这种变迁或运动就可以看作是帕累托最优的（布坎南，1989）。在此逻辑下，要优化社会资源的配置水平，财政学家的主要任务是：发挥其特有的专业才能，以寻求和识别出满足帕累托准则的配置方案。然而，帕累托效率准则是以个体的价值为基础的，帕累托改进原则的运用需要以个体偏好的准确把握为基本前提。由于不能把握社会个体的偏好并对其中的相关变量进行准确识别，基于帕累托原则而进行的公共政策分析，大多只是理论的空谈：受人类理性的限制，经济学家、财政学家所能提出的、符合帕累托改进原则的配置方案其实极其有限，基本上可以忽略不计。

维克塞尔—布坎南传统上的契约主义试图通过“民主”决策机制的引进而克服帕累托结构所存在的应用上的局限。与主流的福利经济学理论所具有的强烈的“精英心理”（布坎南语）不同，维克塞尔和布坎南的契约主义框架虽然也认为“政治经济学家可以唤起他本人的特殊才能，去分离和识别出制度上的变化”，即通过他们自己的推算和估计而就制度秩序的变化提出满足帕累托改进原则的方案。但相关的方案是否被通过，这需要通过维克塞尔传统上的一致同意规则的检验：如果这种假设是可以制定出方案的，以至于社会中的全体成员会同意采取这种变革措施，则就通过了检验；如果检验的结果失败了，则政治经济学家们就重返他的制图板上，寻求另一种变革社会的方案，或者到最后，他什么也找不到，于是就得出结论，他所发现的方案是帕累托——维克塞尔意义上的最佳方案（布坎南，1989）。应当说，“民主”决策机制的引进，使经济学家摆脱了解个人效用函数的责任，简单帕累托效率原则所存在个体效用的不可识别问题已经得到了根本性的克服。也正是基于这一点，布坎南（1989）说，在资源配置问题上，维克塞尔拯救了经济学家。

但是，问题并未因此而彻底解决。因为，基于一致同意原则的运用来寻求帕累托改进方案，这有一个基本的假设前提：只要所提出的方案能够提升自己的福利水平（不管其改进的水平具体如何），个体都会表示同意。但实际上，对于那些在帕累托改进与一致同意间建立必然联系的经济学家，他们其实是太天真的：即便是符合帕累托改进的方案，个体可能会出于战略性的考虑而对此投否决票。关于这一点，布坎南的认识应该说是很充分的。尽管他对维克塞尔的契约主义框架表示了认可，但他同时也清楚地意识到：不能从维克塞尔结构所提供的逃脱困境的途径中为契约主义者要求太多的东西。现代社会的政治结构是这样的，即使有人建议对某种制度实行改革，也很少能够通过维克塞尔的一致性检验（布坎南，1989）。因此，在理论上，如果我们要摆脱帕累托结构所存在的问题，除了用“民主”的决策去取代“精英”模式之外，我们需要做的也是所能做的，就是去寻求能够对于个体同意过程中、能够公平解决矛盾冲突的规则。从逻辑上来说，在一个矛盾得到公正协调的社会结构中，如果资源配置没达到最优的效用可能性边界，那必然存在帕累托改进的可能，在理性假设下，个体就会去寻求潜在的获利机会而实现资源的最优配置（曾军平，2008）。

2. 未将公平的促进落实到平等待人规则的架构上

由于直接涉及不同群体间的利益分配，与有关资源配置问题的分析不同，针对收入分配所做的分析毫无疑问是以公平正义为主题的。但在考虑收入的公平分配问题时，主流的理论分析并未将公平的实现落实到公平规则的架构上：其一，在目标上，主流的理论分析倾向于将收入分配公平与公平的分配结果联系在一起，而未能恰当地将分配的结果与产生结果的相关因素联系起来，即不是从规则公平的角度来考虑公平问题。比如，在衡量和评价收入分配是否公平时，理论界所采用的通用指标就是基尼系数与相对差异系数等反映个体和（或）家庭收入离散程度的指标，此等指标其实都没有包含收入与其他因素的“关联”信息，进而不是规则意义上的公平，而是结果意义上的。其二，由于收入分配的结果与社会的制度结构有关，在讨论公平问题时，已有的研究涉及对于规则的研究。但是，受目标认知局限的影响，在就制度与规则的公正性进行评价时，它们依旧以相关制度规则所产生的收入的离散程度来进行判断。比如，灰色收入与黑色收入的问题。在性质上，灰色收入与黑色收入的最大问题在于其本身的非正当性与非正义性。但是，有诸多的文献则用此等收入对于收入差距的影响来对其公平性进行规范性的判断：此等收入的不公平在于它扩大了收入的差距。而这言下之意则是：如果灰色收入与黑色收入缩小了收入的差距，那此等收入的取得是符合公平正义的。而如果这是正确的，那作为理论逻辑的进一步的延伸，只要被抢者的收入高于抢劫者的收入水平，公开的抢劫完全是正义的。

当然，对于均等意义上的结果公平，我们也可以从规则的角度来理解：将其理解为按人头来分配的规则。但即便如此，相关的分析还是有问题。因为，如果与结果相“关联”的因素只是人头因素，那此时的规则公平其实是使人平等意义上的，而不是平等待人方面的，即所确定的规则不是平等待人的规则。而对于使人平等意义上的公平，尽管它在某些特殊的利益分配上有其合理性，比如社会基本权利和义务的分配（因为，基于换位思考，我们会支持平均分配）。但在更多的情况下，平等待人的利益分配并不要求使人平等，而是要求个体有差异。在此情况下，一味地基于此等原则来考虑分配问题，那会将分配政策的选择与制度的架构引入歧途。

三 围绕平等待人财政规则的架构来重构财政学理论

鉴于以平等待人财政规则架构为研究核心的必要性，同时，也是基于主流理论研究所存在的方向上的偏离及其所引致的应用问题，为了发挥财政理论对于国家治理所应该起的指引作用，以“寻求治国之道”为取向的财政理论探索应该转向，我们应该围绕平等待人财政规则的架构来重构财政理论。至于平等待人的财政规则应该采取什么样的方法来架构，而所架构的财政结构具体又如何，下面进一步就公平财政规则得以选择的方法及其具体模式问题做出探讨。

（一）选择方式：“无知之幕”后的理性对话

1. 个体层面：“无知之幕”后的可逆性平衡

由于平等待人意义上的公平是基于可逆性检验来定义的，它需要个体在选择利益分配方式时，对自己的利益与他人的利益一同看待。但是，在现实生活中，受18世纪社会哲学家——比较有代表性的有曼德维尔、休谟和斯密等——所强调的个体“自爱”因素的影响，在社会分配过程中，个体对于自己的利益考虑往往比较多，而对其他人利益的考虑相对要少。在此情况下，要确定公平的财政规则，那就需要我们真正用心去换位思考，或者干脆就进入罗尔斯所设定的“无知之幕”的决策环境中。因为，正如罗尔斯（2003）的界定所表明的，在“无知之幕”背后，“没有人知道他在社会中的地位，他的阶级出身，也不知道他的理智和力量的情形”，“也没有任何有关他们属于什么世代的信息”。一句话，由于其场景的限制，“无知之幕”摒弃了个体的私人信息，进而，在进行制度选择时，个体就会考虑各主体的利益而做到平等待人。因此，在方法上，强调财政理论以公平规则的架构为核心，那其实质就在于：财政学家需要用他们理性的力量在“无知之幕”后去寻找他们所认可的财政制度规则。

与这里强调立足于罗尔斯的“无知之幕”背后来探索公正的规则不同，有诸多的社会哲学家将公正性立足于个体的现实同意之上。在这一方面，McNutt（2002）在他的著作中肯定了同意的公正性：“无论个体是投票人还是一般的市民，也无论你是在委员会决策中还是在公共集会中，如果所有个体都同意某一个结果，那么，该结果就是公平的。”而卢梭（2007）的社会契约观点则更是从必要性角度强调现实同意对于正当规则确定所具有的价值：“假如根本没有事先约定，除非选举真是全体一致的，不然，少数人要服从多数人的抉择这一义务又从何而来呢？”按照同样的逻辑，在公平财政规则的确定上，如果没有获得个体的现实同意，我们又有什么理由将“无知之幕”背后所确定的规则强制在社会个体身上呢？当财政学的理论工作者试图将其所认可的规则强加在个体身上时，与此相关的柏拉图式的“哲学王”思想本身是不是一种强制和不正义呢？

理论上，尽管“无知之幕”后所选择的规则确实有可能不会获得个体的同意，但这并不能否定此等规则的正当性、合理性：其一，强制本身并不必然是不正当的。实际上，即使是一致同意规则，它也包含着某种强制性。比如作为一致同意起点的个体定义问题。一致同意是以个体为基础的，此规则的应用必然要以个体得以恰当定义为前提：个体是什么？什么东西属于我的？什么东西不属于我？社会契约“起点”的定义不可能基于同意来进行，它必然带有某种强制性。其二，同意本身的合法性、正当性，其实恰在于它在“无知之幕”后得以选择的可能性。现实同意本身是一种规则，为什么决策需要个体的同意呢？规则的合理性依据是什么？其实，从逻辑上看，现实同意的合理性恰好来自于他在“无知之幕”后得以选择的可能性：在“无知之幕”背后，我们所选择的社会决策规则是基于个体同意之上的。其三，在规则的选择过程中，如果完全依赖于现实同意，那最终的结果我们其实又在服从另外一种实质上有问题的强制。实际上，也正因如此，洛克在他的政治哲学理论中对“参加的同意”（joining consent）和“原初的同意”（originating consent）做出了区分。至于康德，基于对于现实中个体达成一致的彻底失望（洛克在一定程度上还认为现实中个体达成共识具有可能性），其所认为的原初契约尽管具有实践上的现实特征，但事实上只是理性的某种理念（罗尔斯，2004）。其四，如果规则真是在“无知之幕”背后所选择的，我们有理由相信，社会的公民自然是会同意的，至少他们不太会明目张胆地反对。在社会规则的选择中，有许多的安排之所以未能获得同意，其关键点恰在于相关的规则不是在“无知之幕”背后所选择的。

应该说，一旦我们接受了平等待人意义上的公平理念，主张在“无知之幕”后来就财政相关的制度进行选择一般不会有什么问题。问题是，在“无知之幕”背后，个体会如何来就规则做出选择呢？个体应按照功利主义的最大化模式——所有个体加总福利的最大化——来就规则进行选择吗？还是按照罗尔斯主张的“最大最小模式”，在就规则进行选择时，以保证最差个体的福利水平实现最大化？抑或是如布坎南与图洛克（2000）就集体决策规则所做的分析那样，主张以强制成本的最小化来做出决策？在这一方面，尽管罗尔斯等理论家对他们各自所坚持的理论模式进行过论证，但基于统一的加总模式——不管这种模式的结构具体如何——来就规则得以选择的模式做出表述均存在问题。一方面，在可能性方面，个体福利加总受到个体效用不可比的限制和困扰；另一方面，在合理性方面，加总模式需要将不同的个体组合在一起，这没有给个体的自由留下应有的空间，并会武断地侵犯个体的权利。与加总模式不同，在我们看来，当我们站在“无知之幕”背后选择规则时，我们所遵循的理论模式应该是基于心灵直觉的可逆性平衡：一种规则是否被选择，就要看它是否存在可以被其他角色的利益相关者所接受。

2. 社会层面：人类理性的公开对话

关于“无知之幕”后公平的规则选择问题，它涉及就规则进行抉择的一般理论模式问题，涉及现实同意与非历史共识的相互关系问题。当然，在一个价值观念迥然有别的多元社会结构中，这也牵涉到“无知之幕”背后个体所能选择的规则的一致性问题。对于单个的个体，从逻辑上来说，我们可以在“无知之幕”背后、基于心灵的直觉来就规则做出选择和判断。但社会上的个体千千万万，而个体所认可的公平规则往往不一样。博登海默（1987）就曾说：“正义是一张普罗透斯似的脸，变化无常，随时可呈不同的形状，并具有极不同的面貌。”而恩格斯（1971）则指出：“关于永恒公平的观念不仅因时因地而变，甚至也因人而异，它正如米尔伯格说过的那样，‘一个人有一个理解’。”既然如此，如果个体在“无知之幕”后所选择的规则不一致，那在整体的社会决策层面，我们又如何去就公平的财政规则做出确定呢？

关于社会整体层面的公平财政规则的最终确定，首先，应该指出的是，在财政制度规则的选择过程中，如果理论探索者确实是在“无知之幕”背后就相关的规则进行选择的，那个体在很多规则的选择上会达成一致。现实中，人们之所以对于公平规则的确定存在分歧，在很多时候，其实是因为在就规则进行选择时，人们并未将自己的私利摒弃开来。当然，既然有私人利益的干扰，由此所确定的规则本身并不是公平的。其次，对于部分问题，由于个体价值观念、知识存量与生活习惯等方面存在差异，财政学家确实可能无法直接对公平的规则达成一致。但认知上的差异同样不能否决社会达成一致的可能性。因为，只要真是站在“无知之幕”后进行选择，在一个公开辩论的舞台中，各方往往可以达成一致。当然，还有部分问题，即便大家经过讨论依旧无法达成一致，那么，此时很有可能意味着相关的规则是等价的，我们可以通过某一个具有随机性的机制来就规则做出选择。

（二）选择结果：公平财政规则架构的可能形式

1. 对于市场规则进行“立宪”修正的制度

既然公平的财政规则需要我们站在“无知之幕”背后去寻求，那么，作为结论的一个自然引申：如果处于“无知之幕”背后，理性个体所选择的财政规则的可能形式会是怎样呢？考虑到没有财政收支的制度也是可供选择的制度类型，作为分析的起点，我们起先考虑此类制度安排在“无知之幕”背后得以选择的可能性。在性质上，如果我们所处的社会结构没有任何的财政制度，那这其实意味着我们选择的是“无政府状态”，或者更准确地说，社会所有的利益冲突均由自发的市场机制来进行协调。应该说，关于市场机制，正如斯密的“看不见的手”原理所表明的，它对于人类社会发展所具有的价值和意义是不言而喻的（当然，其中也有不少人对于市场的逻辑有错误的理解和过分的引申）。作为一种没有权威命令与历史传统的机制，在市场机制下，个体为自己的行为负责，同时，价格机制在很多时候又以一种很能被人们所认可的方式来解决合作中的冲突问题。进而，在社会规则的选择上，强调市场机制的协调作用是没有问题的。但另外，经验告诉我们，市场机制的本身并非完美：对于诸多利益协调问题，市场的解决方式尚存在不足之处；而对于与公共产品（主要是具有非排斥性的公共产品）相关的利益协调问题，市场机制的力量则几乎无法发挥作用。而与财政收支有关的人类理性的力量，则在很多地方可以有所作为。进而，公平规则的架构就需要我们利用人类理性的力量去对市场机制进行某种人为的、基于人类理性的调整，即对市场机制进行某种有意识的矫正。

当然，强调对市场进行有意识的人为控制和调整，这也是主流的福利经济学理论所持有的基本立场：基于福利经济学的基本定理及其有关的市场失灵，主流财政理论都主张对于市场机制进行某种调整。但问题是，在寻求治理市场失灵之策时，不管市场失灵的具体类型如何，主流理论所进行的调整都是事后的，这有很大的问题。因为，其一，对于资源配置，如果市场配置的结果已经完成，市场失灵已经出现，那么，再去进行干预其实已经没有其价值和意义。其二，对于收入分配，如果再分配完全是事后的而没有事先的契约和协议，那它就会面临着再分配本身的合法性问题。与主流理论所做的调整不同，当我们将财政理论研究的重点落在公平规则的架构上，那么，理论上解决问题的思路完全是事前的：通过事先的立宪性财政规则的架构，来对市场机制可能存在的非公平性方面进行修饰和调整。至于规则得以确定后的结果，则完全由个体的自发选择来完成，即发挥市场机制的决定性作用。

理论上，一旦我们强调在事先的规则层面而不是基于事后的结果去对市场机制进行调整，我们就会发现，此等思想其实在斯密古典的财政理论已经得到了明确的表述。在针对重商主义所做的政治经济学批判当中，斯密（1997）曾睿智地指出："每一个人，在他不违反正义的法律时，都应听其完全自由，让他采用自己的方法，追求自己的利益，以其劳动及资本和任何其他人或其他阶级相竞争。"这一论断包含两层含义：其一，由于将正义的法律作为个体自由选择的前提，斯密的论述其实意味着：社会的良性运行需要以事先设定的公正的法律为基础。而就财政问题来说，其实就是需要事先去确定公平正义的制度框架。其二，在公正的规则下，斯密认为这应该交给个人和（或）市场去完成，这其实也就意味着进一步的干预没有必要。然而，尽管从事先的规则层面去确定财政立宪框架的思想已经充分地体现在斯密的思想中，种种迹象表明：以福利经济学为代表的现代主流财政理论分析——尽管其支持者是以斯密的门徒而出现的——其实是背离了亚当·斯密所确定的优良的理论研究传统。一方面，对于那些强调干预的经济学分析，它们侧重的是事后的调整；另一方面，对于自由主义经济学家，它们在很大程度上忽视了事先调整方面的、有关法律建设的必要性问题。

2. 收入与支出相互关联的财政结构

在性质上，我们在"无知之幕"后选择的规则应该是事先的、对市场机制进行修正和调整的"立宪性"规则。至于规则的具体形态，鉴于财政收支制度的意义在于对自然的市场机制做出修饰和调整。进而，财政制度的安排涉及政治机制与市场机制的比较。同时，由于财政收支所涉及的可供选择的规则是成千上万的，而不同规则的公平性、正义性往往迥然有别。因此，在“无知之幕”背后，除了对财政的运行边界做出确定之外，理性个体也会对财政本身的制度结构做一些选择。特别地，对于政府的收入，从规范的角度来说，合理的收入必须要考虑收入的目的。反过来，对于支出，它本身也要与收入之间产生一定的对应关系。因此，从制度的基本结构来看，在“无知之幕”背后，个体所选择的财政规则应该是收入与支出相关联的规则结构。至于财政的边界具体如何，基于收支对应而架构的规则具体如何，我们将另行撰文进行探讨。

参考文献：

[1] McNutt P. A. , The Economics of Public Choice, Edward Elgar Publishing Ltd, 2002.

[2]《马克思恩格斯选集》第2卷，人民出版社1976年版。

[3] 埃格特森：《新制度经济学》，商务印书馆1996年版。

[4] 奥肯：《平等与效率：重大的抉择》，华夏出版社1998年版。

[5] 博登海默：《法理学——法哲学及其方法》，华夏出版社1987年版。

[6] 布坎南：《自由、市场和国家——80年代的政治经济学》，上海三联书店1989年版。

[7] 布坎南、图洛克：《同意的计算——立宪民主的逻辑基础》，中国社会科学出版社2000年版。

[8] 罗宾斯：《经济科学的性质和意义》，商务印书馆2001年版。

[9] 罗尔斯：《正义论》，中国社会科学出版社2003年版。

[10] 罗尔斯：《政治哲学史讲义》，中国社会科学出版社2011年版。

[11] 诺齐克：《无政府、国家和乌托邦》，中国社会科学出版社2008年版。

[12] 斯密：《道德情操论》，商务印书馆1997年版。

[13] 斯密：《国民财富的性质和原因的研究》，商务印书馆1997年版。

[14] 宋希仁：《西方伦理学史上的正义观》，《道德与文明》1988 年第 5 期。
[15] 王海明：《公正：以德治国的最重要原则》，《北京大学学报》（哲学社会科学版）2001 年第 5 期。
[16] 亚里士多德：《政治学》，商务印书馆 1996 年版。
[17] 曾军平：《促进收入公平分配的财税政策：从结果公平转向规则公平》，《税务研究》2014 年第 7 期。
[18] 曾军平：《利益分配的平等待人：关于公平的一个理论注解》，《上海财经大学学报》2006 年第 6 期。
[19] 曾军平：《自由意志下的集团选择：集体利益及其实现的经济理论》，格致出版社、上海三联书店 2009 年版。
[20] 朱为群、曾军平：《税制改革顶层设计的原则和思路》，《税务研究》2013 年第 11 期。

财政社会学与财政学基础理论创新框架

刘志广*

（中共上海市委党校、上海行政学院经济学教研部　200233）

摘　要：要通过财税体制改革推进国家治理体系和治理能力现代化，我们必须创新财政学基础理论。财政社会学的诞生源于对财政学技术化的反思，曾被认为就是财政学本身，体现了对古典财政学的回归和跨学科研究要求，它要求宏大理论架构与宏大历史述事相结合，其核心思想是，财政问题是社会问题、经济问题和政治问题等的根源。本文分析了财政社会学的理论传统并就关系财政社会学发展的三大问题进行了辨析，在此基础上，本文提出基于财政社会学思想的财政学的基础理论创新框架可归为十个方面，即方法论、人性论、学科论、政府论、收支论、分权论、发展论、变迁论、预算论和规则论。在这一大的框架下，我们可以对现有财政学理论进行整合，从而深入理解财政与国家治理的关系。

关键词：国家治理　财政社会学　财政学　创新

中国共产党第十八届三中全会明确提出，“财政是国家治理的基础和重要支柱”，这句话既对中国全面深化改革提出了一个重大实践命题，也对财政学研究提出了一个重大理论命题。对这一重大理论命题的解析决定了我们相信在通过财税体制改革推进国家治理体系和治理能力现代化过程中需要做什么、能够做什么、能够做对什么以及能够走多远、走多久。国内一些学者已经认识到主流财政学理论在阐释

---

* 作者简介：刘志广，中共上海市委党校、上海行政学院经济学教研部副教授、博士。研究方向：财政社会学、产权理论与新制度经济学。E－mail：lzg_ yx@ 126. com.

这一理论命题和指导改革实践上存在的不足，探寻财政学基础理论创新已经成为中国社会科学研究最为紧迫且最为重要的任务之一。但这种基础理论创新既不是要基于某个新的概念来创新整个财政学理论体系，也不是要舍弃目前的主流财政学理论，而是应该找寻一种将财政问题作为宏大历史叙事来研究并具有跨学科或综合社会科学特征的财政学思想流派，然后通过理论梳理与辨析，形成一个具有强大整合能力的宏大理论架构，重新实现并提升财政学对国家治理这一重大综合性问题的理解力。综观财政学思想史，财政社会学（fiscal sociology）思想无疑是较为合适的选择，它曾因其思想魅力和强大解释力被认为是一个能够与马克思主义、韦伯主义和斯宾塞主义相抗衡的社会科学研究思想体系（Moore，2003）。李炜光和任晓兰（2013）充分肯定了这一选择，不仅明确将中国财政学发展的前途系于财政社会学，而且将财政社会学的复兴系于中国，特别是李炜光（2014）基于财政社会学思想对财政与国家治理现代化关系的阐述更是向我们展示了财政学令人激动的发展未来。受此鼓舞，本文借助笔者前期主要研究成果（刘志广，2012）进一步探讨财政社会学与财政学基础理论创新所涉及的相关问题。全文分三部分，第一部分简述财政社会学的产生及其理论传统；第二部分对财政社会学研究中的三大问题进行辨析并展望财政社会学的未来；第三部分基于财政社会学思想提出财政学基础理论创新的框架。

一　财政社会学的历史及其理论传统

（一）财政社会学的创立及其源流

针对“一战”后奥地利糟糕的财政状况和当时技术化的财政学理论“无计可施”的局面，奥地利学者葛德雪（Goldscheid）在1917年出版的著作《国家社会主义与国家资本主义》中提出创立财政社会学的基本设想，熊彼特（Schumpeter，1954）虽然以完全不同的方式来判断财政社会学的重要性，但他高度赞赏葛德雪的研究，认为葛德雪

1917 年出版的著作在学术上最为重要的贡献就是提出了关于财政社会学的基本理念。正是由于认识到财政因素在历史中的决定性作用，熊彼特（Schumpeter，［1918］1954）对财政社会学寄予厚望："我们可以确定地谈论一连串特殊的事实、一系列特殊的问题，以及一种特殊的研究方法——简言之，一个特殊的领域：财政社会学。"

葛德雪和熊彼特创立财政社会学并不是因为他们重新理解了财政本身，而是要将社会学方法重新引入财政研究。财政作为社会科学需要研究的事实一直在那里，区别主要在于我们的研究方法，在不同的研究方法下我们看到的是事实的不同侧面。因此，从研究方法而非对财政的理解来讨论财政社会学的源流可能更加恰当。[①] 正如葛德雪（Goldscheid，［1925］1958）所言，"缺少财政社会学理论和财政学缺乏社会学基础是现在整个社会科学最为重大的缺陷"。在葛德雪和熊彼特看来，运用社会学方法是为了使财政学不偏离现实，但他们眼中的这种社会学不会是今天作为"剩余科学"（left - over science）[②] 而与经济学、政治学等并列的社会学，也不会是熊彼特在《经济分析史》中所定义的狭义的社会学，而应该是更接近"社会学"一词的创立者法国哲学家、社会学家孔德所给予的原生定义，即从变动着的社会系统的整体出发来研究社会的结构、功能、发生与发展规律的一门综合性的社会科学。

（二）财政社会学的理论传统

葛德雪主要依靠阶级分析法来分析财政的剥削性。针对财政危机

① 李炜光和任晓兰（2013）、李炜光（2014a，2014b）将财政社会学思想的源流追溯到著有 10 卷本《财政学》并长期引领世界学术潮流的瓦格纳，因为瓦格纳将"社会"看作是一个广义的社会体系，由经济系统、政治系统和社会系统三个子系统组成，而财政则是联系这三个子系统的媒介。但葛德雪（Goldscheid，［1925］1958）和熊彼特（Schumpeter，［1918］1954）在其论文中都没有提及瓦格纳，而且，从"媒介"或"节点"来认识财政似乎也不可能让他们对财政社会学寄予如此高的期望。

② Wirth 曾写道："正如斯莫尔指出的那样，为使社会学在学术圈中获得合法地位，社会学自己让出了社会学的研究领域，他们只是尴尬地研究社会领域中一些被认为根本引不起政治学家和经济学家注意的、琐碎而无关紧要的部分。这从本质上意味着，社会学家只能是从那些地位稳固的学科的脚边捡一点从桌上掉下来的碎屑喂喂自己"（转引自斯威德伯格，2003）。

和财政剥削这对孪生问题，葛德雪（Goldscheid，1958）的解决办法是工人阶级通过公共资本集聚和集中，创造一个富裕国家（wealthy state）或国家资本主义来推翻资产阶级，并使剩余价值按照社会利益进行分配。而熊彼特（Schumpeter，1954）则从个人需求和集体需求间复杂关系的演变来分析税务国家的本质，强调利益集团对塑造国家行为的影响。因此，葛德雪和熊彼特虽然共同作为财政社会学的创始人，但却因分别代表不同的理论传统而产生了结论的差异，正如马斯格雷夫（Musgrave，1992）所言，当“葛德雪发现税务国家的出现导致国家贫困化时，熊彼特则宣布这是国家的伟大创造”。

有意思的是，当财政社会学经过短暂繁荣并沉寂近半个世纪之后，奥康纳（O'Connor，1973）和马斯格雷夫（Musgrave，1980）关于美国出现财政危机的原因与对策的研究再现了财政社会学这两大研究传统的争议。奥康纳（O'Connor，1973）认为垄断资本和公共部门支出的协调增长、经济剩余的私有化和社会支出的社会化之间是相互关联和相互矛盾的，这导致了发达资本主义趋向财政危机，因此，需要将垄断资本从非生产性的国家支出中有效隔离开来，并对非生产性社会支出进行削减。马斯格雷夫（Musgrave，1980）则认为是预算结构的不平衡导致了财政危机的总体趋势，财政收益和成本与利益集团联系更紧密，无法在劳动—资本的二元划分中分析复杂的财政问题。

在葛德雪（Goldscheid，1958）和奥康纳（O'Connor，1973）的研究中都可以发现马克思恩格斯财政思想的痕迹。马克思和恩格斯认识到由于资本主义制度的内部矛盾和国家对外矛盾的发展，税收满足不了国家需要，因此必须借助国债等方式来筹资，这就进一步使国家被私人所控制，即“现代国家由于税收逐渐被私有者所操纵，由于借国债而完全归他们掌握”。“一战”后奥地利因无法增税又借不到债而陷入财政危机之中，为避免国家崩溃并寻求长期解决方案，葛德雪（Goldscheid，1958）强调限制公共债权人、致力于发展国家资本主义。而奥康纳（O'Connor，1973）则将美国的财政危机归之于支出的增加，主张对非生产性社会支出进行削减，用一些社会主义的体制来代替发达资本主义。这种结论的差异可能是因为运用马克思财政思想到各国的具体实际时所产生的，因此，国外财政社会学研究者通常将葛德雪和奥康纳的财政社会学归为财政社会学的马克思主义传统而与熊彼特和马斯格雷夫所代表的传统相对立。但从实际情况来看，这种对立并非如一些研究者所认为的那样严重。因为当奥康纳（O'Connor，1973）以竞争性部门、垄断性部门和国有部门的区分作为分析现代资本主义经济结构的基本框架时，其分析方法更靠近熊彼特的利益集团分析法而非马克思的阶级分析法。而熊彼特本人也深受马克思的影响甚至在其1918年发表的创立财政社会学的论文中还在努力寻求与马克思思想的统一①。

神野直彦（2012）曾将20世纪70年代后复兴的财政社会学分为三个流派，即新韦伯派财政社会学，重视政府的自律性；历史派财政社会学，重视税制改革中的社会危机和社会学习；制度论财政社会学，关注财政中的“政治”即财政的决策过程。但对财政社会学这样一种曾经兴盛而后长期销声匿迹的思想来说，强调这种流派的划分对其复兴并不利，当前可能更需要的是寻找共同点。因此，一种更为恰当的做法是将葛德雪和熊彼特所开创的财政社会学传统称为奥地利传统，它主张财政史提供了对政府财政活动和潜在社会结构和安排的理解。这样做还有一个好处，它使我们能够将其与受帕累托（Pareto）

---

① 熊彼特（Schumpeter，［1918］1954）在该文最后讨论他与葛德雪争论的两方面的局限性时，特别提到了马克思和社会主义。熊彼特认为，不存在税务国家的危机的结论只在有限条件下成立，一是“仅在于税务国家和自由经济的组织形式是否能够成功应对战后形势而不崩溃，没有考虑可能需要面对的沉重的困难”；二是“它仅适用于我们当前所生活的特殊的历史环境”。熊彼特强调，“它并没有试图将自由经济作为人类最高智慧的神圣理想。我并没有为我们资产阶级取得财富桂冠进行吹嘘的习惯……如果马克思今天还活着，他也不会提出异议的。而且他会非常严厉地嘲笑他的那些将行政控制经济作为社会主义开端的信徒，行政控制经济是最不民主的做法，它退回到竞争经济之前的经济形势中，只有竞争经济才能够为社会主义创造前提条件并最终向社会主义演化。未来社会的社会形式既不可能从比它现在还落后的贫困经济中成长出来，也不可能从其本能冲动的肆意冲动中成长出来”。熊彼特相信，“社会主义社会的第一个前提条件是资本主义已经完成其历史使命并且有一个资本充足、完全被企业家精神理性化的经济的存在。只有在那时，才可能平静地展望不可避免的缓慢的经济发展是社会主义的伴随物，因为社会主义意味着脱离经济的人身自由和摆脱经济的束缚。这一时刻还没有来临……无论如何这一时刻终将到来”。

影响主张在社会均衡下对财政问题进行经济学和社会学分析的意大利财政社会学区分开来，后者几乎是同一时期独立发展出来的，但因语言问题长期被外界所忽略，McLure（2005）考察了帕累托及其追随者所做的主要研究工作。需要指出的是，近年来，财政社会学在国外有兴起之势，其研究领域非常广泛，但主要遵循的还是以熊彼特传统为主的奥地利传统。

二 财政社会学面临的三大争议及其辨析

虽然近年来国际学术界对财政社会学思想给予了积极关注和评价，财政社会学思想也被应用到越来越多的研究领域，但财政社会学缺乏一个可接受的方法论和分析框架（McLure，2003）却是一个不争的事实，而影响这一目标实现的问题主要集中在三个方面：一是财政社会学是否如 McLure（2003）所说缺乏“一个清晰一致的研究主题”①；二是财政社会学是否如 Backhaus（2002）所说的是一个“研究尚未展开的领域”；三是财政社会学是属于经济学还是属于社会学。

（一）财政社会学具有清晰一致的研究主题吗？

从财政社会学的创立者葛德雪和熊彼特来说，财政社会学的研究主题和分析路径是非常鲜明且清晰的。首先，就葛德雪和熊彼特创立财政社会学来说，他们的目的是非常一致的，那就是回答在财政危机下奥地利的前途问题。其次，葛德雪和熊彼特对财政社会学的研究主题及主要思想作了清晰的表达。葛德雪（Goldscheid，1958）认为，“财政的形式总是对国家和社会的演化产生决定性的影响”，在财政史学、财政统计学和财政社会学这财政学的三根基本支柱中，“财政社会学最为重要。它能单独对社会发展中的公共收入起源和组成问题作

① McLure（2003）强调指出：“应该告诫的是，在一个可以接受的关于新财政社会学的方法论和分析框架出现前，财政社会学近年来的发展只是构造性的和临时性的。这个领域要发展成一个真正与政策相关的学科，一个清晰一致的研究主题必须首先出现。”

整体的解释，因而也能说明国家的命运和个人的遭遇”。熊彼特（Schumpeter，1954）将财政史的研究直接纳入了财政社会学中，特别重视财政史研究的重要意义，甚至可以说财政社会学就是通过对财政史的研究来实现其目的的。熊彼特（Schumpeter，1954）认为，“财政史使人们能够洞悉社会存在和社会变化的规律，洞悉国家命运的推动力量，同时也能洞悉具体的条件，特别是组织形式发展和消失的方式”。在财政社会学研究中，“对我们最有吸引力的是从财政角度来观察国家、国家的性质、国家的形式，以及国家的命运”（Schumpeter，1954）。总而言之，财政社会学认为财政问题是社会问题、经济问题和政治问题的根源。财政社会学研究的主题即财政形式与国家治理及其成效，是从国家财政入手对国家与社会发展的理论和历史进行研究，包含并具体体现在财政对社会、经济、政治和文化变化的驱动力、制度、机制、过程和结果的研究之中。

（二）财政社会学是一个尚未展开的研究领域吗?

熊彼特眼中的财政社会学绝不仅仅是对“税务国家”的分析，而是要将其发展成为宏大理论架构与宏大历史述事相结合，并从财政角度对国家社会发展规律的综合研究。一个研究者如果不能够理解这一点，或者是不具有这样的宏观视野和雄心壮志，是难以真正理解葛德雪和熊彼特等创立财政社会学的初衷的①。与之相适应，将财政社会学研究仅仅局限于直接使用这一名词的研究者显然也是十分狭隘的做法，而且这种做法不仅使财政社会学的学术地位和学科进展一直没有受到应有的重视，实际上也已经成为财政社会学发展的主要障碍。斯威德伯格（2005）将马克斯·韦伯看作是一个财政社会学家，其理由

---

① 根据这种认识，Mann 关于财政社会学研究财政制度的社会构成和社会的财政构成的论断以及他将财政学分为财政理论、财政政策和财政社会学三部分的做法（参见 Peukert，2005），Backhaus（2002）关于财政社会学主要研究问题的描述以及他（Backhaus，2005）关于财政社会学是宏观经济分析、微观经济分析和财政制度分析之外的“剩余科学”的界定和 McLure（2005）关于“财政社会学分析在社会、政治和经济环境中财政决策如何制定”的定义都是不贴切的，甚至是具有误导性的。在这样界定和理解之下，财政社会学无疑是被狭义化了，甚至是被“矮化”了，其地位和前途是可想而知的，而这绝不可能是熊彼特对之“寄予厚望”的财政社会学。

是："虽然韦伯没有使用财政社会学这个术语，然而毫无疑问，他对历史上的政治统治组织如何获得财政支持及其对经济与社会有什么样的影响十分感兴趣。"但斯威德伯格显然做得不彻底，既然马克斯·韦伯不因"没有使用财政社会学这个术语"而被排除在财政社会学家之外，那么托克维尔、希克斯、诺思、奥尔森、布伦南和布坎南、哈耶克等也应该成为财政社会学"俱乐部"的重要成员，Leroy（2010）就将托克维尔看作是财政社会学的先驱。一旦我们这样来理解财政社会学研究，我们就会发现，财政社会学的历史与现实比较现在的认知更为辉煌。财政社会学不仅不是一个尚未展开的领域，恰恰相反，在财政社会学的研究主题、研究路径和分析方法之下，已经集合了一大批国际国内重量级学者和研究成果，并且源远流长①。

按照这种界定，国内学者张宇燕和何帆（1998）从财政压力角度对中国改革起因和路径的解释，何帆（1998）从财政角度对中国市场经济立宪的研究，周育民（2000）对晚清财政及社会经济发展的研

① 事实上，一旦我们在现代语境下明确了财政社会学的研究主题和研究领域，从财政社会学思想史的角度来说，我们可以将财政社会学发展划分为前古典、古典、后古典和新古典四个时期。在财政社会学的前古典时期，色诺芬、柏拉图、亚里士多德、管仲、孔子等人的财政思想都是关于国家治理的学说或思想，具有整体性和综合性特征，但这一时期的财政社会学思想是非常零散的，不具有系统性。而财政社会学的古典时期则是财政社会学经过孕育并最终创立的时期，在威廉·配弟、亚当·斯密、托克维尔、马克思、马克斯·韦伯等的努力下，国家财政与国家历史、国家经济和社会结构等的内在联系被逐步揭示出来，但后来经济学的"纯粹化"和财政学的"技术化"倾向中断了这一过程，而"一战"后各国面临严重的财政问题，国内形势也非常复杂，正是在这一背景下，葛德雪、熊彼特和帕累托等创立了财政社会学。之后自觉在财政社会学旗帜下的研究大都可归入财政社会学发展的后古典时期，包括20世纪20年代末、30年代在德语世界和意大利以及日本的研究，20世纪70年代财政社会学重新兴起后的各项研究等，其代表性人物有耶希特、兹尔坦、奥康纳、马斯格雷夫等。这些研究有的是对葛德雪和熊彼特等财政社会学思想的阐发，但更多的是运用财政社会学方法和思想对不同领域的研究，尚未形成自成体系的财政社会学理论框架。由于希克斯、诺思、布坎南、奥尔森、哈耶克等人的研究中没有使用财政社会学这一术语，因此他们的研究很少被现在的财政社会学研究者提及。但是他们的研究主题和分析路径却与财政社会学思想传统相一致，而这些研究与古典财政社会学思想和后古典财政社会学思想的主要区别就在于其研究方法以新制度主义和新历史主义为基础，并提出了系统化的理论建构，从而构成了财政社会学思想发展的新古典时期。新古典时期的财政社会学研究所产生的学术影响力要远远大于古典财政社会学思想和后古典财政社会学思想，而这也正是我们发展新财政社会学最为重要的基础。

究，李炜光（2002）关于公共财政历史使命的研究，程念祺（2006）从财政市场与生活市场划分对中国古代经济史的研究，刘守刚（2008）对不同类型财政对现代国家构建的不同影响的研究以及黄仁宇（2001）对明代财政的研究等也应该被纳入财政社会学研究的范围中来。

（三）财政社会学属于经济学还是社会学？

在学科分化和各学科倾向于“画地为牢”的今天，财政社会学的学科归属也备受关注，并且分歧很大。国外直接在财政社会学大旗下进行研究的主要是经济学家和社会学家，但争论不仅发生在经济学家和社会学家之间，甚至在经济学家内部或社会学家内部也有不同的意见。如在经济学家中，有人认为财政社会学属于财政学的一个分支，有人则认为它才是真正的财政学。这场争论还在继续，财政社会学的学科归属仍是悬而未决，其根源可能还是“社会学”一词含义的变迁所造成。

但关于财政社会学学科归属问题的争论从一开始可能就搞错了方向，因为葛德雪和熊彼特创立财政社会学的重要背景就是学科分化，而他们的目的则在于弥合学科分化导致的“理解力”下降等不良后果。财政社会学的创立代表了向古典政治经济学和古典财政学回归的努力，甚至可以说是跨学科研究或综合研究的最早努力之一。因此，在今天的语境下讨论财政社会学的学科归属不是讨论其在传统学科分化框架下的学科归属，而是在学科综合化发展框架下的学科归属。从当前学科分类来看，财政社会学也许可以归为经济社会学①或新政治经济学②的二级学科，但经济社会学和新政治经济学都不能算是独立

① 按照熊彼特在《经济分析史》中的论述，他在社会学方面所做的努力，应该是他心目中广义经济学的一部分，因为熊彼特将经济学分为经济理论、经济史、经济统计和经济社会学四个部分。因此，一种可行的选择是将财政社会学看作是经济社会学的二级学科，如斯威德伯格（2005）就将财政社会学定义为“政治的经济社会学”。

② Backhaus（2002）曾呼吁通过复兴财政社会学使政治经济学获得新生。而在 Moss（2002）主编的《新政治经济学》中更是将财政社会学摆在显要位置，排在宪政经济学（constitutional economics）、奥地利学派（austian school perspectives）和转型经济学（new perspectives on transition economics）之前，仅次于历史学派（historical perspectives）。同时，如果考虑诺思、布坎南和奥尔森等为代表的财政社会学思想和理论，财政社会学作为一门综合性学科，不仅要运用社会学的研究方法和研究成果，还要综合运用经济学、历史学、法学、政治学的研究方法和研究成果，而这显然更符合新政治经济学的学科特色和创立者的期望。

的学科，而是学科群，其研究领域往往出现重叠，在研究方法上也都具有综合性特色，而这也许本身就是跨学科研究的共同特点。对于财政社会学来说，其所关注的问题有时可能属于一门当前既定的学科，有时又不属于。因此，对于财政社会学的未来发展来说，可行的选择是：我们应该根据具体问题从一定角度来探讨问题，而最佳的角度应该是能对问题解决获得最大进展的角度。正如奥尔森所说："人们对学科或多学科研究的必要不能有任何先入之见，研究的质量依赖于问题的重要性和分析的路径，而不依赖于它如何分类。"（转引自斯威德伯格，2003）也许某一天我们可以自豪地宣称，财政社会学就是财政社会学本身，它不必依赖现有学科分类取得自己的定义和地位。

（四）财政社会学的未来

对财政社会学未来的发展来说，McLure（2003）的判断是完全正确的，即"在一个可以接受的关于新财政社会学的方法论和分析框架出现前，财政社会学近年来的发展只是构造性的和临时性的"。基于财政社会学的奥地利传统来说，财政社会学理论又可称为新财政史理论。尽管近年来欧洲兴起了新财政史学，但它还只能是对熊彼特（Schumpeter，1954）所主张的"财政史观"在欧洲史研究中的具体应用，还不能构成一个完整的、有价值的新财政史理论①。但新财政史学给我们一个重要启示，那就是以财政社会学的奥地利传统为基

① 在新财政史学家（Bonney，1995，1999；Ormrod and Bonney，1999）看来，财政制度的历史变迁包含了人类社会历史变迁的内在逻辑，欧洲的历史可以看作是从贡赋国家（tribute state）经过领地国家（domain state）和税务国家（tax state）最终转变为财政国家（fiscal state）的过程。其中，财政国家被作为新财政史观国家发展的最高阶段，是现代国家的形式。在财政国家下，国家既能够用借贷手段解决当前巨大支出需求，又能够用未来的税收保证自身偿还债务的能力。贡赋国家、领地国家和税务国家是熊彼特（Schumpeter，[1918] 1954）基于财政收入来源进行的国家分类，但新财政史学所提出的"财政国家"却与这种基于收入来源的分类标准不一致，另外，从新财政史学对"财政国家"的定义来看，如果按照熊彼特的分类方法，应该是债务国家（debt sate），但债务国家的性质取决于其偿债资金的来源，而从新财政史学的定义来看，其偿债主要是未来的税收，这样一来，其"财政国家"实际上仍是"税务国家"。历史事实是，新财政史学所称的"财政国家"很多已经因各种原因陷入债务的泥潭无法自拔，而"财政国家"这一概念对于分析解决这一问题却没有帮助，因为在它的定义中，这种情况是不应该出现的。

础，通过丰富和发展熊彼特（Schumpeter，1954）基于财政收入来源的国家分类思想，并在一个较完整的国家分类谱系下重新阐释并拓展葛德雪和熊彼特等的财政社会学思想，而托克维尔、韦伯、希克斯、诺思、布坎南、哈耶克和奥尔森等人的研究则为一个新财政社会学理论框架的形成提供了坚实的思想支撑。

三　财政社会学视野下的财政学基础理论创新

新时期财政学基础理论创新的主要任务在于形成一个可供讨论的关于财政与国家治理体系、治理能力及其成效的公共思考框架，从而可以将国家治理过程作为一种一般性的社会过程和历史过程来理解。考虑到不同国家不同历史时期的治理实践及其绩效的差异，财政学基础理论创新应该能够解释国家治理的异质性、多样性和可塑性，而从财税体制改革的实践来说，在一个宽广的理论体系中构建一个理智的、具有历史感和明确价值导向的思考框架显得尤为重要。虽然我们不必像兹尔坦一样主张“所有的财政学，就是财政社会学”（转引自坂入长太郎，1987），但财政学基础理论创新在财政社会学的视野下会更加清晰。在刘志广（2012）所提出的新财政社会学理论框架基础上，本文整理提出财政学基础理论创新主要包括但不限于以下十大方面，即方法论、人性论、学科论、政府论、收支论、分权论、发展论、变迁论、预算论和规则论等。主流财政学以及其他财政学思想流派的相关内容可以在这一框架下得到有效整合。当然，在此所提出的内容和观点都需要经过理性讨论并通过财政史与社会经济发展史研究的证明与修正。

（一）方法论

正如前面所指出的，葛德雪和熊彼特所说的“社会学”方法更接近孔德的原生定义，但孔德的社会学思想却带有深厚的整体主义方法论的特征，与当今社会尊重和解放个体的发展需求不一致，另外，我们也必须放弃孔德试图模仿自然科学而使社会科学变得更加“科学”

的信念和做法。就财政学基础理论创新所要完成的任务来说，应坚持制度个人主义方法和历史比较研究法。

阿加西（Joseph Agassi）在阐述波普尔（Popper）的个人主义观点和其他的个人主义观点的关系时，提出了“制度个人主义”（institutional individualism）为核心的研究方法[①]，制度个人主义方法把个人行为作为分析的起点，这符合社会科学中的方法论个人主义研究规范，同时，制度个人主义告诫我们不可能在制度真空中分析个人行为。这样一种制度个人主义与哈耶克（2003）所强调的真个人主义的内涵是一致的[②]，它源自苏格兰和英格兰知识传统，而与源自笛卡尔式唯理主义基础的个人主义相对立。

历史比较研究方法主张解释历史的取向而非对历史的事后合理化，而解释的价值则在于波普尔（1999）所说的“解释的丰富性和阐明历史事实的能力，解释的魅力和阐明当今问题的能力”。但解释历史不是主张历史主义[③]，因为“不可能有‘事实如此’这样的历史，因为历史可以有各种解释，而且没有一种解释是最终的，每一代人都有权形成自己的解释，他们不仅仅有权形成自己的解释，而且有义务这样做，因为的确有一种寻求答案的紧迫需要，我们可以沿着它

---

① 波普尔（1999）在《开放社会及其敌人》一书中批判柏拉图的集体主义时提出了个人主义的关键问题。阿加西是波普尔的学生，区分了制度个人主义（institutional individualism）和心理个人主义（psychologistic individualism），比较详尽地讨论了“方法论”个人主义这个术语的渊源及其主旨。有人认为阿加西的制度个人主义是对还原主义和整体主义的折中，我认为不是如此。阿加西的观点应该说既反对整体主义方法论，又从本质上区别于原子论式的还原主义方法论。这种制度个人主义“既不假设合作必然存在，也不希望解释所有的合作，而是在假设存在某些合作的前提下去解释另一些合作的存在。那种认为如果不能做到不以任何制度为假设前提就不能对制度做出满意解释的观点是错误的”（转引自Rutheford，1996）。

② 在哈耶克（2003）看来，孤立个人主义是对个人主义的误解，正如哈耶克（2003）所指出的，那种认为个人主义乃是一种以孤立的或自足的个人的存在为预设的（或者是以这样一项假设为基础的）观点是“若干一般误解中那种最为愚蠢的误解了”，“如果这种愚蠢的观点是正确的，那么显而易见，个人主义对于我们理解社会来说也就毫无助益可言了”。因此，真个人主义乃是一种试图使社会现象得到人们理解并主张个人理性有限的个人主义，而不是一套有关孤立个人的权利主张或者任何一套有关个人性质为理性体的假设。

③ 波普尔（1999）认为，“历史主义者没有认识到历史的解释应该符合一种需要，这种需要来自我们所面对的实际问题和选择”。

找到我们感受到，并且所选择的主要使命的答案”（波普尔，1999）。对历史解释来说，没有比较就没有解释，合理解释只能通过合理比较作出。

（二）人性论

休谟（1980）曾说过，“一切科学对于人性或多或少有些关系，任何学科不论与人性离得多远，它们总会通过这样那样的途径回到人性……任何重要问题的解决关键，无不包括在关于人的科学中间”。因此，财政学基础理论创新必须重视人性论，财政与国家治理之间关系的异质性、多样性和可塑性应该以鲍尔斯（2006）所强调的人的异质性、多样性和可塑性特征相吻合，但我们不必陷入本质论之争，我们的目的是建立一个能够演绎出众多财政学和其他社会科学分析主题的人性论。在制度个人主义方法下，个人利益是一个普遍存在的、无可争辩的事实，因此，我们最好重新回到现实世界中具体的人，来研究社会中具体的人的行为倾向或特征，巴斯夏（1995）的“需要—努力—满足”模型为我们提供了探寻与整合的基础。

在巴斯夏（1995）看来，“需要（wants）、努力（effort）和满足（satisfaction）”这三个词包容了人类的命运，但“需要”和“满足”天然统一在同一个人身上，只有“努力”是可以分离的，即一个人的需要完全可以通过别人的努力来得到满足。因此，“社会原理和政治经济学的根源，不应到需要和满足中去寻找，而应该到中间那个词，即人的努力中去寻找”（巴斯夏，1995）。努力的转移这一客观事实本身导致了社会的产生，而努力转移的两种基本形式即自由交换和掠夺既映射了人性的基本倾向，也是社会或国家兴衰的根源。巴斯夏（1995）认为是人类的自由交换倾向创造了社会并在社会中推动了崇高趋向，这与亚当·斯密（1972）的认识保持了一致[①]。除自由交换

① 亚当·斯密（1972）认为，“引出上述许多利益的分工，原不是人类智慧的结果，尽管人类智慧预见到分工会产生普遍富裕并想利用它来实现普遍富裕。它是不以这广大效用为目标的一种人类倾向所缓慢而逐渐造成的结果，这种倾向就是互通有无、物物交换，互相交易”。同时，亚当·斯密（1972）还强调这种倾向“为人类所共有，亦为人类所特有”。

外，巴斯夏（1995）认为“还有一种倾向也是所有人所共有的，那就是：如果可能的话，就以他人为代价来求得自己的生存和发展。”这与休谟（1980）曾指出的人性中具有“各人都在找寻借口，要想使自己省却麻烦和开支，而把全部负担加在他人身上”的弱点的观点也是一致的[①]。人性的这两种倾向可以得到实验经济学的支持，如Loewenstein 等（1989）所记载的人性实验[②]。

但在一个社会中，对于大多数人来说，哪种人性倾向主导人的行为主要取决于行为所面对的环境，津巴多（2010）所进行的斯坦福监狱试验为此提供了心理学支持。从人性的这两种倾向中可以内生出自由交换、掠夺、分工、合作、产权、国家—政府等一系列重要的社会科学研究主题。由于掠夺“这一成分深深影响着整个社会机制，骚扰我们极力揭示和描绘的协调法则，将它们弄得面目全非”（巴斯夏，1995），因此，要实现社会公平正义和长久繁荣，社会科学包括财政学最为重要的任务就在于揭示各种掠夺形式的存在并研究怎样限制或取消掠夺。

（三）学科论

财政学与经济学之间历史渊源深厚，重建财政学基础理论并不需要割断与经济学的联系，而是在经济学基础理论重建的基础上重建财政学与经济学和其他社会学科的联系。经济学虽然是唯一被授予“诺贝尔奖”的社会科学，但是经济学家并未在“经济学是什么”这一根本性的问题上达成共识，其中最为著名的分歧即是关于经济学是“选择的理论”还是“交换的理论”的“罗宾斯—布坎南之争”（刘

---

① 事实上，当亚当·斯密（1972）提到“同业中人甚至为了娱乐或消遣也很少聚焦在一起，但他们谈话的结果，往往不是阴谋对付公众便是筹划抬高价格”时，他也关注到人性的这种弱点，并因而揭示了自由交换之外的经济过程的另一面。

② Loewenstein 等（1989）在实验中区分了圣人、忠贞的人和无情的人，“圣人始终偏好平等，他们不愿意接受比另一方更高的支付，即使他们和对手处于消极关系中……忠贞的人在中立的或积极的人际关系中不愿意接受更高的支付，但是当处于消极关系中时会寻求有利不平等……无情的人不论人际关系的类型如何，始终偏好于比另一方高出一等。”他们的实验给出的数据是，在他们的实验对象中，22% 的人是圣人，39% 是忠贞的人，29% 是无情的人。

志广，2010）。经李嘉图比较优势概念、马歇尔“纯生产者—纯消费者”两分法后，再经门格尔与施穆勒之争特别是罗宾斯（Robbins）将经济学定义为关于“选择的理论”（a theory of choice）之后，主流经济学就进入到形式化和数理化的发展轨道，资源配置理论成为主流经济学的中心，在其研究中，经济组织被看成是给定的，而市场则成为一个“黑箱”，成为一个抽象的概念而不具有实质的研究内容。布坎南（Buchanan，1964）直接以罗宾斯（Robbins）为论战对象，深入阐述了经济学家应该分析交换而非选择的理由。简言之，布坎南（Buchanan，1964）认为“选择的理论”分析的是技术问题，因为在给定偏好、效用函数和约束条件的情况下，其答案是确定的，但经济学家应该分析的是以不确定性为基本特征的经济问题。

在“选择的理论”下，经济学研究的是稀缺手段与多样化目的之间的关系，而在“交换的理论”下，经济学研究的是人与人之间的交换关系。这种研究主题的差异导致了基本方法论的重大差别，前者奉行的是孤立的个人主义或是哈耶克所说的伪个人主义，而后者则是哈耶克所称的真个人主义，与制度个人主义方法论相一致。将经济学重新定义为“交换的理论”，不仅使经济学回到了真实的经济世界，同时也使经济学进一步明确自己在知识分工中的地位，并建构起经济学与政治学、伦理学和社会学等其他社会科学的有机联系，它是经济学试图恢复其“早期的理解力”的努力（刘志广，2010）。当然，我们可以将这种“交换的理论”称为新政治经济学，而将财政学基础理论创新置于“交换的理论”的框架下是可接受的，同时也是目前较好的选择。

（四）政府论

财政是政府的收支活动，因此无论何种财政思想的建构都离不开与之相匹配的政府理论，其重点是解释政府因何而产生或建立政府的社会基础是什么。在财政学基础理论创新中将“国家”与“政府”这两个概念区分开来是有益的，“国家”代表秩序（order）或治理体系，意味着对个体行为的禁止、限制、保护和解放，而“政府”则是一个组织（organization），为追求自身的目标而行事。事实上，社会科学中绝大部分的国家理论都是政府理论。财政学基础理论创新需要解释政府遵循怎样的规则进行收支活动，在不同规则下的政府收支活动是怎样塑造着不同的国家秩序并带来了不同的治理结果或绩效。

关于政府理论主要有契约论和暴力论或掠夺论两大思想传统，主流财政学的政府理论主要是立足于生产者的社会契约论，它需要很强的限制性条件以解决生产者集体行动的困境，但正是这些严格的限制性条件决定了这种政府理论的非现实性。从掠夺者的角度而非生产者角度思考政府理论更具现实性和建设性，诺思（1994）和奥尔森（Olson，1993）都看到了纯粹掠夺论的局限性，即它无法解释政府提供公共服务的动机和行为以及掠夺性政府对社会福利增进的正面作用。这和马克思的观察和思考也是一致的，马克思在批判国家的阶级性的同时，也一再强调国家机器相对于统治阶级的自主性和公共性（郁建兴，2007）。诺思（1994）通过“暴力潜能”分配这一概念来综合契约论和暴力论，奥尔森（Olson，1993）则用“共容利益”（encompassing interest）这一概念来发展掠夺政府理论。绝对的掠夺性政府和绝对的契约性政府就像一条线的两个端点，历史中的政府都处在这两点之间，因此，我们可以在奥尔森（Olson，1993）所提出的掠夺政府理论基础上整合诺思（1994）的暴力潜能分配思想和韦伯（1997）的“任何权力都必须为自己辩护”的合法性思想，从而将掠夺性政府理论动态化，使之可以朝契约性政府转变。

我们可以参照布伦南和布坎南（2004）的做法，将“政府”看作是谋求收入最大化或更多财政收入的利维坦，在“共容利益”的激励下，政府将实施有节制的掠夺并为社会提供必要的公共服务，暴力潜能的分配格局以及合法性诉求将成为其获取财政收入的约束条件。对于掠夺性政府来说，一切财产权利和经济权利（可合称为产权）都是属于政府的，掠夺的本质就是对产权的侵犯（巴斯夏，1995）。财政制度可以被认为是产权的“制度性调配”载体，它通过收支规则与收支活动的具体安排实现对产权的界定和配置，从而决定了不同社会主体的责权利结构即国家秩序对个体行为的禁止、限制、保护和解放。因此，财政制度是一个国家最为基本的制度安排，这是我们理解财政与国家治理间关系的认识基础。

（五）收支论

不能简单地将财政收支理解为国家分配，其背后更具实质意义的是对社会权利结构的界定与塑造。财政收入与财政支出间存在紧密的互动关系，但对于决定政府和国家秩序的性质来说，分析财政收入显得更加重要。正如诺思和托马斯（1989）、诺思（1994）所揭示的，政府往往因财政收入需要创立和实施产权。这使我们可以在“交换的理论”下研究财政收入与社会权利结构间的关系。与财政收入的征取方式和财政收入形式相比较，财政收入来源更具分析价值，正如 Moore（2004）所指出的，“不同的国家收入来源对于解释国家秩序之间以及它们如何与其国民交往之间存在的差异显得十分关键”。

综合各类研究和历史材料，我们可以将财政收入的具体来源分为贡纳（tributes）、租金（rents）、利润（profit）、税收（taxes）、关税（tariffs）和公债（bond）。我们可以采用“理想型”（ideal type）做法将财政制度分为六类，即贡纳型财政制度、租金型财政制度、利润型财政制度、税收型财政制度、关税型财政制度、公债型财政制度。同时，由于财政制度对国家秩序或治理体系的“立宪性”规定，我们也可将与上述六种财政制度类型相对应的国家秩序分别称为贡纳国家、租金国家、利润国家、税务国家、关税国家和债务国家，其中关税国家主要是小国且不常见，而债务国家的性质主要取决于其偿债资金的来源。在不同的财政制度下，甚至在同一财政制度下财政收入形式不同，如不同税种安排等，不同人（群）行为所受到的禁止、限制、保护和解放是不一样的，而这也正是社会权利结构或国家秩序的实质性内涵。一个现代国家是税收国家，它最接近于契约型政府，税收型财政制度、市场经济和现代国家是三位一体的。不同财政收入来源，将财政汲取能力等同于国家治理能力是极其错误的，它在实践中往往导致的是曼（2002）所说的任意性权力（despotic power）的扩张而非渗透性权力（infrastructural power）的提升，前者是传统国家治理能力，后者是现代国家治理能力①。税收虽然代表的是现代国家治理能力，但不同的税种对国家治理能力的要求是不一样的，直接税比间接税对国家治理能力的要求更高，而财政收入的征取方式、征收形式等也会对国家治理体系优化和治理能力提升产生正面或负面的影响。

财政支出方向决定财政收入来源，正如葛德雪（Goldscheid，[1925] 1958）曾指出的，“只要你告诉我你们是怎样和从何处取得收入的，我将指出你们支出预算的式样”。虽然具有共容利益，但在贡纳型、租金型和利润型财政制度下，其财政支出主要是维护既定的合法性诉求和财政收入条件，是一种消极性支出；只有在税收型财政制度下，因政府更多呈现契约型政府色彩，财政支出才会惠及更多的人群并顾及人本身的发展，显示出其积极支出特征，此时，森（2002，2012）所说的可行能力和社会正义可以作为考量财政支出方向及其成效的主要标准。

（六）分权论

财政分权理论主要是指财政联邦主义理论，无论是着眼于公共物品最佳提供的第一代财政分权理论，还是着眼于机制设计和激励相容的第二代财政分权理论，其理论框架都是新古典经济学，即“选择的理论”，因此，其关注点都主要是经济增长和资源配置。但在“交换的理论”的框架下，财政分权首先意味着财政权的制衡，主要包括两个层面，一是社会对政府财政权的制衡，二是不同层级政府间的财政权制衡。社会对政府财政权的制衡是随着政府财政收入日益依靠税收而逐渐扩大的，社会在此的含义主要是指不同于政府这种具有公权力的社会组织和个人。这使我们可以进一步讨论代议制机构与行政机构

① 任意性权力是指国家精英被授权制定和实施政策而无须经过与社会中相关团体的程序化的、制度化的谈判，其对社会的管理以粗放式技术（extensive technology）为主要特征；而渗透性权力则是指那种真正嵌入社会当中而又能保证国家不受既得利益集团左右的制定和实施政策的能力，其对社会的管理以集约式技术（intensive technology）为主要特征。根据曼（2002）的观点，国家在从传统国家向现代国家转变过程中，将逐渐失去任意性权力但却逐渐获得了渗透性权力。因此，我们可以认为，传统国家能力以任意性权力为基础，其自主性追求的是对社会的控制能力；而现代国家能力以渗透性权力为基础，是以嵌入式自主（embedded autonomy）为基础的治理（governance）能力。

在具体财政权配置方面的差异并从西方民主制发展历史中汲取营养。而当将政府间财政分权也首先理解为一种财政权制衡关系时，我们就可以确立不同层级政府间关系的底线，使地方政府在维护地方利益时具有其自主性。

在不同国家中，这种基于财政权制衡的财政分权关系是复杂多样的，甚至在同一个国家中也可能出现不同的财政分权关系，但相比较而言，社会与政府间的财政分权关系与不同层级政府间财政分权关系相比更加重要，它代表了政府能够在多大程度上赋予社会自由活动的空间或 Dahrendorf（1979）所说的生活机会（life chance），以及在多大程度上促进了森（2002，2012）所强调的可行能力和社会正义的改进，它们反过来构成对政府财政权力及政府间财政分权的制约并促进其合理化。只有当政府与社会间财政分权相对于政府间财政分权来说取得优势时，政府的契约性色彩才能逐渐累积。

（七）发展论

当政府财政收入主要依靠贡纳、租金或利润时，其产权结构虽有差异，但其共同点则是等级化，可以被纳入“特权—非特权”的二元框架之中。在这一框架下，不同等级的产权拥有者在社会交换中拥有采取不同行为来获取利益的权力，即其行为的禁止、限制、保护和解放条件是不同的，社会交换是以不自愿非平等为特征的。由于贡纳、利润等也是一种广义上的租金，而政府要取得租金就必须限制进入、限制竞争，因此，从国家秩序的角度来说，特权—非特权社会与诺思等（North et al.，2009）所提出的“限制进入的秩序”（limited - access order）这一概念的内涵是一致的。但在税收型财政制度下，由于税收是基于普遍性原则而设计和征收的，因此，它实际上是对传统特权的限制和取消，其产权结构呈现平等化特征，其国家秩序与诺思等（North et al.，2009）所提出的“开放进入的秩序”（open - access order）这一概念的内涵相吻合。在基于财政收入来源的“特权—非特权”或“限制进入的秩序—开放进入的秩序”的框架下，我们可以讨论实现现代国家治理需要围绕“限制和取消特权”来解决各种主要矛盾与问题，因此，社会公平正义和经济发展等重要议题都可纳入其中。

以经济发展分析为例。经济发展表现为劳动生产率的增长，其源泉在于分工深化与市场拓展。亚当·斯密（1972）不仅从分工利益分配的角度提出了游惰阶级和勤劳阶级两阶级划分框架，更是指出经济发展取决于分工利益在二者之间的分配比例。我们可以由此演绎出分工利益在“特权—非特权”者之间的分配及其影响。由于贡纳、租金或利润型财政制度作为一种限制进入的秩序，是通过精英特权来维系忠诚的，特权以及人们对特权的追逐会严重破坏社会的生产性分工和市场拓展，从而限制了经济发展水平。税收型财政制度虽然与经济发展相一致，由于人性的弱点，在税收型财政制度下依然存在大量追寻特权的活动，包括利用税收政策的制定，正如熊彼特（Schumpeter, ［1918］1954）所指出的，“税收一旦产生，它就成为一柄把手，各种社会力量都能够握住它，从而变革社会结构”。此外，税收型财政制度在促进社会分工深化和市场拓展的同时，也促成了大企业的产生，它们很容易受操纵分工利益的分配。因此，限制利益集团政治和政党政治、限制大企业滥用经济权利和保护消费者权利成为税收型财政制度下限制和取消特权的重要内容。

（八）变迁论

熊彼特（Schumpeter, ［1918］1954）认为，一种新的财政制度取代原来的财政制度不仅意味着国家本质的改变，而且意味着“经济将在新的道路上被新的动力所驱动，社会结构不能维持不变，生活方式及其文化内涵、个人的精神面貌等，所有这一切都将改变”。从逻辑上说，导致政府产生和一定财政制度建立的原因应该也是导致财政制度和国家秩序转换的原因，而财政压力往往是直接的诱因。所以马克思说，欧洲从18世纪初没有一次严重的革命事业，没有商业危机和财政危机。而熊彼特（Schumpeter, ［1918］1954）更是强调：“在社会转折时期，现存的形式相继殒灭，转变为新的形式，社会的转折总是包含着原有的财政政策的危机。”

但是由于政府在面对财政压力时往往采取权宜之计，这往往使得财政制度变迁并非朝着理想的方向迈进。财政制度的变迁并非顺着某种方向依次演进，一个国家可能经历了上述各种财政制度，也可能只经历了其中的少数几种，有可能先经历某种财政制度，再经历另一种财政制度，其具体选择取决于特定的历史情境和外部条件，特别是政府的短期财政利益。正如托克维尔（1992）所言，“你将会发现某项财政措施，原来是权宜之计，后来却转变为制度。你会看到，为了偿付一天的债务，竟确立了维持几个世纪的新权力机构”。但是，在看到这一点时，我们还应该回想汉密尔顿（1980）曾追问的问题，即“人类社会是否真正能够通过深思熟虑和自由选择来建立一个良好的政府，还是他们永远注定要靠机遇和强力来决定他们的政治组织”。事实上，近三百年来各国的经验表明，人类反思能力的发展使我们有可能通过理性选择而走向或努力巩固税收型财政制度，这无疑是走向和维持善治的重要基础。

此外，我们还可以由财政制度变迁研究国际秩序的变更与优化。Hobson（1997）认为关税保护主义和贸易政策都建立在政府财政基础上，由此，我们可以进一步梳理政府财政制度变迁与国际经济关系演变的内在联系：不存在抽象的国际经济关系，贸易保护主义与自由贸易之争是国际经济关系演变的基轴，特定国家的特定国际经济政策主张是其国内财政制度与财政利益的延伸。也就是说，一个国家的国际经济政策要服从和服务于其国内政府财政制度和产权结构安排。在现代民主制下，一个国家的国际经济政策是政府与其财政利益主要依靠对象之间实现“共容利益”的政策选择。由于主要国家在国际经济事务中起到支配性作用，因此，国际经济关系主调由世界主要国家财政制度安排所决定。

（九）预算论

熊彼特（Schumpeter，［1918］1954）曾引用葛德雪在1917年著作中的一句话，即“剥去一切误导性的意识形态，预算才是一个国家的骨骼（skeleton）”。这也说明了预算理论在财政学基础理论创新中的地位，神野直彦（2012）甚至认为，正是因为在市场经济社会中，“政府的一切活动都被集中纳入预算，以此现象为研究对象的财政学才得以作为独立的学科而确立”。

我们既不能简单地将预算理解为对一定时期内政府收支的预期、计划，因为预算“是一种具有强制力保证的、有约束力的文件”（神野直彦，2012），也不能简单地将预算理解为民众控制政府的手段，因为民众的“财政幻觉”和财政民主主义等最终会导致预算失去平衡并带来国家秩序的巨大改变。我们应该像威尔达夫斯基（2010）一样，将预算看作是一种新的社会契约，它和治理是同义语。预算反映着社会秩序，“明智的预算必然反映协调的社会秩序，协调的社会秩序也必然带来明智的预算”，同时，预算更是塑造社会秩序的基本力量，因为“如果一个国家正在经历预算基本方式的变革，或是预期预算关系即将发生改变时，则必然可以推知其社会秩序也将发生剧烈变动”（威尔达夫斯基，2010）。因此，预算对所有国家来说都是一个重大问题，而且在今天也成为对大多数国家来说都是非常严重的问题，分歧已经取代了很多过去的共识，并诱发和酝酿着多重社会危机。由于政府财政政策使用的日益频繁，财政政策问题应该成为预算论中的重要内容。从这个意义上说，预算论主要是预算改革论，它实际上取决于财政学其他方面基础理论研究的进展。美国曾因预算改革而步入国家治理的“进步时代”。

（十）规则论

规则论主要是指财政立宪（fiscal constitution）论。布坎南（1993）曾指出，“在财政理论中，一般正像在政治学中一样，学者们需要更多地注意制定产生最终结果的规则或制度……只有通过改进产生结果的制度，才能够改进配置或结果，而只有意识到并理解了制度在整个民主过程中的适当作用，才能够改革制度”。而这里所谓的“制度在整个民主过程中的适当作用”即布坎南（1993）所强调的，“个人和集团必须认识到制度的连续性的重要性，以及民主过程对坚定地坚持这种连续性的依赖”。但在实际的财政运行中，这种制度的连续性往往因利益集团政治和现代政党政治利用少数服从多数的财政民主主义而遭到破坏。为此，布坎南和塔洛克（2000）从概念上和分析上区分了立宪层次上的规则的选择和操作层面的政策选择，并希望通过一致同意规则来防止在立宪层面的规则选择上发生利益集团之间的党派斗争。这就给我们提供了规范思考的框架，我们在承认利益集团之间的冲突与民主过程相一致的同时，需要通过财政共和主义来限制财政民主主义。

无论是从财政立宪的规范分析传统，还是从财政立宪在典型国家的成功实践来说，其根基都主要是财政共和主义而不是财政民主主义。财政民主主义坚持多数至上原则，而财政共和主义主张为了促进公民共同的、公认的利益必须从程序和内容两个方面限制多数至上原则。财政民主主义只有在财政共和主义下才能保证财政立宪目标的实现。利益集团的分配性努力和现代政党政治诱使混淆立宪层次财政规则的选择和财政立宪下财政政策的选择，从而以财政民主主义替代财政共和主义，进而导致财政立宪失败。对于财政立宪的讨论还必须关注两个方面：一是宪法不是在罗尔斯“无知之幕”背后制定的，如美国宪法体系虽然在200年后仍然有效，但宪法制定者们也知道他们自己的利益，“文档中奴隶的买卖以及禁止出口税都是当时政治的反映，而不是布坎南的‘可一般化的公平标准’——该标准将推行一致同意”（迪克希特，2004）。二是由于规则可以被重新解释，其潜在的假定也会按照政府的偏好而改变，进而导致原有的财政立宪在长期中面临失效，而具体情势的变化也会要求财政立宪做出相应的调整。因此我们必须将财政立宪看作是一个动态的过程，并谨防财政民主主义上升到财政立宪层面，而这也意味着以税收型财政制度和税收国为基础的现代国家的构建也是一个持续的过程。

货币权是财政权的重要组成部分，熊彼特（Schumpeter，［1918］1954）所强调的财政史应该“包括主要金融制度的历史——它们的起源、发展及其衰落”（Myers，1970）。特别是“在现代工业社会，政府是最大的金融单位——最大的收入者、最大的借款者和最大的支出者”（Myers，1970），其财政活动与货币市场紧密联系在一起，因此，“货币在任何关于国家扩张的讨论中都处于中心位置”（Bonefeld and Holloway，1995）。我们可以将独立于政治压力的中央银行看作是财政立宪的重要组成部分。而且考虑到货币在当今世界的重要地位，货币立宪非常有必要比财政立宪更为严格（布伦南和布坎南，2004）。

参考文献：

[1]［德］韦伯：《经济与社会》，林荣远译，商务印书馆 1997 年版。

[2]［法］巴斯夏：《和谐经济论》，许明龙等译，中国社会科学出版社 1995 年版。

[3]［法］托克维尔：《旧制度与大革命》，冯棠译，商务印书馆 1992 年版。

[4]［美］鲍尔斯：《微观经济学：行为、制度和演化》，江艇等译，中国人民大学出版社 2006 年版。

[5]［美］布坎南：《民主财政论》，穆怀朋译，商务印书馆 1993 年版。

[6]［美］布坎南、图洛克：《同意的计算》，陈光金译，中国社会科学出版社 2000 年版。

[7]［美］布伦南、布坎南：《宪政经济学——征税权》，冯克利等译，中国社会科学出版社 2004 年版。

[8]［美］迪克西特：《经济政策的制定：交易费用政治学的视角》，刘元春译，中国人民大学出版社 2004 年版。

[9]［美］汉密尔顿：《为〈独立日报〉撰写（第一篇）》，载［美］汉密尔顿、杰伊、麦迪逊：《联邦党人文集》，程逢如等译，商务印书馆 1980 年版。

[10]［美］津巴多：《路西法效应——好人是如何变成恶魔的》，孙佩妏、陈雅馨译，生活·读书·新知三联书店 2010 年版。

[11]［美］诺思：《经济史中的结构与变迁》，陈郁等译，上海三联书店、上海人民出版社 1994 年版。

[12]［美］威尔达夫斯基：《预算与治理》，苟燕楠译，上海财经大学出版社 2010 年版。

[13]［日］坂入长太郎：《欧美财政思想史》，张淳译，中国财政经济出版社 1987 年版。

[14]［日］神野直彦：《财政学——财政现象的实体化分析》，彭曦等译，南京大学出版社 2012 年版。

[15]［瑞典］斯威德柏格：《经济社会学原理》，周长城等译，中国

人民大学出版社 2005 年版。
[16] [瑞典] 斯威德柏格:《经济学与社会学》,安佳译,商务印书馆 2003 年版。
[17] [印度] 阿马蒂亚·森:《以自由看待发展》,任赜、于真译,中国人民大学出版社 2002 年版。
[18] [印度] 阿马蒂亚·森:《正义的理念》,王磊等译,中国人民大学出版社 2012 年版。
[19] [英] 波普尔:《开放社会及其敌人(第二卷)》,郑一明等译,中国社会科学出版社 1999 年版。
[20] [英] 哈耶克:《个人主义与经济秩序》,邓正来译,生活·读书·新知三联书店 2003 年版。
[21] [英] 迈克尔·曼:《社会权力的来源》(第一卷),刘北成、李少军译,上海人民出版社 2002 年版。
[22] [英] 斯密:《国民财富的性质和原因的研究》(上),郭大力、王亚南译,商务印书馆 1972 年版。
[23] [英] 休谟:《人性论》,关之运译,商务印书馆 1980 年版。
[24] Backhaus, Fiscal Sociology: what for? *American Journal of Economics and Sociology*, Volume 61, No. 1, 2002, pp. 55 – 77.
[25] Bonefeld and Holloway (eds.), *Global Capital, National State and the Politics of Money*, St. Martins Press, 1995.
[26] Bonney, *Economic Systems and State Finance*, Oxford: Clarendon Press, 1995.
[27] Bonney, *The Rise of the Fiscal State in Europe c.* Oxford: Oxford University Press, 1999, pp. 1200 – 1815.
[28] Campbell, The State and Fiscal Sociology, *Annual Review of Sociology*, No. 19, 1993, pp. 163 – 185.
[29] Dahrendorf, *Life Chances: Approaches to Social and Political Theory*, Chicago: University of Chicago Press, 1979.
[30] Goldsheid, A Sociological Approach to problems of Public Finance [1925], translated by Elizabeth Henderson, in Musgrave and Pea-

cock (eds.), *Classics in the Theory of Public Finance*. London: Macmillan Press, 1958.

[31] Hobson, *The Wealth of Sates: A Comparative Sociology of International Economic and Political Change*, Cambridge University Press, 1997.

[32] Loewenstein, Thompson, and Bazerman, Social Utility and Decision Making in Interpersonal Contexts, *Journal of Personality and Social Psychology*, Vol. 57, No. 3, 1989, pp. 426-441.

[33] Lory, Tocqueville Pioneer of Fiscal Sociology, *European Journal of Sociology*, Vol. 51, No. 2, 2010.

[34] McLure, Approaches to Fiscal Sociology. Backhause (eds.), *Essays on Fiscal Sociology*, Peter Lang, 2005.

[35] McLure, *Fiscal Sociology*, www. utas. edu. au/economics/hetsa/HETSA% 20ABSTRACTS% 202003_ files/pdf_ papers/mclure. pdf, 2003.

[36] Moore, Revenues, State Formation, and the Quality of Governance in Developing Countries, *International Political Science Review*, Vol. 25, No. 3, 2004, pp. 297-313.

[37] Moore, *The New Fiscal Sociology in Developing Countries*. www. psa. ac. uk/cps/2004/Moore. pdf, 2003.

[38] Moss (eds.), *The New Political Economies: A Collection of Essays from Around the World*, Blackwell Publishing, 2002.

[39] Musgrave, Schumpeter's Crisis of the Tax State: An Essay in Fiscal Sociology, *Journal of Evolutionary Economics*, No. 2, 1992, pp. 89-113.

[40] Musgrave, Theories of Fiscal Crisis: An Essay in Fiscal Sociology, in Henry J Aaron and Michael J Boskins (eds), *the Economics of Taxation*, Washington: Brookings Institution, 1980, pp. 316-390.

[41] Myers, *A Financial History of the United State*, Columbia University

Press, 1970.

[42] Olson, Dictatorship, Democracy, and Development, *The American Political Science Review*, Vol. 87, 1993, pp. 567 – 576.

[43] Ormrod, Bonney and Bonney, *Crises Revolutions and Selfsustained Growth*, Stamford: Shaun Tyas, 1999.

[44] O'Connor, *The Fiscal Crisis of the State*, St. New York: Martin's Press, 1973.

[45] Peukert, Fritz Karl Mann, Backhause (eds.), *Essays on Fiscal Sociology*, Peter Lang, 2005.

[46] Rutheford, *Institutions in Economics: The Old and the New Institutionalism.* Cambridge: Cambridge University Press, 1996.

[47] Schumpeter, The Crisis of the Tax State, *International Economic Paper*, No. 4, 1954.

[48] 程念祺:《国家力量与中国经济的历史变迁》,新星出版社2006年版。

[49] 何帆:《为市场经济立宪——当代中国的财政问题》,今日中国出版社1998年版。

[50] 李炜光:《财政何以为国家治理的基础和支柱》,《法学评论》2014年第2期。

[51] 李炜光:《公共财政的宪政思维》,《战略与管理》2002年第3期。

[52] 李炜光、任晓兰:《财政社会学源流与我国当代财政学的发展》,《财政研究》2013年第7期。

[53] 刘守刚:《财政类型与现代国家的构建——一项基于文献的研究》,《公共行政评论》2008年第1期。

[54] 刘志广:《经济学:选择的理论还是交换的理论》,《上海行政学院学报》2010年第4期。

[55] 刘志广:《新财政社会学研究——财政制度、分工与经济发展》,上海人民出版社2012年版。

[56] 马克思、恩格斯:《德意志意识形态》,载《马克思恩格斯选

集》（第一卷），中共中央马克思、恩格斯、列宁、斯大林著作编译局编译，人民出版社 1995 年版。

[57] 郁建兴：《马克思国家理论与现时代》，东方出版社 2007 年版。

[58] 张宇燕、何帆：《由财政压力引起的制度变迁》，载盛洪、张宇燕：《从计划经济到市场经济》，中国财政经济出版社 1998 年版。

[59] 周育民：《晚清财政与社会变迁》，上海人民出版社 2000 年版。

探索作为学科的“财政政治学”

刘守刚[*]

（上海财经大学公共经济与管理学院　200433）

摘　要： 当前，学科体系中将财政学定位为经济学的一个分支，但这样的定位不能满足财政学科自身发展的要求，使财政学失去指导财政工作的能力，也不能满足中国现实政治发展对财政学的要求。因此，有必要接续国内外探讨财政学政治属性的传统，探索财政研究的政治学路径，发展财政政治学学科。财政政治学是财政研究的必要组成部分，在学科属性上可归为政治学。财政政治学可以在与财政经济学、财政社会学相互区分的基础上建立自己的研究对象和研究方法。

关键词： 财政研究　财政政治学　学科属性

就学科而言，财政学以财政领域内的活动为自己的研究对象。或者说，财政学区别于其他学科的标志，主要是自己的研究对象。因此，财政学本身似乎并没有特别的方法论属性。但在我国现行学科体系中，财政学被归属为应用经济学下的二级学科，由此在一般意义上，它被视为是一门用经济学方法来研究财政现象的学科。

但是，这种将财政学归类为经济学学科，以经济学方法论属性来界定财政研究活动[①]，给财政学带来诸多问题，甚至使其发展陷入

---

* 作者简介：刘守刚，上海财经大学公共经济与管理学院副教授、经济学博士、法学博士、政治学博士后。E－mail：liu893005@126.com。

① 事实上，所有的社会科学研究的都是同一个对象（变动不居的社会），学科之间的壁垒只是人为硬性界定的结果。因此现代学术史上一个有趣的现象是，一方面，学科之间被不断地人为分化，专业化分工和学科壁垒被不断地加强，对研究的专业化要求也越来越高；另一方面，由于人为界定的学科壁垒之间存在着未能得到说明的社会现象，这就需要不同学科进行合作研究，实行交叉和融合，于是再度人为地划分出边缘学科或者新的学科。

困境。

当然，当前财政学中出现的种种问题，不仅与不当的方法论要求有关，更为重要的是因为财政学未能适应财政领域的现实变化和要求。或者说，财政领域自身的变化和要求，使得财政学的范围必须扩展到经济学之外。

本文的任务，就是探索财政的政治学研究路径，或者说，运用政治的眼光来考察财政领域内的活动，为简单起见不妨将其称为“财政政治学”。采用财政政治学的研究路径，不仅是对长期以来财政学学科性质讨论的一种回应，更多的是满足中国现实经济变化和政治发展的要求。财政政治学研究，将不仅有助于财政学的提升和完善，也将有助于中国的财政转型与国家制度建设。

一　财政学的困境

财政学作为应用经济学下的二级学科，无论从学科、专业还是课程来看，在财经类高校或者综合性院校的经济学院中，似乎仍占有重要地位。但财政学科的确经历了从辉煌到落寞的变化，财政学的地位也确实陷入一定的困境中。

（一）从辉煌到落寞的财政专业

就专业来说，财政学和财政系“曾经阔过”。在20世纪80年代初期，财经大学（学院）中的财政系，除了财政、税收专业外，还包括金融、财务、投资等专业。无论专业设置、课程安排、招生就业，都曾经很是发达。但是，进入20世纪90年代以后，各财经高校的金融、财务和投资等专业，纷纷从财政系分离出去。财政专业的内容日益局限于财政部门的活动，即使这一内容，似乎也呈现出日益萎缩的趋势。比如说，财政管理已成为公共管理学的一部分，财政系中很少有学者进行专门研究；预算制度日益成为政治学者的话题，财政学者介入得并不多。甚至，随着国家税务总局在部门设置上与财政部平行后，税收学也出现脱离财政学的趋势。在注册会计师（CPA）考试的影响下，会计专业存在着将税收学课程纳入自身中的趋势。尤为重要的是，随着公务员录用考试制度的完善，任何专业的学生都可以通过公务员考试而进入到财政税收部门工作，此时财政系或者财政专业再声称自己“为财政、税务部门培养高级专门人才”，难免显得一厢情愿。为了摆脱困境，各高校纷纷调整财政专业，将其内容和某种市场活动相结合（如与资产评估、会计、管理等结合），或者设置新的专业并开设相应的课程。

财政专业的变化，其源头来自财政学学科对象的变化，而后者又是由现实财政活动所决定的。从学科对象来看，财政专业曾经的辉煌，是由1949年后建立的政治经济制度决定的。在当时，政治、经济、社会高度一统的现实状况下，几乎不存在什么自主的经济活动。那时国民经济活动基本上就是财政活动，即通过权力（政府命令）而非市场交易来驱动经济运行。当时的财政学，事实上相当于几乎所有的经济学，这也是当前众多财经（财政经济）大学的名称来源。因此，今天的许多非财政活动，在当时都属于国家财政活动，如企业财务活动是国有企业与财政部门间的资金运动，金融活动是财政资金的统一调度活动，投资活动是财政资金拨付与固态化的过程等。

但在1978年后，随着改革开放的进行，国家与社会、经济呈现出不断分离的趋势。前述的金融、财务和投资等活动，逐渐成为社会空间中的自主经济活动，不再属于财政活动。因此金融、财务、投资等专业从财政系中的分离，事实上是社会现实运动在高校学科和专业上的反映。

也就是说，财政专业从辉煌到落寞的变化，在相当大程度上是财政学科研究对象变化带来的。事实上，自大学诞生以来，已经有许多学科和专业因为现实研究对象的丧失而衰亡，比如说纹章学。幸运的是，只要国家在现实中尚未达到消亡的地步，为国家从社会中汲取资源的财政活动就不会消失。因此财政学的研究对象即使有变化，也不会真的消失。换言之，财政学科仍有长期存在的现实基础。

（二）财政学科发展中的问题

不过，现实基础的存在，并不能掩盖财政学科当前发展中所存在的问题。

财政学的困境并非今天才刚刚出现。20 世纪 90 年代初，在中国从计划经济向市场经济转轨的关键时期，财政学也曾出现过困境。原来适用于计划经济的财政学教材，被塞进了许多市场经济的内容，从而在财政学教学中出现“财政学体系凌乱、观点不一”（朱柏铭，2000）的现象。为了解决这一问题，各财经类高校大多引进了美国财政学教材，运用西方主流经济学的方法改造财政学的内容，从而形成一个相对完整的教学和研究内容体系。从财政活动视角看，这一体系主要包括：运用福利经济学准则（效率和公平）构造财政学的基础理论，运用市场缺陷理论阐明财政支出的理由，运用福利经济学准则探讨税收和公债的经济影响，运用财政联邦主义理论探讨财政管理制度等。在经济学这一名称日益成为西方主流经济学的同义词的大背景下，被归属到应用经济学下的财政学，其内容及体系得到了进一步的说明和强化。

上述做法解决了财政学的体系问题，并在一定程度上促进了财政学的教学和研究。但时至今日，该做法逐渐引发出新的问题，这也是当前财政学的最大问题，那就是它逐渐丧失了自己曾有的独立地位。在教学和研究活动中，财政学日益成为经济学的一部分，财政专业也慢慢成为经济学院（或经济系）的一个组成部分。也就是说，原来几乎包含所有经济学科的财政学，现在却成为经济学科的一个组成部分。从各高校专业设置来看，除了专业性的财经院校仍保留独立的财政系（或学院）外，其他高校特别是综合性大学都将财政专业置于经济学院之中，甚至不开设财政专业，只开设财政学课程。

由此需要探讨的一个问题是，财政学是否有必要拥有独立地位？将财政学仅仅视为经济学的一个分支是否足够支持财政学的发展，并为现实财政活动提供理论指导？

笔者认为，仅仅将财政学视为经济学的一个分支，将严重阻碍财政学的发展，并对财政学科的发展产生不利的影响。究其原因，有如下几个方面。

1. 将财政学定位为经济学的分支，不能满足财政学科自身发展的要求

财政活动并非单纯的经济活动，它不但具有经济属性，同时还有政治和管理方面的属性。在研究财政活动的经济属性时（如探讨财政活动会对国民经济产生怎样的影响），经济学方法当然适用。但就财政的政治属性和管理属性进行研究时，单纯应用经济学的方法就显得捉襟见肘。比如说从经济学路径出发所撰写的财政学教科书，只需要简单地将税收界定为强制地、无偿地、固定地取得的财政收入，然后研究税收对经济效率和收入分配的影响即可。但在现实财政活动中，按此定义却无法解释清楚为什么要进行费改税，因为收费完全可以像收税那样做到强制性、无偿性和固定性。更为糟糕的是，无法说清楚国家征收的税收和黑社会收取的保护费有什么区别，因为保护费同样也可以采取强制、无偿和固定的形式。这些是经济学不予讨论的话题，财政学必须在理论上给出明确的答复。

在现实教学和研究活动中，一篇讨论预算制度的论文，毫无疑问是财政学论文。但在现行学科体系下，它到底是一篇经济学论文、政治学论文，还是管理学论文呢？一位财政学博士生如果提交的博士论文内容是预算制度研究，该获得什么博士学位？换言之，如果仅将财政学界定为经济学，那就不能涵盖财政的全部活动，不能说明财政的全部属性，因而无法促进财政学自身的发展。

在各院校的财政学者中，有不少人正从事着诸如预算立法、财政透明度、预算绩效评估等多方面研究。这些研究，如果将其统统纳入经济学的学科体系，则显得非常勉强，甚至根本不合适。但是这些研究，对中国的财政制度甚至国家制度的发展，都会带来积极的影响。如果仅仅停留在研究工作上做一些项目，而不能将相关内容在财政学科体系中得到说明，或者用相关成果去补充、完善现有的财政学科体系，那么这既不利于研究工作的进一步发展，也不利于财政学科的发展。

2. 将财政学定位为经济学的分支，将使财政学失去指导财政工作的意义

经济学特别是主流经济学的研究，是在“价值中立”前提下进行

的，一般的说法是“经济学不讲道德”。一些经济学家也颇以此为自豪，如樊纲所言：“经济学本身不谈道德……经济学不想‘越俎代庖’，去干伦理学家、哲学家、文学家、政治家、传教士以及各种思想工作者的工作。”①

经济学是否可以不讲道德，此处暂且不论，但是财政学肯定不能不讲道德。财政工作涉及的是政府对公共资金的筹集和使用，在这一过程中充满着价值的判断和评估。如果坚持财政学是经济学的一部分，坚持所谓“价值中立”的立场，那将彻底失去对浸透价值的财政活动给予指导的能力。而没有理论指导的财政活动，是无法想象的。财政学若抛弃价值，人们就会抛弃财政学。

正像梁小民（2004）在他的《经济学家不能治国》一文中所强调的，现实比经济学理论的假设要复杂得多，制定政策要考虑到许多经济理论未涉及的因素，如伦理因素、政治因素等。但许多时候，经济学家很天真，总是坚信自己理论的正确性，并要顽固地把这些理论直接变为政策，因此单纯的经济学家不能成为治国者。遵循梁小民的这一说法，我们完全可以断言，只限于经济学取向的财政学，也不能指导实际的财政工作。

3. 将财政学定位为经济学的分支，不能满足中国现实政治发展的要求

财政制度是国家权力运行的重要渠道，财政的收支和管理活动是典型的政治活动。因此，财政领域是观察和理解一个国家政治现象的重要窗口，财政制度的变迁是一国政治变迁的表征。正如温家宝 2008 年 3 月 18 日答记者问时所指出的：“其实一个国家的财政史是惊心动魄的。如果你读它，会从中看到不仅是经济的发展，而且是社会的结构和公平正义。”对此，詹姆斯·M. 布坎南（1991）强调，研究财政问题，必须包括经济学和政治学两个环节。

不仅如此，财政制度改革，在一定条件下还可能是政治变革的良好切入点和政治转型的推动力量。事实上，离开财政问题，谈对政府

① 樊纲：《“不道德”的经济学》，http：//www. china - review. com/sao. asp？ id = 1922。

权力进行制度上的约束是不可能的。控制钱袋子，才是防止政府滥用权力最根本的方法。正如王绍光（2002）所言："改造公共财政是政治改革的最佳切入口。财政改革是低调的，不会过分提高人们的期望值；它是具体的，比抽象谈论'政治民主'更容易操作；它是务实的，可以在不太长的时间里产生看得见的变化。"中共十八届三中全会所指出的"财政是国家治理的基础和重要支柱"，就是说国家运用财政手段治理社会，促进社会公平正义的实现，社会也能因此借助于财政手段要求国家的制度的变革，实现政治的现代化。因此，财政学是中国政治建设和国家进步的必需学科。要承担这样的使命，财政学就需要摆脱所谓"纯经济学"的面貌，对财政涉及的政治问题必须给予回答。也就是说，财政学必须在财政领域内研究那些能够促进中国政治发展和社会进步的种种问题。

二　把政治还给财政（学）

综上所述，要使当前的众多财政活动在学术层面上得以理解，要使财政理论能够指导财政活动，并由此促进中国的政治发展和社会进步，就必须从政治的维度来研究财政活动，拓宽当前财政学研究的范围。

事实上，从政治的维度来研究财政活动，或者说强调财政学的政治侧面，在财政学中并非新观点，而具有深厚的传统基础。西方财政学的几位先驱人物，就持有类似的观点。英国财政学者道尔顿在他1922年出版的《财政学原理》一书中就明确提出，财政学是介于经济学与政治学之间的一种学科[①]。德国古典财政学大家瓦格纳的看法是，财政是独立于私人经济的活动，与其说是属于一般的经济理论，不如说是属于政治理论和公共管理理论，即财政学应该是属于政治学

① 转引自朱柏铭（2000）。

的[①]。意大利经济学家科萨（Luigi Cossa）曾云，“财政科学是公共管理学的组成部分，因此也是政治科学的分支”[②]。

在我国财政学者中，也有很多人支持财政的政治属性或财政学的政治学属性，反对将财政学仅视为纯经济学科。正如张馨（1998）所提及的，“文化大革命”前我国财政理论界曾争论过的“财政是上层建筑还是经济基础”这一问题，已说明财政所兼具的经济属性和政治属性，在当时已得到一定的认识。他自己的看法是，应该正视财政活动中所具有的政治性质与内容，在以经济学为基础理论的同时，也有必要从政治学角度来开展我国的财政研究。高培勇（2002）持有类似的看法，他说，财政是一个兼具经济和政治两种属性的范畴，所以，“对于财政问题，当然也要从管理学——或政治学——的角度，按照管理学——或政治学——的范式去研究”。当然，这一看法将（公共）管理学和政治学视为一体，其实并不妥当。在学科性质、研究内容和研究方法上，（公共）管理学和政治学相去甚远。因此，财政不仅仅具有该文所说的经济学和管理学两翼，从该文自身逻辑来说，财政学至少应有经济学、管理学和政治学三翼。

尚可文（2002）曾将财政学的研究概括为，“必须要树立起财政学的经济学观、财政学的政治学观、财政学的社会学观三大观念”。刘明远（1998）则看到财政学更多的属性和侧面，在他眼中，“财政学是经济学、政治学、行政学、社会学、理财学相互渗透和融合成的多科性综合性很强的一个独立学科”。刘邦驰（2001）的看法则更进一步，他反对把财政学的学科属性定位为经济学，在他看来“财政问题首先是一个政治问题，是国家政权活动的一个重要方面”。也就是说，他持有的看法是，财政学首先是政治学，其次才是经济学。雷艳红（2008）的观点是类似的，其表述是：“财政首先是一种政治的制度，其次才是经济的制度……所谓的财政问题都可以回溯到政治

① 转引自张馨等（2020）。
② 转引自雷艳红（2008）。

领域。”

总体而言，虽然当前财政学被归入应用经济学领域，众多财政研究都采用经济学的方法，但承认财政的政治属性，提出要对财政活动进行政治学研究的看法，在财政学界并不少见，更非异端邪说。遗憾的是，虽有种种的呼吁和看法，但从政治学路径研究财政活动的专业文献，在财政学界还不多见。这其中，李炜光先生的贡献值得关注。他从财政史料出发，针对政治问题进行了富有成效的研究，如寻求皇权专制、法国革命、宪政民主等问题的财政解释，或者对财政问题进行政治解读。还有一些财政学者，在财政领域的问题上进行政治方面的解释，或者呼吁甚至亲身从事一些政治方面的行动，如强调纳税人的权利，呼吁加强预算监督，对政府财政透明度进行排行等。另外，一些政治学者，从政治的侧面来研究财政问题，也取得了很好的成果①。

国外学者中，对财政活动进行政治学研究的文献相当常见。其中最为突出的是从政治层面解释预算活动的性质和过程，这一研究路径被称为“预算政治学”，如威尔达夫斯基的名著《预算过程中的政治学》（上海财经大学出版社 2006 年版）。事实上，预算政治学已是一门相对成熟的课程和研究领域，吸引了相当多的学者参与其中。直接以“财政政治学”为名的论著虽不多见，但在这一领域中的研究并不少。从翻译的专著来看，近两年出版的《公债与民主国家的诞生》（北京大学出版社 2007 年版）、《财政危机、自由和代议制政府》（上海人民出版社 2008 年版）等著作也属这一领域。当然，在探讨政治问题时提及财政，特别是在讨论现代国家构建时注意财政领域的变化等，这样的做法更为常见，此处不再一一述及。

综上所述，无论是要摆脱财政学自身发展的困境，还是要回应财政学界对财政学的政治学属性的强调，或者为了将财政学者在政治学

① 如中山大学的马骏等学者。有意思的是，马骏（2005）在他的著作中，一再强调政治学者应该研究财政问题，而不能全部留给经济学者，但他这本专著在许多书店中却被放在经济学专柜。

层面进行的研究活动纳入学术的平台，并给予体系化的说明，财政学都应该有系统的政治学理路的发展。因此，对于当前中国的财政学界而言，应该完成财政学传统的要求和近年来的理论呼吁，把政治还给财政，进行财政的政治学研究，发展一种比较理论化和体系化的财政政治学。

三　财政政治学的内容

现实的财政活动，具有经济、政治、管理、社会等多种属性，因而财政学事实上具有经济学、政治学、管理学和社会学等多学科的属性。由于长期以来财政学科最为强调的是其经济学的属性，因此本文更多侧重于强调它的政治学属性。这一侧重点的转移，与我国现实财政活动中目标与性质的变化联系在一起。1998 年之前，财政活动最为重要的目标是促进经济的增长，而随着 1998 年公共财政建设目标的提出，我国现实财政活动的侧重点变为保障社会。这样，财政活动的经济属性在地位上有所下降，而政治方面的属性更为突出。因此，财政学需要更着力于政治学理路的发展，即本文所说的财政政治学的发展。

所谓财政政治学，就是研究财政活动中的政治问题的学科，或者说用政治的眼光来考察财政活动的学科。所谓政治的眼光，就是权力的眼光①，即从权力的来源（合法性）、权力的目标（公共性）、权力的静态配置（规范性）、权力的动态运行（有效性）等多方面来理解政治活动。因此，财政政治学的内容，就是从财政的收支与管理活动过程中，考察其中的权力来源、权力目标、权力配置与权力运行等方面，涉及权力的合法性、公共性、规范性与有效性等方面。

需要交代的是，财政政治学是财政学的一部分，也是政治学的一

---

① 对政治的理解在学术界并不统一（也不可能统一），但将政治活动理解为权力活动、视政治过程为权力的配置与实现过程是一种比较通行的见解。本文也采用这种看法。

部分，但它并不是现有学科体系中（作为经济学一部分的）财政学和政治学之间的交叉学科，在很大程度上它应该是当前财政研究向政治领域的拓展。在这一意义上，现有的从经济学视角研究财政活动的学科，不妨称之为财政经济学。这样，以现有的学科体系来衡量，财政学至少横跨了政治学和经济学两个学科。

要区分财政政治学与财政经济学，最好的办法是首先区分政治学和经济学两大学科。就现行学术界的理解来说，政治生活和经济生活、政治学和经济学的不同体现在如下几个方面：

（一）目标

政治生活的目标虽可简单界定为公共利益，但公共利益本身并不是单一的，而是多重的、复杂的甚至相互冲突的，如秩序、正义（正义的含义又有多重）等，这些目标在现实中难以量化，需要加以平衡和抉择。相比之下，经济生活的目标比较单一，那就是财富增值，这一目标也容易量化（往往以货币来计量）。

（二）手段

政治生活通行的手段是强制力（权力），这就使得政治生活中充满了力量的不对称性，难以实现均衡（寻找到均衡点或均衡区域）。而经济生活通行的手段是自愿，经济生活中的人，在力量对比上比较对称，而对称的结果是可以寻求某种均衡（唯一和稳定的结果）。举例来说，比尔·盖茨支配的财富可能远远超过非洲一个小国的元首，但其使用强制能力则远远不如。在国际政治中，小国与大国几乎没有什么谈判能力，但在国际经济中，小国照样可以与大国通过谈判进行贸易往来。

（三）界限

与手段相关，在经济生活中，由于奉行自愿原则，人与人（买卖方）之间的行为是有一定界限的，因而可以有相对准确的预期，可预测性也比较强（如商家一般不会低于成本价销售）。但在政治生活中，由于通行暴力为基础的强制原则，人的行为失去了经济活动中那种明确的界限，可预测性也远远低于经济活动。

（四）角色

正如乔治·施蒂格勒（1990）观察到的，经济学家一般自觉扮演的是解释者的角色。“也许最重要或者最令人惊奇的事就是，经济学家很少说教……经济学家的主要任务一直是以大众可以接受的方式解释实际经济现象”。而政治学家无法仅仅充当解释者的角色，他必须担当起说教者（教育者）的角色，这种说教在很大程度上改变了人的行为。与此同时，政治学家往往还需要参与制度的设计，从而不仅解释世界，而且改造世界。

（五）研究基础

经济学中主干的研究问题都已大体有结论（如市场经济的优越性、政府财政与货币政策的意义等），经济学的研究任务主要是一些枝叶性的问题。而中国的政治学，仍需对一些基本制度与重要问题给予解释或说明。

综上所述，财政政治学与财政经济学的区分如表 1 所示。

表 1　　财政政治学与财政经济学的区分

	学科归属	基本对象	基本视角	基本内容
财政政治学	政治学	国家与社会间的财政关系	权力	财政收支权与管理权的来源、目标、静态配置与动态运行
财政经济学	经济学	政府与市场间的财政关系	社会福利	财政活动在效率和公平方面的必要性、可能性及影响性

资料来源：笔者整理。

在学术界，还有一个与财政政治学相关的学科是“财政社会学”。财政社会学是由熊彼特等人创建的一门学科，曾于 20 世纪 30—40 年代在德国、意大利学者中兴盛一时，后来渐归于沉寂，直到 20 世纪 70 年代前后又再次复兴。财政社会学与财政政治学的区分，取决于社会学与政治学的区分，而这在相当程度上又取决于“社会学”这个概念采用广义的定义还是狭义的定义。从广义来看，政治制度（国家）

是由社会创建的、用来保护自己的一种工具，因而政治学包括在社会学中；从狭义看，国家与社会分离，政治学研究的是强制性的权力现象，而社会学研究的是自愿性、自发性的非权力现象。显然，如果采用广义的社会学定义，则财政政治学的内容可包含在财政社会学中。不过，由于在学术体系及学术传统中社会学与政治学处于分离状态，社会学集中于研究非权力现象，而政治学集中于研究权力现象，因此将财政社会学与财政政治学区分开仍有其必要。这样一来，现在被归为“财政社会学”但涉及政治权力现象的部分研究，应该归于财政政治学名下。

四　财政政治学的方法体系

作为学科来探索的财政政治学，应该具有自己的方法，而且它所使用的方法应该构成一个体系。作为体系，应该包括理论体系和方法论原则两个方面的内容。此处对这两方面内容做一些简单的探讨。

（一）理论体系

所谓理论体系，包括以下三个方面：

1. 基本假设

即核心假设，这是一个学科区别于另一个学科的主要方面。财政政治学采用政治学的假设，将人看成政治人，或者说寻求影响和控制别人的人，即寻求权力的人。政治人的活动，构成权力的来源、目标、静态配置与动态运行，从而形成现实的权力关系和权力运行制度。现实中的权力关系与权力运行制度，又进一步构成人活动的外在约束条件。对个体的行动者而言，这些外在约束条件在相当程度上又仿佛具有了灵魂，成为不能简单化约为个体的整体。这种整体的典型代表就是政治学研究中的核心概念“国家”。国家当然是由个人组成的，国家制度是由个人行动形成的并对个人行动构成约束。但国家一旦形成，就似乎有了自己的灵魂（即“公意”）。正如卢梭指出的，

“公意”不是“众意”，不能像众意那样简单地从每个人的意志相加得到，公意来源于每个人的意志但却超越于个人意志，并对个人意志具有支配性。这样，在相当程度上，个人与国家就形成了某种对立，而所有的政治思想或理论，从一定意义来说都是对如何协调个人（个体）与国家（整体）之间冲突问题的回答。因此，财政政治学既可以从个人出发，研究在国家制度约束下的个人财政行为；也可以从国家出发，研究财政制度中所蕴含的国家成长与转型意义，以及在国家成长与转型过程中人的发展。

2. 基本定理

即一系列在基本假设基础上形成的、可予以证明的理论，这是一个学科是否真正成立的标志。拉尔森等人（2006）曾将当代政治学中的理论总结为30多个定理，分别给予简要解释、公式化表述、普遍性与可验证性检验、经验评估，最后给出结论。财政政治学应该能就现实的财政活动，提出政治学的命题（理论假设），并运用经验和逻辑加以论证，从而使其成为在一定约束条件下成立的定理。这样的定理，将会进一步丰富和发展政治学理论的内容。

熊彼特曾经根据西欧国家成长的经验，提出一个“税收推动代议制民主”的命题，即西方现代国家诞生的原因，是在财政上由主要依靠国王自有财产收入转变为向民众征税。这一命题经过众多学者的讨论，在一定程度上可以改造为税收推动代议制定理①。

税收推动代议制定理的内容：家财型财政转向税收型财政，将由于谈判机制的存在或者合法化需要，而推动负责任的代议政治的发展。

税收推动代议制定理的约束条件：持续战争威胁下统治者丧失了原有的财富；统治者与臣民之间存在协商的渠道；向流动性资产、国内贸易或劳动收入征取税收。

3. 基本工具

财政政治学并没有特别的分析工具，举凡政治研究中所适用的工

① 该定理的历史与理论内容，具体可参见刘守刚（2008）。

具，如心理研究法、定量分析法、比较研究法、田野调查法、文献检索方法等，都可以使用。

（二）方法论原则

所谓的方法论原则，是指导研究者获取事实、构建理论的方式方法。在现代社会科学中，只有遵循方法论准则，才能符合科学的标准。

正如艾萨克（1987）所提出的，学者在从事研究时，应该遵循以下的一般程序：首先，他的目的是形成有益于把他感兴趣的现象组织起来的经验概念；其次，从决定论的假设入手，力图找出这些概念间的联系，倘若他获得成功，便会发现某种科学定律或规则；再次，通过理论构造，使经验知识系统化，这些理论是由逻辑上互有联系的通则集合而成的；最后，用他的定律和理论去解释已经发生的或存在的事件或情况，并预测将来的事件。

作为学科来建设的财政政治学，其研究结果，应在一定程度上符合以下“科学的”特征：普遍因果律（没有任何事是凭空发生的）；建立在观察的基础上；主观互证性（要求提出的所有科学事实都能公开让人们检验，而且用于达到这些事实的程序要得到明确而充足的描述，以便能够重复）；非必然性（可检验）等①。

当然，与其他社会科学相比，政治领域中存在的种种问题，如政治现象的复杂性（无章可循）、人的不确定性（自由意志）、人的反应问题（被研究者知道自己正在被别人研究，那么他们的反应不能作为考察他们观点的有效依据）、价值问题等，使得政治学始终徘徊在科学和艺术之间，而难以成为所谓“真正的科学”。不过，上述对研究过程的要求，仍是必要的，即研究过程应该包括如下阶段：首先是概念的形成；其次是通则（概念之间的关系）的形成和理论的构造（几套相互联系的通则）；最后是用法则和理论去解释和预测政治现象。

对于方法在财政政治学研究中的地位，可以引用艾萨克的下述言

① 艾萨克：《政治学：范围与方法》，浙江人民出版社1987年版，第30—36页。

论来说明：“伟大的科学家之所以伟大，不是由于他掌握较多的科学方法；所有有能力的人都能掌握那种知识。他之所以伟大是由于他具有想象力、洞察力，以及他从观察到的事物中归纳其所包含的内容的能力”（艾萨克，1987，第79页）。所以，财政政治学的发展，可能不是像主流经济学自诩的那样一头扎进所谓的科学性，而是在充分认识政治生活的特殊性基础上，提高对政治生活的洞察力。当然，一定的科学方法仍是不可少的。

五 结论：财政政治学探索对财政基础理论发展的意义

从学科发展的角度看，财政政治学的提出，属于财政学科基础理论的构建活动。20世纪的中国，国家建设一直是在生存危机压迫下进行的，现实对社会科学理论的挑战主要集中在对策研究方面，即要求立即解决迫在眉睫的种种实际问题，而对基础理论的研究没有如此大的需求，基础理论往往依靠从国外引进。财政学也是如此，多数财政学者将自己的主要精力集中于为现实财政活动提供对策和建议，而少有关于学科基础理论的构建性活动。

在新中国财政学史上，真正称得上就基础理论问题产生重大争论，并取得重要研究成果的大致只有两次：一次是从20世纪60年代开始，经历“文化大革命”期间的中断，后来在80年代初期重兴的有关财政本质的争论；另一次就是20世纪90年代中后期的“公共财政大争论”。财政政治学的提出，也许能够成为财政学科基础理论发展的另一个契机。

本文的目的是力图构建一门“财政政治学”的学科。在我国学术界过去没有“财政政治学”这样的提法，在国外教学和研究中虽然类似于“税收政治学”“预算政治学”的教材以及“Fiscal Politics”或者“Politics in Public Finance”的说法存在，但也并不正式。之所以在当前提出并构建“财政政治学”，如前所述，相当大程度上乃是在我国现时现地学科体系下的一种无奈之举。但这一学科若能得以构建，将会大大促进财政学在我国的发展。

参考文献：

[1] 艾萨克：《政治学：范围与方法》，浙江人民出版社 1987 年版。

[2] 高培勇：《“一体两翼”：新形势下的财政学科建设方向》，《财贸经济》2002 年第 12 期。

[3] 拉尔森：《政治学理论与方法》，上海世纪出版集团 2006 年版。

[5] 雷艳红：《公共财政教育的政治学导向：必要性与目标》，《中国行政管理》2008 年第 12 期。

[8] 梁小民：《经济学家不能治国》，《科技文萃》2004 年第 7 期。

[9] 刘邦驰：《论中国财政学基础理论之根基》，《财经科学》2001 年增刊。

[10] 刘明远：《现代财政学理论体系的思考》，《财经问题研究》1998 年第 12 期。

[11] 刘宇刚：《财政类型与现代国家构建》，《公共行政评论》2008 年第 1 期。

[12] 马骏：《中国公共预算改革：理性化与民主化》，中央编译出版社 2005 年版。

[13] 乔治·施蒂格勒：《经济学家和说教者》，上海三联书店 1990 年版。

[14] 尚可文：《财政学科及财政学的创新与发展》，《兰州商学院学报》2002 年第 2 期。

[15] 王绍光：《从收支两方面改造公共财政》，《中国财经报》2002 年 8 月 30 日。

[16] 詹姆斯·M. 布坎南：《公共财政》，中国财政经济出版社 1991 年版。

[17] 张馨：《西方财政学理论基础的演变及其借鉴意义》，《东南学术》1998 年第 6 期。

[18] 张馨等《当代财政与财政学主流》，东北财经大学出版社 2000 年版。

[19] 朱柏铭:《中国财政学的革命》,《经济学家》2000 年第 2 期。

第三编　财政学教学与研究

公共财政“教与研”的革命：从经验到计量、动态、实验、行为和结构

——基于工具方法和研究视域拓展的改革思考

朱　军*

（南京财经大学财政与税务学院　210023）

摘　要：通过把握现代经济学的方法脉络，结合现代公共财政研究的前沿理论，本文厘清了现代公共财政的重要分支领域。本文指出，中国的公共财政教学和科研需要一场革命。这一革命就是要把我们的研究视域和方法拓展到计量财政、空间财政、实验财政、行为财政、动态财政、结构模型与公共政策评估等方面。为了对接国际化的研究方法和研究视域，本文指出我们必须革新传统的公共财政课程体系。据此，本文提出了改革公共财政专业课程体系的政策建议。

关键词：公共财政　教学研究　工具方法　改革建议

---

* 作者简介：朱军，男，南京财经大学财政与税务学院副教授、副院长，经济学博士，财政部财政科学研究所博士后，德国柏林洪堡大学商业经济学院高级访问学者。E-mail：247937882@ qq. com。

原文发表于《税收经济研究》2014 年第 4 期，题为《财税理论的前沿发展及其对中国启示——基于研究视域拓展的理论思考》。收录会议论文集时，作者有修订。感谢中国社会科学院高培勇教授、杨志勇教授、马珺研究员及 2014 年 11 月“国家治理与财政学基础理论创新”研讨会与会专家的建设性意见。

一 引言

财税前沿理论的探讨和总结是一项基础性的研究，对于财政学的理论研究、教学革新、决策咨询的科学化具有重要的理论意义、现实意义、方法论意义、学科发展意义和政策启示意义。当前，现代财税理论的前沿发展呈现出浓烈的学科融合化、专业化特征。目前的财税基础理论已向计量财政、空间财政、实验财政、行为财政、动态财政、结构模型与公共政策评估等多个方面拓展，可以称之为进入了一个“新财政学”的时代。这对于我国的财税理论研究和教学改革，对于我国相关财税政策研究的内容革新和科学依据提供了丰富的理论背景及方法论支撑。总体上，目前中国财税专业的教学和学术研究背景经历了从“计划经济”到“市场经济”的转换。截至目前，在市场经济体制逐步完善的过程中，公共财政（含税收）教学和研究的内容转换、方法转换和人才培养方案转换仍没有完成。这可以集中体现为所培养人才的国际化研究素养缺乏，体现为与国际对话和接轨的困难，体现为学术研究的质量和层次较低。甚至可以说，在绝大部分的财经院校，现代财税理论的教学和研究体系还没有系统地展开。就公共财政的基础理论而言，本土的财政理论经历了“国家分配论”到“公共财政论”的转换。在本质上，这一转换只是对政府财政功能的重新认识，无所谓理论的创新和构建。可以说，我国目前还没有对现代财税教学和研究的方法论基础、研究视域拓展形成系统化的认识，基于工具方法的现代财政“教研体系转换”还没有真正地开展。甚至有的学者仍在坚持计划经济时期的所谓“社会共同需求论”的研究基础或背景，并强调据此构建所谓的财政学理论框架体系。

在这一背景下，我国财税专业的教学和科研仍然是以计划经济时期的定性分析和经验总结为主，特别是在绝大多数高校的本科教学方面。对于基于现代经济学方法的公共财政方法论基础、基于这些方法的财政理论研究和文献梳理，目前还没有系统的研究和论证。而这在国外高校则较为系统和深入，如作者所学习过的 Golosov 的“新税制理论专题课程”，都是基于方法论的文献学习和基本框架学习①。虽然部分青年学者在学术研究方面正日益规范化和工具化，但教学方面的改革仍是步履蹒跚。公共财政方法论基础的缺失和文献研究式教学的缺乏，也使得财税专业的学科发展、学术研究以及教学改革都远远滞后于会计学和金融学的发展步伐。

目前，现代经济学理论和方法的创新大大丰富了财政学（含税收）的教学、研究内容，也使得公共财政的教材内容、教学方法亟待革命性的变化。比如，现代经济学普遍采用计量经济学、实验经济学、行为经济学、空间与地理经济学、动态宏观经济学、结构模型方法和公共预算的量化方法等来研究公共政策与公共财政问题。这些专题研究的系统化促使了新的公共财政分支学科的创建。具体分支情况见图 1。

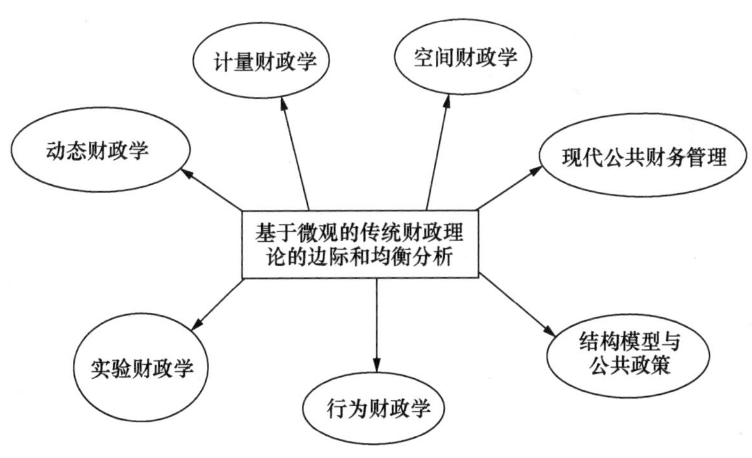

图 1　基于方法论思考的财税研究“新分支”

前述经济学方法在公共财政领域的大量应用，使得公共财政学科

① 相关文献可从 http：//cema. cufe. edu. cn/downloads/Golosov% 20Reading% 20List% 202007% 20CEMA. pdf 下载。

衍生出了图1中展示的新的分支领域，比如，计量财政学、空间财政学、行为财政学、实验财政学、动态财政学、结构模型与公共政策、现代公共财务管理等。虽然部分专业领域还不太成熟，但相关理论研究和教学内容正朝着成熟的体系进行。对于我国公共财政专业的教学体系建设、教学内容的革新而言，也必须有新的突破，以对接国际前沿的趋势。各个院校也必须认识到：在现代经济学方法革新的环境下，现代公共财政“教学与科研”必须有一场革命，必须以新的方法和分支领域来拓宽学科的深度与广度。也只有这样才能够使中国公共财政的学术研究更加符合现代经济学的发展要求，才能够为公共财政领域的人才培养、公共财政政策的科学建议奠定坚实的基础。

二　现代财税理论研究的动态趋向
——基于工具方法的思考

现代经济学理论的创新，不仅需要学术科研的创新，也需要各个学者对于教学方法、教学内容的真知灼见，以更加科学、系统、严谨的框架推动学科和专业发展。对于公共财政的教学和改革而言亦是如此。在学科评估中，用H指数能够更好地体现这一方面①。基于前述的内容，本文以下详细分析财税理论“新领域”的基本范畴和内涵。

（一）计量财政学的基本范畴

计量经济学的迅速发展和广泛应用，不可避免地将其研究领域和研究视野拓展到公共财政领域。基于时间序列、截面数据和面板数据模型的计量经济学方法，有效地运用到了公共财政领域。这一方面的集中性研究成果是 Ott A. F. 和 R. J. Cebula（2006）的“The Elgar Companion to Public Economics：Empirical public economics”。在计量财税领域下，对于传统的财政学学科体系而言，需要增加开设基本的计

---

① 加州大学圣地亚哥分校物理学家乔治·赫希（Jorge E. Hirsch）提出的一种定量评价科研人员学术成就的方法——H指数，更多地体现了学者的学科影响力。

量经济学方法论课程，开设基于方法论的《计量财税文献》课程。计量财政学目前涉及的内容主要包括：财政分权的影响及其受影响的因素、财政收入的均等化程度及其影响均等化程度的因素、财政支出结构与经济增长、公共选择与经济增长、财政（税收）竞争与经济增长、财政政策与资源（要素）的流动、外部冲击与财政政策乘数、财政政策不确定性与经济增长、财政疲劳/财政压力与财政政策的增长效应等。

（二）空间财政学的基本范畴

计量经济学的深入发展使得“空间财政学”逐步成为一个重要的财政学分支。地理经济学和空间计量学在公共财政领域的研究，使得“空间财政政策分析”成为实证研究的重要领域，“空间财政学”也自然应运而生。对此，Federico Revelli（2005）的“On Spatial Public Finance Empirics”一文专题总结了空间财政实证的研究范畴。崔亚飞（2010）认为，空间财政对政府间财政竞争特征的经验分析有助于探究公共政策的各种效应，并能为政府财政政策的评估提供经验上的依据。刘寒波和刘建民（2012）提倡将空间财政作为财政政策分析的一个新工具，从空间角度讨论政府财政行为。目前，空间财政学的范围包括：财政和税收政策的溢出效应、空间的税收和支出竞争、空间的转移支付和补贴竞争、有效财政竞争政策的识别等。总之，空间计量经济学和地理经济学在公共财政研究领域的融合，为公共财政的教学和研究提供了新的方法和视野。

（三）实验财政学的基本范畴

实验经济学方法在微观经济领域的广泛应用，使得实验经济学逐渐独立成为经济学的一个分支①。Vernon Smith 教授作为实验经济学的重要创始人之一，其 2002 年在 *Experimental Economics* 发表的“Method in Experiment：Rhetoric and Reality”为实验经济学的发展提供了重要

① 具体成果可参见相关的实验经济学专题著作和教科书。如杜宁华：《实验经济学教程》，上海财经大学出版社 2010 年版；杜宁华：《实验经济学》，上海财经大学出版社 2008 年版；戴维斯、霍尔特：《实验经济学》，连洪泉、左聪颖译，中国人民大学出版社 2013 年版。

的指引。作为经济学的基础方法学分支之一，实验经济学的研究视野拓宽也不可避免地延伸到公共财政领域，并逐步形成了“实验财政学”。目前实验财政学涉及的内容主要包括以下几个方面：公共产品自动供给的组织因素、公共政策评估的实验分析、财政政策选择程序的实验分析、个体对政策反应规律的行为分析、经济情景变换的财政政策实验分析、微观财政政策机制的设计等。

（四）行为财政学的基本范畴

基于对经济学基本前提假设的修正——如人的理性、完全信息、效用最大化等假设的不足，行为经济学将行为分析理论与经济运行规律进行了结合①，逐步应用到金融和财政领域，形成了“行为金融学”和“行为财政学”。行为财政学主要研究个体行为对于财政政策实施效果的影响，或者财政政策对于个体行为经济决策的影响，或者研究两个方面共存时的综合影响。这一方面的成果集中体现在以下两本著作中，一本是 William J. Congdon、Jeffrey R. Kling、Sendhil Mullainathan（2011）的 *Policy and Choice: Public Finance through the Lens of Behavioral Economics*；另一本是 Edward J. Mccaffery 和 Joel Slemrod（2006）的 *Behavioral Public Finance*。行为财政学本质上属于实验经济学的范畴，只不过实验经济的研究范畴更多地定位于利用受控实验对已有的经济理论进行检验或发现经济规律，具体是通过微观实验的方法来研究人对外在政策的反应。行为财政学目前研究的领域涉及不对称信息下的财政政策和行为、心理视角的外部性和公共产品供给问题、纳税遵从行为的决定因素等。

（五）动态财政学的基本范畴

动态经济学方法在公共财政领域的广泛适用，使得“动态财政学”逐渐独立成为一个新的分支方向，对此龚六堂（2009）、朱军（2010）集中展示了动态财政学研究的主要框架和内容。朱军

① 《行为经济学》的相关材料可参见戴蒙德、瓦蒂艾宁编著《行为经济学及其应用》，贺京同等译，中国人民大学出版社 2011 年版；董志勇：《行为经济学原理》，北京大学出版社 2006 年版。

（2015）还专题总结了当代动态宏观财政理论研究的基本方向。动态财政学是基于动态优化和动态规划的方法研究财政税收问题。目前研究的领域涉及最优税收理论、最优公共支出理论、最优支出结构理论、基于动态一般均衡的政策效应研究、经济波动和福利政策分析、最优财政货币政策规则等。动态财政学的出现对传统的财政学教学产生了深刻的影响和冲击。动态财政学方法复杂、技术难度高、文献众多。这也是由于动态经济学建模方法日益深化，在逐渐深入或为更加贴近现实经济情景而融入更多的微观经济因素和事实经济特征。朱军（2017）系统总结了目前动态随机一般均衡模型（DSGE）框架下的财税理论建模的基本方法，提供了全套的编程程序，以期为学科发展提供参考。目前财政 DSGE 系统中需要或正在新增的因素包括：搜寻—匹配因素、开放经济系统因素、异质性因素、非传统货币政策中的财政政策、非传统财政政策、财政摩擦、非线性的财政政策乘数、财政政策与货币政策互动、公共资本的投资效率等因素。对于中国而言，在动态财政经济学方面，当前和未来需要讨论——政府担保背景下的影子银行与金融泡沫，长期财政可持续与财政极限、政府干预与不确定性的财政经济影响、资本管制和资本外逃中的财政政策乘数、财政支出刚性与财政疲劳、财政压力与财政政策乘数等多个方面的现实问题。总之，对于高年级的本科生课程和研究生课程而言，我们需要在目前的财政学课程体系中设置“动态经济学方法论”课程与“动态财政基本文献”课程。

（六）结构模型与公共政策的基本范畴

以上量化的工具方法在公共财政领域的应用，其对于公共政策效果的评估或是研究都是单方面的。除动态财政学能够进行“反事实仿真”之外，其他都不能够进行反事实的情景分析和具体量化的政策效果评估。而结构模型方法（即“动态离散选择模型”）解决了这些方面的问题，能够进行反事实仿真。这一方面代表性的研究是 Ryan 于 2012 年在 *Econometric* 发表的“The Costs of Environmental Regulation in a Concentrated Industry”。对于宏观公共政策的评估，结构模型方法能够通过结合微观主体具体反应路径的现实数据进行公共政策研究。这是未来公共政策研究的重要方向。这在经济学研究领域，逐渐成为一个新的研究分支。对此，Che－Lin Su（2012）的“MATLAB and AMPL Code for Constrained Optimization Approaches To Structural Estimation”与 Jaap H. Abbring 和 Tobias J. Klein（2013）的“Dynamic Discrete Choice Models：Methods，Matlab Code and Exercises”这两篇网络文献集中进行了方法论的教学演示和研究性指导。而未来进一步地将这些方法应用到公共政策分析领域，将是未来公共财政教学和研究的重要拓展方面。在本科生高年级开设“结构模型下的公共政策分析”入门课程，是拓宽专业深度的重要思路。在研究生阶段开设“结构模型下的公共财政政策研究”高级课程，是提高政策研究水平的重要途径。

（七）现代公共财务管理的基本范畴

现代公共部门财务管理普遍采用量化研究的方法，涉及简单的计量经济学方法、会计核算方法以及基于数学模型的应用核算。在现代公共部门的财务管理方面，涉及的量化方法主要包括：资源预测法、项目成本评估法、最优资源配置法、线性筹划法、公共部门财务报告与财务状况分析、跨期债务风险评估等。Xiaohu Wang 的 *Financial Management in the Public Sector* 集中展示了公共部门财务管理的量化方法。赵志荣在 2013 年专题介绍了美国高校量化的公共预算管理课程的开设情况。结合中国公共部门财务管理的现状，朱军在 2013 年发表的《公共部门预算制度改革：一个整体性框架》一文集中展示了中国现代公共部门财务管理研究的框架内容和量化方法。现代财政管理方法研究的进一步发展，要求我们将传统的预算管理课程改造为现代公共财政管理课程，将量化的方法运用到公共财政管理，为决策提供科学的依据。

三 深化中国财税理论教学和研究的启示

当前，中国公共财政学教学和科研必须在开放的教育形态下实行内容革命和方法改革。虽然部分青年学者在公共财政的研究方面有了重要的方法论创新和研究范式突破，但是这些研究都是支离破碎的研究，不具有系统性。并且，科研上部分内容创新和方法突破并没有对教学与科研产生深刻的影响，特别是对本科生的教学设计影响不大。目前，我国大部分财经高等学院的本科生课程培养体系和研究生的培养体系，仍然是以经验总结和定性分析为主。据此，结合本文总结的新的分支领域，本文在公共财政学专业建设和发展方面，总结出如下几个方面的启示和建议：

（一）厘清研究方向并融入新的分支

中国的公共财政教学、课程体系远远滞后于现代经济学理论的发展现状。这要求我们：第一，在科研上必须要结合新的交叉学科的发展要求进行学术研究，要求我们的学术和科研应定位于基于方法论的分析体系上，要将理论分析和政策分析、政策应用研究区别开来。第二，我们不能将学术纯理论研究和政策应用研究混为一谈，借不切实际和不适用之口而忽视甚至放弃基于数量方法的纯理论研究；我们不能将基于访谈、田野调查、量化财政方法、案例事件分析和经验总结混为一谈。第三，在硕士生和博士生的培养方案中，应全部包含现代的计量财政学、空间财政学、实验财政学、行为财政学、动态财政学、结构模型与公共政策、现代公共财物管理等方面的内容。对这些课程的基本方法训练和文献阅读训练要系统化、深入化，以提高人才培养的专业性、研究的专业性与国际接轨的一脉相承性，缩短中国财政学专业教学和研究与国外的差距，真正实现教学和研究的现代化、国际化和前沿化。

（二）优化本科课程体系的内容设置

我国目前的本科基础课教材是基于 Musgrave 或 Harvey Rosen 的基于静态微观经济理论的教材演化形成。这些教材与 Myles（1995）、Hindriks 和 Myles（2006）、John Leach（2004）一样几乎完全局限于微观财政理论。目前的财政学基础课程亟须将现代的分支方向融入到基础内容中去，拓展新的视野和方法，以便为后期的专业课程设置提供理论背景和基础。在课程改革方面，我们应该形成两大类型的专业内容改革，一是在专业必修课方面融入现代量化管理的课程（见表1）；二是在专业选修课程方面融入新的方法和内容，并考虑学生的培养方向和需求分设“应用性课程体系”和“研究性课程体系”——这既是一种因材施教、分层分类教学的现实考虑，也是深化应用人才质量、夯实研究型人才基础的重要举措。“应用性课程体系”适用于规划直接就业的学生；“研究性课程体系”适用于规划求学深造的学生。除了经济学的基础课程和专业基础课程（财政学、税收学、中国税制、中国财政史、非税收入管理、国际税收等），建议课程改革的内容模块见表1。

表1　　公共财政主要专业课程体系的“新设计”

	本科应用性课程体系	本科研究性课程体系
财政学与税收学专业课——专业“选修”课程体系	计量经济学方法 财税计量应用 公共政策评估方法 财政政策分析和评价 财经应用文写作	计量经济学方法 财税计量应用 空间计量的方法及其财税应用 实验经济学方法及其财税应用 行为经济学方法及其财税应用 动态财政经济学入门与财税运用 公共政策评估入门与应用
财政学与税收学专业课——专业“必修”课程体系	基于量化方法的公共财务管理 基于量化方法的公共预算课程 税收理论与实务课程 税收政策评估与量化方法 中国财税现实问题	

（三）构建衔接本科研究性课程体系的研究生培养方案

在研究生课程的改革与建设方面，除了高级经济学类的基础课程之外，对照本科研究性课程体系形成相应的研究生培养方案。一方面，将计量经济学方法和财税计量应用作为必修的课程，融入专题的文献阅读和方法论的详细分析课程。其他方向分支（空间财政方向、实验财政方向、行为财政方向、动态财政方向、公共政策评估方向 、现代预算管理方向）作为选修课程，课程的设置难度应该与本科生有明显的区别，具体设置详细的方法论课程和专题的文献阅读课程。另一方面，在设置这些有工具方法难度、程序化要求高的课程时，可以借鉴德国精英大学经济学科、管理学科教育的做法，为每一门课程设置几乎1∶1的练习课程，由博士候选人或是教员的研究助手负责授课。

（四）强化财税专业师资队伍建设的建议

根据上述新的分支领域可知，我国高等学校中符合上述方向和要求的公共财政专业人才还非常稀缺。我们需要改变经验分析的范式，以新的方法论的路径和方法进行梯队建设，引进优秀的人才和配备师资。朱军（2016）就提出“应该构建国际化的学术评价标准以带动国际化，实现传统师资与优秀的中青年海外教师的有效融合”。对于存量的师资队伍而言，通过专项的教师发展资金进行教育人力资本的重构与提升（如提供3年的脱产再学习机会），使现行的师资队伍能够满足现代公共财政教学和研究的要求。在具体的队伍建设方面，建议：①到国内有该类研究方向的院校脱产进修；②全额资助重新攻读基础性学科的经济学博士学位（如实验经济学）或是参与该类专业学位课程，以便为学科融合、教学研究提供方法论基础；③资助到国外相关的科研院所进行专业再学习，等等。

总之，通过把握现代财税理论的前沿趋势，厘清现代公共财政新的发展方向，基于方法论的视角能够让我们更加清楚地看到中国公共财政教学、科研和政策制定的路径依赖。本文认为，通过上述的教学改革和研究方法拓展，能够使我们更好地形成专业特色和专业深度，更好地与国际同行交流，真正地提升中国公共财政教学和研究的质量和水平，提高财政政策研究的适用性。

参考文献：

[1] Che - Lin Su，MATLAB and AMPL Code for Constrained Optimization Approaches To Structural Estimation，http：//faculty. chicagobooth. edu/che - lin. su/ research /code. html，2012.

[2] Congdon W. J. & J. R. Kling & S. Mullainathan，*Police and Choice*：

Public Finance Through the Lens of Behavioral Economics, Washingtom, D. C. : The Brookings Institution, 2011.

[3] Federico Revelli, On Spatial Public Finance Empirics, *International Tax and Public Finance*, Vol. 12, No. 1, 2005, pp. 475 – 492.

[4] Hindriks J. , & G. D. Myles, *Intermediate Public Economics*, The MIT Press, 2006.

[5] Jaap H. Abbring. , & Tobias J. Klein, Dynamic Discrete Choice Models: Methods, Matlab Code, and Exercises, http: //ddc. abbring. org/Dynamic DiscreteChoice. m. html, 2013.

[6] John Leach, *A Course to Public Economics* (1st Edition), Cambridge University Press, 2004.

[7] Mccaffery E. J. & J. Slemrod, *Behavioral Public Finance*, New York: Russell Sage Foundation, 2006.

[8] Musgrave R. A. , & P. B. Musgrave, *Public Finance in Theory and Practice* (5th Edition), Mcgraw – Hill College, 1989.

[9] Myles G. D. , *Public Economics*, Cambridge University Press, 1995.

[10] Ott A. F. , & R. J. Cebula, *The Elgar Companion to Public Economics: Empirical Public Economics*, Edward: Edward Elgar Publishing, 2006.

[11] Rosen H. S. , *Public Finance* (7th Edition), McGraw – Hill, 2005.

[12] Ryan S. P. , The Costs of Environmental Regulation in a Concentrated Industry, *Experimental Economics*, Vol. 80, No. 3, 2012, pp. 1019 – 1061.

[13] Smith V. L. , Method in Experiment: Rhetoric and Reality, *Experimental Economics*, No. 5, 2012, pp. 91 – 110.

[14] Xiaohu Wang, *Financial Management in the Public Sector*, New York: M. E. Sharpe Inc. , 2006.

[15] 崔亚飞:《空间财政简介及研究述评》,《地方财政研究》2010年第5期。

[16] 龚六堂：《公共财政理论》，北京大学出版社 2009 年版。
[17] 刘寒波、刘建民：《财政政策分析的新工具：空间财政》，《光明日报》（理论版）2012 年 11 月 16 日。
[18] 刘蓉、黄洪：《行为财政学研究评述》，《经济学动态》2010 年第 1 期。
[19] 赵志荣：《公共预算与财政在公共管理中的课程设置》，《公共管理与政策评论》2013 年第 2 期。
[20] 朱军：《高级财政学——现代公共财政前沿理论分析》，上海财经大学出版社 2010 年版。
[21] 朱军：《高级财政学Ⅱ——基于动态一般均衡和动态问题》，南京财经大学财政与税学院研究报告。
[22] 朱军：《公共部门预算制度改革：一个整体性框架》，《改革》2013 年第 12 期。
[23] 朱军：《我国财经类高校“国际化战略”的问题与改革建议——以财经类高校为例》，《南昌师范学院学报》2016 年第 1 期。
[24] 朱军：《现代宏观财政理论研究的脉络与启示——兼谈对财政学基础理论创新的借鉴意义》，《财贸经济》2015 年第 7 期。

关于公共经济学理论体系的思考

杨志勇*

（中国社会科学院财经战略研究院　100028）

摘　要： 公共经济学是舶来品。财政学界、公共管理学界和经济学界的不同参与，决定了公共经济学在中国发展的三条线索。公共经济学在中国已有一定的发展，但距离理论体系创新的要求还有相当大的差距。从比较视角对公共经济和公共经济学研究，可能对公共经济学理论体系创新有重要的启示意义。下一步，公共经济学理论体系研究可在引进与传播、比较、改革三方面的研究基础上加以推进。

关键词： 公共经济学　财政学　理论体系

公共经济学与财政学有着千丝万缕的关系。在中国，公共经济学一度被视为现代财政学，是财政学发展的“高级状态”。随着公共经济学在中国的传播程度加深，中国财政学界也开始注意到公共经济学与财政学的一些差别。特别是，用公共经济学来取代在中国发展起来的财政学，有诸多不适应之处。基于此，我对中国财政学学科建设提出了一些初步的看法（杨志勇，2007，2013），中国财政学的发展仍然有很大空间。那么，公共经济学又该如何发展？本文拟结合中国现实，对公共经济学理论体系作初步的探索。

---

* 作者简介：杨志勇，中国社会科学院财经战略研究院财政研究室主任，研究员。研究方向：财税理论与比较税制。E－mail：zyyang@ cass. org. cn。

一　公共经济学在中国发展的三条线索

20 世纪 80 年代之后，公共经济学在中国的发展有三条线索。

一是财政学界引进公共经济学。高等院校先是以资本主义（国家）财政或西方财政（学）的名义介绍公共经济学。资本主义财政课程采取夹叙夹议的方式，在介绍理论与实践的同时进行评判。教材如王传纶的《资本主义财政》（王传纶，1981）和上海财经大学席克正等组成的编写组所撰的《资本主义国家财政》（《资本主义国家财政》编写组，1985）。西方财政学教材更注重原汁原味地阐述公共经济学原理。这种教材的编写晚于资本主义（国家）财政，例如邓子基主编、张馨副主编的《现代西方财政学》，是对英国、美国、加拿大的财政学（公共经济学）都相对熟悉的编者，在充分消化相关理论的基础上编写的。平新乔所著的《财政原理与比较财政制度》的“财政原理”部分，有许多内容是在消化英国布朗和杰克逊的《公共部门经济学》的基础上撰写的。消化吸收西方理论，与国家的对外开放有着密切关系。开放促进思想解放。主要公共经济学教科书的不同版本在国内纷纷出版。2000 年，中国人民大学出版社出版的三本公共经济学教材，包括英国布朗和杰克逊的《公共部门经济学》、美国斯蒂格利茨的《公共部门经济学》、加拿大鲍德威和威尔逊的《公共部门经济学》。罗森的《财政学》从第二版开始就有中译本，第四版、第六版、第七版和第八版都有中译本，还有英文原版影印本。这些原汁原味的教科书，对国内公共经济学的发展产生了较大的影响。上述教科书均为本科层次的公共经济学教科书。研究生层次的教科书，如 Atkinson 和 Stiglitz 的《公共经济学讲义》、Jha 的《现代公共经济学》、Myles 的《公共经济学》等也已翻译出版。爱思维尔公司的《公共经济学手册》也在引进之中。中国财政学教科书的编写已受到公共经济学的影响，财政学研究中广泛运用公共经济学原理，都是公共经济学在国内传播的结果，如蒋洪等《财政学教程》（1996）。甚至于，中国财政学界仍然纠结于如何在中国财政学与西方财政学（公共经济学）之间寻求创新的平衡点，如郭庆旺、赵志耘的《公共经济学》。二者的融合仍然需要时间，更需要理论创新。

二是公共管理学科的发展促进了公共经济学的发展。公共经济学作为公共管理专业硕士的基础课程，受到了公共管理学界的高度重视。特别是，中国人民大学、中山大学、厦门大学等20多所第一批招收公共管理硕士之后，公共管理硕士项目在中国发展迅速，公共经济学（或政府经济学、公共部门经济学、财政学）作为一门核心课程，传播了公共经济学原理。国内公共管理学科多源于政治学和行政管理学，在公共经济学科发展中，没有传统财政学的束缚，引进、消化与吸收没有什么禁忌，但是，公共经济学与经济学关系密切。缺少经济学作为支撑，公共经济学的发展也是难以想象的。高度技术化的当代公共经济学理论，在公共管理学科的教学科研中，仍未得到充分的运用。

三是经济学界对公共经济学的引进与运用。国内传统的经济系是政治经济学背景，在引进西方经济学（现代经济学）的同时，也引进了公共经济学。经济学界直接用公共经济学原理，研究纯理论问题，研究现实公共经济问题，已有一些学者的研究成果在国际公共经济学刊物发表，如龚六堂、邵宜航等。

三条线索，实际上形成了国内公共经济学三足鼎立的状况。从发展力量上看，三者还不够均衡。不同视角的发展，为公共经济学在中国的发展提供了养分，也为公共经济学理论体系创新提供了可能。

二　理论体系创新视角下的公共经济学研究还较为欠缺

从总体上看，国内公共经济学的发展还处于起步阶段，多数教科书对公共经济学基本原理作了较为系统的阐述。财政学界与公共管理学界编写了大量公共经济学教科书，促进了公共经济学理论的传播和发展。一些教科书已经开始有意识地结合中国实践作了初步的探讨。例如，初级层面的公共经济学教科书有郭庆旺、赵志耘、王雍君、孙开、杨志勇、张馨等编写的。较为深入的教科书如龚六堂的包括微观公共财政理论和宏观公共财政理论两部分内容的《公共财政理论》。该书关于宏观公共财政方面的内容则相当丰富，不仅着重介绍了宏观公共财政理论的基本内容，同时也介绍了公共财政理论研究的最新进展。

作为研究工具书，辞典是学科成熟的重要标志之一。国内公共经济学界已开始编写公共经济学辞典。郭庆旺、鲁昕和赵志耘编著的《公共经济学大辞典》（经济科学出版社 1999 年版）就是其中之一。该辞典的词条分经济学基础、财政支出理论、税收理论、财政赤字与公债理论、财政政策理论和地方财政理论六部分，从另一个角度梳理了公共经济学的主要理论。该辞典力求叙述性、知识性、稳定性和适用性，特别注意全面介绍某一理论或某一领域的研究成果，每个词条均附有参阅词条和正文中提到的参考文献。这是公共经济学理论体系创新的重要基础工作。

齐守印的《中国公共经济改革与公共经济学论纲》（人民出版社 2002 年版）试图结合中国公共经济改革现实，对公共经济学的发展提出了自己的一些看法。较早的公共经济研究成果——李军的专著《中国公共经济初论》（陕西人民出版社 1993 年版）是在其博士论文《公共物品价格与经营研究》的基础上修改而成，既涉及基础理论，也涉及公共部门的成本与价格、公共经济的组织与运行等问题，对中国公共经济问题作了初步的探讨。

公共经济学理论在国内已有一定发展，但还远远不能满足公共经济改革和政策实践的理论需求。特别是，从理论体系创新视角进行研究的文献还较为欠缺。中国公共经济改革与政策实践呼唤公共经济学理论体系创新，同时实践也为理论体系创新提供了素材。中国改革的成功实践的系统总结，可望促进包括公共经济学理论在内的一般理论的发展。中国正处于全面深化改革阶段，众多改革是针对公共部门进行的。来自西方的公共经济学理论有一定借鉴价值。但是中国从计划经济到社会主义市场经济特殊的转轨背景，中国公共部门覆盖范围较广，运作方式的特殊性，要求公共经济学理论体系的创新。反过来说，创新的理论，可以为公共部门改革提供理论支持。

关于公共经济学在中国的引进、传播与发展研究既考察公共经济学理论的传播历程，也涉及中国公共经济学的发展，属于学术史研究范畴，有较高的学术价值。之前已有部分论著涉及这一问题。胡寄窗和谈敏的《中国财政思想史》对清末民初的财政思想作了概述，特别是对五四运动以前近代财政科学的传统与应用概况作了简要的阐述。胡寄窗的《中国近代经济思想史大纲》涉及五四运动以后的财政理论的发展。丛树海（1998）对 20 世纪 80 年代以来西方财政理论的传入和影响作了整理。张馨的《公共财政论纲》（张馨，1999）对公共经济学（西方财政学）学说史的梳理较有特色，给出公共经济学的发展演变线索。邹进文的《民国财政思想史研究》对民国时期财政思想的发展作了较系统的论述。今后，我们仍有必要整理文献，深入调研，通过以财政学（公共经济学）为专业的留学生的经历考察等方式，寻找新的更丰富的公共经济学传播史料，并在此基础上，力求更全面、更深入地反映公共经济学的引进、传播与发展场景，并寻找其对公共经济学理论体系创新的启示。

三 比较视角下的公共经济学理论体系研究有较高学术价值

比较是常用的研究方法。比较财政学自 1987 年[①]在我国复兴以来，发展相对滞后。这有多方面的原因。从实践上看，计划经济国家的市场化改革是最为主要的。但这改变的只是研究对象的确定问题。计划经济与市场经济财政制度的比较仍然可以是比较财政学的重要内容。只是，这种比较更多是历史的。现实中，市场经济国家财政制度

① 邓子基（1987）主编的《比较财政学》当是标志。

也有差别，对不同市场经济背景下的财政制度比较仍有必要。这样，对公共经济的比较研究（新比较财政学研究）就需要加快。对不同公共经济理论、不同公共经济制度（主要是财政制度）进行比较研究，在构建比较分析框架的基础上，深入探讨理论与制度的异同，寻求制度演变规律和理论发展逻辑，对比较财政学科的发展将有一定的推动作用。这样的研究具有较高学术价值。

四　公共经济学理论体系研究：下一步的研究设想

是否有中国独特的公共经济学理论体系？或者是否存在一般的需要发展的公共经济学理论体系？以上两个问题，任何一个的肯定回答，都说明公共经济学理论体系研究的重要意义。显然，我们的研究不是为研究而研究，而是要对现实问题做出回应。从现实问题出发，从理论体系的演变入手，对中国公共经济学理论体系创新进行深入研究，自然有利于中国公共经济学的发展。

公共经济学理论体系研究可注意以下四个方面：

第一，公共经济学在中国的引进、传播与发展，即着重通过历史的视角，分析公共经济学在中国的演变概况，由此探讨公共经济学理论体系在中国曾经有过的变化。

公共经济学是舶来品。公共经济学在中国的传播史，同时也是接受与创新史。分析公共经济学在传播、接受、创新过程中的各种背景、力量与过程，研究它在中国的引进、传播与发展，对于构建公共经济学理论创新体系是有帮助的。什么样的理论能够得到有效的传播，理论又是怎么传播的，其中的经验是富有启示性的。但就目前而言，经济学在中国的传播与发展的文献相对较为丰富，涉及公共经济学，但较为深入地探讨公共经济学的传播和发展，目前还未见到。

这里可以采用布罗代尔的研究方法，理论研究与田野调查并进。可采用实地调研、档案查阅、文献检索等途径，深入调研公共经济学

（财政学）在中国大学的引进、传播与发展状况。特别是对北京、上海、厦门等地，适当访问一些公共经济学（财政学）传播与发展的亲历者（重要文献的引进者）。档案查阅主要是在一些公共经济学（财政学）发展基础较好的大学和科研机构进行。文献检索主要是对公共经济学（财政学）引进、传播与发展的载体——文献（教科书、著作、学术期刊等）相关内容进行检索。

综合方法，调研公共经济学的引进、传播与发展，目前还较为少见。其中涉及的人士、机构、文献较多，势必耗费较多时间和精力。学界的通力合作至关重要。

第二，公共经济的比较研究，即用比较的视角，纵横比较，分析公共经济理论与制度的异同，旨在寻找理论与制度演变的逻辑。

公共经济的比较研究是比较财政学的延伸和发展。国内比较财政学研究论著屈指可数。1987 年邓子基主编的《比较财政学》是改革开放后第一本比较财政学著作。改革与开放是同步进行的。开放促改革，这就要求我们放眼世界，观察世界财政的理论与实践动态。张馨 1997 年的《比较财政学教程》对中西财政理论与实践的比较更加深入。杨志勇 2005 年的《比较财政学》旨在构建新比较财政学框架。郭小东 2009 年的《新比较财政导论》以当代较具代表性的财政制度和财政运行方式进行比较，也提出了构建新比较财政学的任务。但就总体而言，比较财政学的发展仍然面临困境。比较财政学是作为历史的财政制度的比较，还是一个富有生机的财政学分支学科？这一问题亟待回答。如果只是前者，那么比较财政学就会成为财政史的分支学科；如果是后者，那么怎么才能让比较财政学焕发活力呢？

公共经济的比较研究就可能让比较财政学重新焕发青春。计划经济向市场经济的转轨，并不代表这世界的趋同，更不代表历史的终结。各国公共经济有着极大的差异性，这既需要理论解释，也需要理论推动实践的发展。如何寻找更具可操作性的比较分析框架，进行公共经济理论、制度、政策的比较研究，是理论研究的难点。本课题拟在此，从理论、历史、现实的不同视角，构建比较分析新框架，为公共经济学理论创新体系的构建打下基础。

第三，中国公共经济改革与政策实践研究，结合中国经济改革与政策实践，总结成功经验，破解改革之谜，为中国公共经济学理论体系创新提供现实支持。

中国公共经济改革与政策实践，在呼唤公共经济理论创新。诸多改革与政策的实施，留下了一系列谜语，亟待经济学家和社会科学家的深入研究。中国财政政策和货币政策的配合，区别于发达国家。这是临时的，还是永久的？为什么会形成这种特殊的状况？中国市场秩序的形成与发展，特别是逆向成长的市场经济，有着诸多不同于自然成长的市场经济的特征。如何在保证公平的前提下，让市场效率得到最大的发挥，这是前所未有的研究任务，亟待公共经济理论创新。

中国公共部门的范围界定不同于发达国家。各种营利性国有企业、国有资源管理、国有土地管理等和中国的社会制度选择有着密切关系。但是，现实与理论的协调，需要创新理论的支持。从中，我们可能发展出一些新理论。

中国的政府资产负债表的编制与完善，仍有大量技术问题需要解决。这是传统公共经济学所没有涉及的课题，亟待公共经济学理论的创新。解决这一问题，需要财政学、会计学、公共管理学等多个学科知识的支撑。

第四，中国公共经济学理论体系创新研究。在以上研究的基础上，尝试构建新的中国公共经济学理论体系。如果能够得到一些具有普遍意义的研究成果，那么这也可能对公共经济学的发展产生影响。

公共经济学理论体系创新难度很大，需要在扎实的研究基础之上稳步推进。综合必要与可能，笔者认为，可以在公共经济学思想史，公共经济史（财政史），新比较财政学（公共经济的比较研究），公共经济学的理论前沿研究，中国公共部门的界定、机构设置与运作的经济研究等方面先深入研究，再在相关成果的基础之上推进新的公共经济学理论体系构建。

参考文献：

[1]《资本主义国家财政》编写组：《资本主义国家财政》，中国财政经济出版社 1985 年版。

[2] 鲍德威、威达逊：《公共部门经济学》（第二版），中国人民大学出版社 2000 年版。

[3] 布朗、杰克逊：《公共部门经济学》（第四版），中国人民大学出版社 2000 年版。

[4] 邓子基主编，邓子基、巫克飞、葛南翔、董大胜编著：《比较财政学》，中国财政经济出版社 1987 年版。

[5] 邓子基主编，张馨副主编：《现代西方财政学》，中国财政经济出版社 1994 年版。

[6] 蒋洪等：《财政学教程》，上海三联书店 1996 年版。

[7] 罗森：《财政学》（第二版），中国财政经济出版社 1992 年版。

[8] 罗森：《财政学》，（第四版、第六版、第七版、第八版），中国人民大学出版社 2000 年（及其他后续年份）版。

[9] 平新乔：《财政原理与比较财政制度》，上海三联书店 1992 年版。

[10] 斯蒂格利茨：《公共部门经济学》（第三版），中国人民大学出版社 2005 年版。

[11] 王传纶：《资本主义财政》，中国人民大学出版社 1981 年版。

[12] 王传纶、高培勇：《当代西方财政经济理论》，商务印书馆 1995 年版。

[13] 杨志勇：《比较财政学》，复旦大学出版社 2005 年版。

[14] 杨志勇：《财政学科建设刍议：结合中国现实的思考》，《财贸经济》2007 年第 12 期。

[15] 杨志勇：《关于中国财政学发展方向的思考》，《地方财政研究》2013 年第 5 期。

[16] 杨志勇、张馨：《公共经济学》，清华大学出版社 2013 年第 3 版。

[17] 张馨：《比较财政学教程》，中国人民大学出版社 1997 年版。

我国财政学研究及专业发展方向探究[①]

马海涛　白彦锋*

（中央财经大学财政学院　100081）

摘　要：财政学是我国应用经济学中的传统优势学科。然而，近年来，在学科发展、国际交流、人才培养等不少方面滞后于金融、会计等兄弟学科。抚古思今，国内财政学的发展既需要深刻反思、迎头赶上，更需要坚持本土特色。国际经验中国化是手段，中国经验国际化是目的。伴随着中国综合国力特别是财政实力的不断增强，财政学应当担当起引领国际发展的突破口和排头兵。

关键词：财政学　发展方向

一　我国财政学科发展的轨迹

如果以1776年亚当·斯密《国富论》（Smith［1776］，1937）出版为标志，西方财政学作为一门完整、系统的学科已经有200多年的历史了。

---

* 作者简介：马海涛，中央财经大学财政学院教授。研究方向：财政理论与政策。E－mail：mahaitao0511@163. com。白彦锋，中央财经大学财政学院院长、教授、财税研究所副所长。研究方向：财税理论与政策。E－mail：barede@163. com。

① 本文受到教育部新世纪优秀人才支持计划（NCET－11－0748）、北京市哲学社会科学规划项目“首都地区征收交通拥挤税与烟尘排放税的可行性分析”（13JGB122）、中央财经大学青年创新团队“中国生态文明建设中的能源财政问题研究”、中央财经大学研究生创新项目和“中财—鹏元地方财政投融资研究所”的资助。

20 世纪上半叶，财政学一度成为中国留学生专业的重要选择，“显学”地位突出。当时的中国财政学界可谓群星璀璨，马寅初、陈岱孙、何廉、陈启修、寿景伟、朱偰、尹文敬等都是其中的代表。目前，国内普通高校设置财政学本科专业的有 74 所，其中既包括北京大学等综合性大学，也有不少师范、民族和理工类院校。设有财政学（公共经济学）硕士点的约有 50 所，设博士点的约 22 所。其中，各老牌财经院校的财税学科一般都历史悠久，早在 20 世纪 50 年代全国院系调整之后就有财政学或财政金融学专业（张馨等，2010）。目前，中央财经大学、厦门大学、中国人民大学、中南财经政法大学、上海财经大学和东北财经大学将财政学作为国家重点学科建设。

1998 年积极财政政策出台，直接催生了一些综合性大学新设财政学专业。财政学专业只要顺应时代要求，仍有广阔前途。

二　国际财政学的发展状况

（一）缘起

国际财政学的发展缘于信奉经济自由思想的财政学鼻祖亚当·斯密。他认为社会公共利益的增进，是通过自由状态下个人追求自我利益的过程而自然达到的。为此，政府应该严格控制支出规模，更反对政府举债，政府收支要平衡，这就是斯密所奠定的古典财政理论的基本分析框架，称之为“黄金法则”（golden rule，亦即“sustainable investment rule”，可持续财政纪律）并不为过。这一理论框架为人们所认可，是与经济自由主义背景下英法等资本主义的迅速发展密不可分的。

（二）调整

为了缓解垄断资本主义时期的阶级矛盾，德国俾斯麦政府采取了“胡萝卜加大棒”（carrot and stick）的主张，推行了一系列社会保障政策。与之相适应，德国历史学派应运而生，其中的代表就是“瓦格纳定律”（wagner’s rule），主张政府的活动范围随着工业化的进程而不断扩张。

（三）凯恩斯主义崛起

1929—1933 年的资本主义危机直接撼动了自由放任经济理论在西方经济思想界的统治地位。为此，出现了罗斯福新政。罗斯福新政（the new deal）是指 1933 年富兰克林·罗斯福就任美国总统后所实行的一系列经济政策，其核心是三个 R：救济（Relief）、复兴（Recovery）和改革（Reform），因此有时也被称为“三 R 新政”。“救济”主要针对穷人与失业者，“复兴”则是将经济恢复到正常水平，针对金融系统的改革则试图预防再次发生大萧条。与之相呼应，凯恩斯发表的《就业、利息与货币通论》（Keynes，1936）主张在萧条时期使用扩张性的财政政策和货币政策进行国家干预，通过增加有效需求促进经济增长，从而完成了国家干预理论对古典自由经济理论的“革命”，财政学也逐渐形成了财政支出与税收并重的研究框架。

（四）公共产品理论和财政联邦主义融合发展

凯恩斯的政府干预理论关注的是充分就业，并未涉及资源配置。为此，20 世纪 40 年代末开始，萨缪尔森试图将凯恩斯主义与马歇尔的新古典理论糅合起来，即将政府干预和市场机制综合起来，并在 1954 年发表的《公共支出纯理论》（Samuelson，1954）中对公共产品的概念和最优供给做了经典分析，从而将财政学建立在了微观分析基础之上。基于此，1959 年美国财政学家理查德·马斯格雷夫在《公共财政理论》（Musgrave，1959）著作中提出了财政的三职能论：资源配置、收入分配和经济稳定。

后来，蒂布特（Tibout，1956）、奥茨（Oates，1972）和马斯格雷夫等的财政联邦主义“TOM 模型”提出了当“以手投票”和“以脚投票”机制得以实现时，居民可以通过投票和自由迁移、群分来选择地区政府及公共服务组合。这样就形成了对地区政府相互竞争的激励机制，从而提高教育、卫生等公共服务，提升社会福利。

（五）财政学向公共经济学蜕变

携成功解决经济危机的余威，凯恩斯主义长期指导了战后资本主义的发展，但使经济长期处于通货膨胀，并最终在 20 世纪 70 年代造成了经济停滞与通货膨胀并存的“滞胀”局面。货币主义、供给学派、理性预期学派、公共选择学派等新自由主义卷土重来，最终促使财政学的研究视野得到了空前拓展，从主要研究政府财政收支扩展到了与资源实际利用有关的整个公共部门，从而使“财政学”完成了向公共部门经济学或者公共经济学的蜕变。

20世纪70年代，戴蒙德和米尔利斯（Diamond and Mirrlees，1971）将拉姆齐（Ramsey，1927）开创的最优商品税理论推向了现代化，将财政学关于效率与公平的关注进一步深化。最优税收理论对斯密等人的传统税收原则进行了现代阐释，研究范围从税率拓展到了税基。

随着现代经济的发展，人们对公共利益的诉求开始逐渐升级，财政学研究的内容更多地关注到了社会保障、教育、卫生、环保等领域，特别是社会保障作为政府支出的重头而得到了前所未有的关注，研究的着眼点包括了各类社会保障支出以及现收现付制（cash basis）、部分积累制、完全积累制（accrual basis）对人们行为的影响，进而探索最优的保障模式。除此之外，财政学研究的“触角”还延伸到了腐败、慈善捐赠、彩票、电子商务课税、非营利组织等非主流领域，这些都在丰富着财政学的研究内容，更使国际财政学焕发勃勃生机。这些不同的研究分支在国内则体现为教育财政学、环境财政学、卫生财政学等不同专业方向的拓展和延伸。

当20世纪70年代公共选择理论兴起时，传统的公共产品理论遭到了质疑，布伦南和布坎南（Brennan and Bucanan，1977；1978；1980）认为，现实中政府自私、贪婪地攫取税收而不能专注于公共产品的提供，这就颠覆了传统上政府“父爱主义”（paternalism）的光辉形象，代之以面目狰狞的“怪兽模型”（leviathan model）。为此，德姆塞茨（Demesetz，1970）开始探讨公共产品的私人生产问题，并认为：如果能够排除不付费那部分人对公共产品的享用，则私人生产就是可行的。Cronqvist 和 Thaler（2004）对瑞典社会保障私有化制度的实证研究则表明，部分的私有化也许比彻底的私有化更可取。

（六）经济全球化条件下的财政学研究

近年来，经济全球化的趋势日益明显，开放经济中的气候变化、环境保护等财政税收问题日益引起了人们的关注。“公共悲剧”的概念由大卫·休谟（David Hume）（1740）做出完整阐述：在一个经济社会中，如果有公共物品或服务存在，“搭便车”（free - riding）的现象就不可避免，但如果所有社会成员都成为搭便车者，最后的结果则是没有一个人能享受到公共物品或服务的好处。在没有制度约束的情况下，“公共事物自由享用”的自由反而给公众带来毁灭性打击，有限的公共资源与无限的个人欲望之间的矛盾，必然引发资源的滥用、破坏，并最终导致资源枯竭。反观现实生活，草场退化、水体污染、臭氧层破坏等环境问题均可视作“公共悲剧”的真实写照。“公地悲剧”又称“哈丁悲剧”，最初是由英国学者哈丁（Garrett Hardin）在其1968年发表在《科学》杂志上的同名文章中，针对“公共资源”（common pool resources）提出来的。“公共悲剧”和“公地悲剧”产生的根本原因都可归结为“外部性”（externality）问题，即私人成本和社会成本、私人收益和社会收益的不一致。但休谟提出的“公共悲剧”产生于公共产品的供给过程，当提供公共产品的私人收益低于社会收益，公共产品总有供给不足的倾向；相反，在公共产品的享用（消费）过程中，当私人成本低于社会成本，就会产生过度消费倾向，从而引发哈丁所谓的“公地悲剧”。

此外，人们开始关注“全球性的公共产品”（Global Public Goods，GPGs）以及相应的行之有效的融资方式：①交通征税（transportation levies）；②货币和金融交易税（currency and financial transaction taxes）；③资本化的国际货币基金组织的特别提款权（capitalization of IMF special drawing rights）；④销售，动员或资本化 IMF 黄金（sale，mobilization or capitalization of IMF gold）（Binger，2003；Quiggin，2010）。

（七）小结：社会经济发展现实是财政学理论的指路明灯

梳理分析国际财政学的发展历程我们不难发现，第一，社会经济发展现实是财政学理论的指路明灯。财政学理论的发展不可能脱离和超越社会经济发展现实。财政学之所以历久弥新，基本原因在于，财政学理论紧密关注现实社会经济的发展，总是将促进经济发展和社会进步当作自己的第一要务，并对自身的理论主张不断进行调整，从而使财政学保持了持久而旺盛的生命力。而要突破财政学当前在国内的发展困境，关注现实、调整自身的理论体系不断与时俱进是不二选择。换句话说，在财政学领域，没有什么亘古不变的经典，随遇而安、相机抉择才是财政学的精神实质。

第二，协调政府与市场两种不同资源配置方式之间的关系，始终是贯穿财政学发展的主要矛盾。政府与市场、国家干预与自由放任，二者如影随形、此消彼长，它们之间的犹如“阴阳”的不断态势调整构成了财政学发展的主线。瓦格纳对斯密的修正，凯恩斯对斯密的革命，新自由主义的东山再起，公共产品的私人供给等，无不如是。直到今天，党的十八大报告依然强调“经济体制改革的核心问题是处理好政府和市场的关系”。

三　我国财政学专业发展中存在的困惑

（一）财政专业发展面临的严峻挑战

财政学所面临的挑战是现实的。从财政与经济关系来看，财政政策和财政制度对经济都有影响。如何选择合适的财政政策？如何设计合适的财政制度？“经济—财政—经济”的传统思考范式仍然有用，要发扬光大，但财政与经济关系问题已以新方式表现出来，经济全球化就是其中之一。这亟待加强财政学的国际视角研究，深入研究国家间的经济合作与竞争问题，研究财政政策的国际协调，研究财政制度的国际趋同问题。

就财政学专业的发展环境来说，在校内面临会计、财务、法律、公共管理等专业的围追堵截，在社会上有各种培训机构的以注册会计师、注册税务师等资格培训为代表的强有力的挑战，国际上随着我国经济实力的不断增强和人民币的持续升值，以及国际交往的日益便捷，留学门槛在不断降低；以2011年成立的“上海纽约大学”为标志，国内的中外合作办学形式不断翻新，国内高校财政学专业的发展群狼环伺、挑战严峻。

在这方面，财政学发展要向金融学、会计学学习。金融学和会计学专业的迅猛发展与财政学形成鲜明的对比。这两个专业的发展，与它们和市场经济联系密切相关，与它们主动拓宽专业领域有关。1998年，大学本科专业调整，货币银行学与国际金融学合并成金融学。从此，金融学进入大发展阶段。金融学在区分宏观金融和微观金融的基础上，不仅巩固了原有的研究领域，而且大大拓展了研究范围。“公司财务”（企业财务管理）以“公司金融”的名义成为“金融学”的一个分支。而财务是财政学的传统研究方向之一。财务和投资由于体制机制的变化及市场经济的发展，有了较大的独立发展空间。

（二）我国财政学专业发展的国情挑战

就财政学科发展的现实国情来看，一方面，近年来我国财政规模不断扩大，2012年，全国财政收入超过11万亿元，占到GDP近1/4，如果再加上社会保障、国有资本经营预算和土地出让金收入等政府间接控制的资金，以及“真金白银”的财税收入和“掺杂使假”的国内生产总值（GDP），这一占比会更高①。国家统计局数据显示，2003—2011年，中国经济年均增长10.7%，而同期世界经济的平均增速为3.9%。中国经济总量占世界经济总量的份额，从2002年的4.4%提高到2011年的10%左右；中国经济总量在世界的排序2002年居第6位，自2010年起一直稳居世界第2位。如此匡算，我国财政总规模不管从世界占比和世界排序来说，都在世界范围占有举足轻重的位置。为此，研究我国财政学科的发展世界意义非常深远。

另一方面，我国财政发展战略面临重要历史发展节点。社会上普

① 2013年6月，国家统计局在其官方网站通报广东中山市横栏镇在工业企业统计上弄虚作假情况，指出其工业统计数据严重失实，核查71家工业企业发现，其经科局编报2012年年报工业总产值85.1亿元，初步核实为22.2亿元，虚报62.9亿元，虚报占比高达73.9%。参见国家统计局官网，http：//www.stats.gov.cn/bgt/。

遍存在“高财政收入占比、政府主导、挤压市场”“低税收、高支出、高福利”等不同道路的选择，有的甚至包裹所谓民意外衣，鼓吹“政府万能”或者“福利赶超”，这些都是与包容性增长①的财税政策取向背道而驰的（楼继伟，2013）。应该说，之所以出现这些关于财政不同发展道路的争论，根本上还在于我国近年来财政经济形势的迅速发展，居民收入差距扩大、生态环境恶化，财政学本身未能对社会民生等现实问题给出很好的解答；在财政预算透明化、税收立法民主化等浪潮的推动下，我国个人所得税等免征额的改革不断突破上限，“网络民意”有使财税改革误入歧途之嫌。因此，不管是国家的财政发展战略，还是国家财税改革的机制设计，都对财政学专业发展提出了严峻挑战。加快财政学自身建设、增加财政学专业建设的现实关切，应当成为我国“建设人民满意的财政学”的题中应有之义。否则，我国财政学确实有被国家发展抛弃至少是忽视的危险。

就考核方式来说，我国高校目前《财政学》课程考试方式普遍以笔试为主，考试内容以死记硬背为主，成绩评定主要以期末考试“一考定终身”。这样的传统考核方式一方面造成学生平时不刻苦，临到考试临时“抱佛脚”；另一方面极易造就“高分低能”的学生，教学效果并不理想。可以说，我国财政学发展面临的困惑是全方位的。

四　对我国财政学专业发展的思考

（一）专业拓展及不同专业融合

近年来，作为应用经济学的分支，国内外财政学与政治学、社会学、法学、管理学的融合发展趋势不断显著。例如，近年来，财政学与管理学的融合至少包括了国债管理、预算管理、政府采购管理、纳

① 包容性增长（inclusive growth），由亚洲开发银行在2007年首次提出。包容性增长寻求的是社会和经济协调发展、可持续发展。与单纯追求经济增长相对立，包容性增长倡导机会平等的增长，最基本的含义是公平合理地分享经济增长。

税评估管理等内容。

随着计量经济学的发展、相关数据库的建立，直接促进了财政学经验性研究和实证研究的发展。现代财政学研究工具中的另一大亮点就是博弈论和信息经济学的运用，其关注的核心是信息不对称，这就要求财政学的研究不断放松研究假设，以对现实做出更为准确的研究和解释。

财政学与其他学科的交叉和渗透，为财政学研究带来了不断突破。行为财政学是从心理学角度研究经济学的一门新兴学科。与之类似，实验经济学在财政学某些领域的研究可以发挥独特的作用。例如，传统的公共产品理论无法验证“搭便车”（free - riding）现象，实验经济学则打开了一扇窗。大量实验表明，某些个人是不会搭便车的。随着博弈人数的增加，搭便车的人数也会增多。在一次实验当中，几乎不存在免费搭车的证据，而重复试验时，搭便车行为就会出现（杨志勇，2006）。

再如，“实验联邦主义”（laboratory federalism）（Oates，1999）就是财政分权理论与实验经济学结合的产物。实验经济学（experiment economics）不同于传统经济学，它运用实验的方法研究经济问题。在此之前，传统经济学作为一门社会科学，曾被认为是不可实验的。而实验经济学通过模拟自然科学实验，处理实验中所获得的数据，得出相应结论，验证已有经济理论假说，或提出挑战，或使理论更加严谨。实验经济学在一定程度上改变了经济理论难以验证的说法。实验经济学并不是要完全替代现有的经济学，而是要从一个全新的视角审视经济问题。作为实验经济学的旗舰刊物《实验经济学》（*experiment economics*）于1998年创刊，史密斯（Vernon Smith）因实验经济学的研究还获得了2002年诺贝尔经济学奖。

公共选择理论把市场中的个人选择延伸到了政治市场中的集体选择，研究选民、政治家、政府官员以及利益集团的行为，从政治程序上探索“政府行为”的根源，在方法论上意义深远。在公共支出领域用中位选民理论（the median voter theorem）分析公共支出水平的决定，用官僚理论分析政府规模扩大以及利益集团对公共支出的影响

(Niskanen，1967；1971)。近年来，国际财政学中也引入了比传统经济学更具有解释能力的社会学来对政治行为进行分析（Stigliz，2002)。

（二）在保持国内财政学本土人格的前提下，推进国内财政学研究的国际接轨

国内财政学研究的国际接轨方面，应该坚持有所为、有所不为的基本原则，而不能在所谓的“国际接轨”中迷失自我。一方面，为了适应经济全球化和高等教育国际化的发展趋势，进一步提升我国财政学教育的国际化程度是大势所趋，重点是学习西方的培养模式、教材体系和研究规范，从本科阶段开始就强调经济学基础训练。国内财政学重点高校在高级宏观、高级微观、高级计量等“三高课程”选用国际一流教材，研究生经典文献选读课程注意选择前沿文献进行教学。同时，应进一步加大海外名校师资引进力度和留学访问交流力度，在这方面国家有关教育部门和财政部门应不断加大财政投入力度，否则，海外师资的引进就是“水中花、井中月”。

另一方面，海外综合性大学在机构设置上一般都没有专门的财政系，而是人文和社会科学学院下设经济系，如 Martin Feldstein 所在的哈佛大学经济系。但国外大学机构设置的特点是综合性大学设置公共经济研究中心。如美国加州大学伯克利分校（university of california - berkeley）设有“税收政策与公共财政研究中心”（center for tax policy and public finance)；斯坦福大学设有“公共财政与私人财务研究中心”（Center for Public and Private Finance，CPPF)；乔治梅森大学（george mason university）以布坎南①为带头人长期建设的“公共选择研究中心”（Center for the study of public choice)；佐治亚州立大学（georgia state university，atlanta）的“财政研究中心”（fiscal research center)。

我国财政学的学科建设既要注重国际化，也要结合中国国情，特

① 詹姆斯·麦吉尔·布坎南（James McGill Buchanan，1919—2013 年）是美国的经济学家，以研究公共选择理论而闻名，他也因此获得 1986 年的诺贝尔经济学奖。

别是要坚持我国财政学院系和专业设置的本土特色。第一，由我国20世纪50年代全国院系调整的历史原因所致；第二，与我国当前政府财税部门对财税专门人才（包括财税干部的后续教育）的强烈现实需求密不可分，他们更看重财税专业知识，而非经济学通识；第三，财政宏观调控离不开“治大国如烹小鲜”的国学智慧，在这一点上国内外概莫能外；第四，从根本上讲，我国财政学建设是要服务于我国本土财政的改革发展的。从这种意义上讲，国内最近一段时间出现一味推崇在国际核心期刊发表论文的倾向是值得警醒的；我国台湾等地出现的财政学乃至经济学者不关注本土财经问题、削尖脑袋、挤破头皮发表国际期刊文章的做法是不可取，也不可效仿的。这就需要国内高校在职称评定、学术晋升等方面对国内外的科研成果综合权衡，切不可因为一味崇洋媚外而丧失自我。换句话说，“保持国内财政学的本土人格是经济全球化、财政学科国际化建设过程中不可偏废的”。

（三）财政学研究的本土化

从学科发展上来看，“财政学”本土特色明显，“公共经济学”则更具海派舶来意味。近年来，随着我国政府财政规模的不断扩大、社会经济影响力的持续增强，传统“财政学”有向着“公共经济学”逐渐嬗变的要求和趋势。“公共财政学”与“公共经济学”之间的关系是什么、“财政学向何处去”？类比理工学科界的“钱学森之问”，被称为财政学界“齐守印之问”。之所以出现“公共财政学”与“公共经济学”之间关系的思辨，很大程度上是因为公共财政学（public finance）受制于英文表述的局限性，主要研究“筹钱、融资”的收入问题，而未涵盖卫生、教育等支出领域，有“一头沉”之嫌，为此才需要转向公共经济学（public economics）。显然，类似的问题在我国中文表述中其实并不构成问题。

倒是行为财政学（behavioral public finance）、实验财政学（experimental public finance）、动态财政学（dynamic public finance）（朱军，2010）、财政社会学（fiscal sociology）等新兴财政分支学科应该引起足够的重视。具体来讲，我国新房产税、“营改增”等“先试点、再推广”的“渐进式改革的中国模式”等都切实体现了西方“实验财政学”的思想真谛。换句话说，“财政实验”更多时候是不能放在象牙塔的实验室中，而需要进行真正的“社会实验”。在这方面，20世纪30年代晏阳初所推行的乡土教育拥有这方面的基因。2013年初国家出台二手房20%个人所得税政策之后，对房地产市场的“火上浇油”效应以及个人所得税的间接化，即对供需双方行为产生的影响；2011年房地产市场条款中，地方政府在减免契税、放松贷款、公积金政策等屡次“冲关”被中央政府通过“打地鼠式的”宏观调控失败之后，通过大幅提高普通住宅标准而通过隐性减免契税、营业税等房地产税费来为房地产市场松绑“暗度陈仓”、来为不断高歌猛进的房价“背书”；乃至为了完成外贸考核指标、套取出口退税的外贸数据作假，为了套取国家给予脱硫电价的财政补贴的环保数据作假，等等，都是鲜活的“动态财政学”案例。也就是说，国家为实现某种政策目标出台的财税政策，很多时候其实扭曲了微观经济主体的行为。因此，“临渊羡鱼”还是直接撸胳膊挽袖子“下河捞鱼”，知者自明；“财政社会学”利用社会学等来研究财政问题，这是美国经济史学家熊彼特所特别强调的。

总之，中国的财政改革发展丰富而精彩，厚重而智慧。以“实验财政学”为例，我国财政改革历来遵从“先试点、再推广”的做法，这一点在资源税从价计征改革、新房产税、增值税转型方面表现得淋漓尽致，然而我国财政理论界与之契合的研究成果却总体上乏善可陈。可以说，我国财政改革的实践丝毫不落后，落后的是国内的财政学研究，它不仅滞后于国际同行，甚至滞后于国内的财政改革发展。如何将国际经验中国化、中国经验国际化，这是国内财政学界面临的严峻挑战。

（四）财政学课程体系

与我国社会主义市场经济体制建设目标相适应，政府要从市场培育者向市场监管者转变，从经济建设主体向社会公共服务主体转变，作为政府经济学的财政学培养目标要从服务政府向服务社会转变，培养方向要以改善民生为本，促进人的全面发展。

随着我国公共财政体制的全面确立和财政学专业就业格局的变化，要求财政学专业毕业生不仅能胜任财政、税务等政府部门、事业单位的工作，更能够符合企业管理和理财的要求，而且还能够从事会计师事务所、税务师事务所、审计事务所、证券评级机构、资产评估所等中介机构的财政税务工作。为此，财政学专业的培养目标应是政治立场坚定、思想素质过硬、能够适应市场需要、基础扎实、知识面宽广、综合素质和适应性较强的高级应用型财税人才。

为此，在我国大力建设人民满意的服务型政府背景下，要优化财政学的课程体系，以《财政学》《税收学》为中心，以政府——《政府预算管理》《政府采购管理》《公共支出分析》《中国税制》《国际税收》《税务管理》《纳税评估》和企业——《税收筹划》《税务代理》《税务会计》为两翼。

在教学内容上，注重处理好财政学专业基础课与专业主干课之间的衔接，科学、合理地界定每门课程的讲授内容，克服课程之间的内容交叉重复。教学重点一方面要尽量反映国内外财税研究的最新成果和发展趋势，另一方面要体现财税管理的有效做法和基本经验，运用案例教学、实验教学等贴近我国财税管理的实际，注重学生综合技能和实践动手能力的培养。具体来讲，《财政学》《税收学》主要讲授财税基本理论、夯实学生的理论基础。《政府预算管理》《政府采购管理》《公共支出分析》等课程研究政府行为的规范化和政府决策的科学化。《中国税制》《国际税收》《税收管理》注重从征纳双方和国内外等不同侧面阐述税收实务。《税收筹划》《纳税评估》《税务会计》《税务代理》等课程侧重培养学生的基本技能。

在教学组织方式上，要将传统的课堂讲授与讨论课、案例教学以及社会调查等多种教学组织方式相结合，并根据不同的教学内容、教学目标而有所侧重。具体来讲，财政部分侧重理论，讲授应以课堂讲授为主、讨论为辅。在讲授财政基本原理的基础上，就财政总论、财政支出、财政收入、国家预算、政府债务和财政政策等一些重要理论组织专题讨论，也可以结合国家宏观经济政策进行。力争通过讨论，使学生开阔思路，举一反三。税收部分侧重实践，因此应以案例教学为主，课堂讨论为辅。通过对案例的分析求证，充分调动学生学习的积极性和主动性，培养学生在接近实际的条件下独立思考和解决问题的综合能力。

（五）财政学教材建设

在当今国际上，《财政学》教材的写作主要遵循两种思路，一是福利经济学，二是公共选择理论，后者兴起较晚。以福利经济学为基础写作财政学的主流教材有马斯格雷夫 1959 年出版的《财政学原理》、特里斯克 1981 年出版的《财政理论》、鲍德威 1979 年出版的《公共经济学》、斯蒂格利茨 1986 年出版的《公共部门经济学》以及罗森 1985 年以来多次再版的《财政学》等；以公共选择理论为基础撰写的财政学教材主要有杰克逊 1990 年出版的《公共经济学》、霍比科 1979 年出版的《公共经济学》、库里斯等 1998 年出版的《财政学与公共选择》等。国内财政学教材仍以福利经济学方法为主，只是在个别问题上用公共选择理论来阐述；在内容上以“支出—收入—平衡—政策”的“收支管平”为主（郭庆旺、赵志耘，2002）。

在教学方法和手段上，确立学生在教学过程中的主体地位，充分调动学生参与课堂教学的积极性和主动性，使学生成为知识的主动获取者。这就要求课堂教学大量采用启发式教学和案例教学，积极推进双语教学和实验教学；探索外聘业务部门教师，大力组织学生参观学习和社会调查，培养学生的动手和实践能力；将学生吸收到教学的科研项目中来，寓教于研，通过科研项目培养学生的科研能力，加深学生对财税基本理论的认识和理解。

在成绩考核上，要注重扬弃传统的考核方式和评价标准，积极借鉴吸收国际一流大学注重平时考核、文献阅读、案例展示等过程管理手段，以学生的专业综合能力提高为最终判断标准，构建与新型财政学教材体系相适应的考核评价方法。考核方式上注重笔试、口试、论文、社会调研等灵活多样的形式。考核内容上，注重针对不同课程类型，确定考核重点。总的指导思想是减少客观题，增加主观测试题。整个考核围绕财政学所涉及知识的系统性、综合性等能力培养来展开。

在学位管理上，要全面吸收新中国成立以前清华大学、北京大学等高校成功的办学经验，以不端测试、双向双盲匿名评审等为抓手，严格学位管理，提高财政学学位淘汰率，切实提高财政学研究生培养质量，将财政学研究生培养打造成财政学建设的灵魂。

参考文献：

[1] [英] 休谟：《人性论》，商务印书馆 1980 年版。

[2] Adam Smith, *An Inquiry into the Nature and Cause of the Wealth of Nations*, Modern Library edition (New York: Random House, 1937).

[3] Albert Binger, "Global Public Goods and Potential Mechanism for Financing Availability", *Background Paper Prepared for the Fifth Session of the Committee for Development Policy meeting*, April 7 - 11, 2003.

[4] John Quiggin, "Agriculture and Global Climate Stabilization: *A Public Good Analysis*", International Association of Agricultural Economists, 9, Nov. 2010.

[5] Brennan, Geoffrey, and James Buchanan, "Towards a Tax Constitution for Leviathan", *Journal of Public Economics*, December 1977, 8, pp. 255 - 273.

[6] Brennan, Geoffrey, and James Buchanan, "Tax Instruments as Constraints on the Disposition of Public Revenues", *Journal of Public Economics*, June 1978, 9, pp. 301 - 318.

[7] Brennan, Geoffrey, and James Buchanan, *The Power to Tax: Analytical Foundation of a Fiscal Constitution*, New York: Cambridge University Press, 1980.

[8] Cronqvist, H. and Thaler, R. H., Design Choices in Privatized Social Security Systems: Learning from the Swedish Experience, *American Economic Review*, No. 2, 2004, pp. 424 - 428.

[9] Demsetz, H., The Private Production of Public Goods, *Journal of*

Law and Economics, No. 13, 1970, pp. 293 – 306.

[10] Diomand P. J. and Mirrlees, J., Optimal Taxation and Public Production, Part II: tax rules, *American Economic Review*, No. 61, 1971, pp. 261 – 278.

[11] Feldstein M., The Transformation of Public Economics Research: 1970 – 2000, *Journal of Public Economics*, No. 3, 2002, pp. 319 – 326.

[12] F. P. Ramsey, "A Contribution to the Theory of Taxation", *The Economic Journal*, Vol. 37, No. 145, Mar. 1927, pp. 47 – 61.

[13] Keynes, John Maynard, *The General Theory of Employment*, Interest, and Money, 1936.

[14] Musgrave R. A., *The Theory of Public Finance*, New York: MCGraw Hill, 1959.

[15] Niskanen, William (1967), The Peculiar Economics of Bureaucracy, Institute for Defense Analyses, Program Analysis Division (1967), ASIN B0007H5TBG.

[16] Niskanen, William (1971), Bureaucracy and Representative Government, Aldine, Atherton, ISBN 0 – 202 – 06040 – 3。

[17] Oates W. E., An Essay on Fiscal Federalism, *Journal of Economic Literature*, No. 37, 1999, pp. 1120 – 1149.

[18] Oates, Wallace E., *Fiscal Federalism*, Harcourt Brace Jovanocich, Inc., 1972.

[19] Samuelson P. A., The Pure Theory of Public Expenditure, *Review of Economics and Statistics*, No. 36, 1954, pp. 387 – 389.

[20] Stigliz J. E., New Perspectives on Public Finance: Recent Achievements and Future Challenges, *Journal of Public Economics*, No. 86, 2002, pp. 341 – 360.

[21] Tiebout, Charles, "A Pure Theory of Local Expenditure", *Journal of Political Economy*, Vol. 64, No. 3, Oct. 1956, pp. 416 – 424.

[22] 陈前:《关于〈财政学〉教学改革的几点思考》,《商情》2008

年第 2 期。
[23] 郭庆旺、赵志耘：《财政学》，中国人民大学出版社 2002 年版，“前言”。
[24] 楼继伟：《包容性增长中的财税改革》，《中国发展观察》2013 年第 4 期。
[25] 尚可文：《财政学专业建设的理论与实践》，《网络财富》2009 年第 3 期。
[26] 杨志勇：《当代西方财政理论的发展轨迹》，载郭庆旺《财政学评论》，中国财政经济出版社 2006 年版。
[27] 杨志勇：《中国财政学该向何处去》，《中国财经报》2012 年 12 月 28 日。
[28] 张馨等：《关于国内外高校财政学教育概况的报告》，载寇铁军主编《财政学基础理论与教学改革研究》，东北财经大学出版社 2010 年版。
[29] 钟晓敏、高琳：《现代财政学的发展历史、现状和趋势》，《财经论丛》2009 年第 1 期。
[30] 朱军：《高级财政学：现代公共财政前沿理论分析》，上海财经大学出版社 2010 年版。

中国式财政学教学体系的反思与重构

谢贞发*

（厦门大学经济学院　361005）

摘　要： 当前的中国式财政学教学体系要么是传统的以实务为基础的“收支平管”体系，要么是以西方财政学为基础的所谓“现代财政学”。前者的缺陷是学术性不足，后者的风险是“食洋不化”。笔者结合访学经历，分析了美国本科生与研究生财政学教学内容特点。国外财政学教学内容的设计以“财政收支”为基本体系，梳理相关重要理论和现实问题的理论及实证研究成果，因应理论发展和现实变化来调整内容，多学科视角和方法贯穿于文献梳理和教学中，重在深化学生对财政学科重要理论和现实问题的认识并激发学生的研究兴趣。相比国外的教学体系和内容建设，国内的财政学科教学体系存在明显的“国际化与本体化”严重脱节的问题，简单建构于西方财政学体系基础上的“中国式财政学”明显脱离中国现实，导致学生“为学而学”，难以“学以致用”。笔者认为，随着国内外对中国相关财政问题研究的深化与丰富，我们已积累了较为丰富的文献基础，这为重构中国式财政学教学体系奠定了良好基础，以重要的中国式财政理论和现实问题为导向，以重要研究文献为基础，融合多学科的研究成果，形成中国式财政学的系列专题，成为重构中国式财政学教学体系的重要发展方向。

关键词： 中国式财政学　西方财政学　国际化与本土化

---

* 作者简介：谢贞发，厦门大学经济学院财政系副教授。研究方向：公共经济学。E－mail：xzf@ xmu. edu. cn。

在中国，一般把财政学科作为应用经济学类的一个二级学科。但相比其他经济学科，财政学科的一些特征显得更为突出：一是研究对象不同于一般的经济问题，而是对政府财政收支行为及其效应进行探究的学科，这使得它与其他经济学科的立足点有所差异，也使得它与一国的政治经济环境的联系更为紧密。二是针对不同国家财政问题的理论和实证研究的结论的外部有效性有限。正因为财政学的研究内容与具体政治经济环境密切相关，就意味着不同政治经济环境会产生明显有差异的结论，典型地如以美国为代表的联邦体制与中国权威体制下的财政体制问题会呈现许多显著差别，这意味着不能简单套用基于他国财政事实的理论，而应该基于本国国情对理论和实证证据进行“再创新”。三是多学科融合的特征更为突出，由于财政学研究对象和内容的特殊性，它是经济学、政治学、公共管理学、法学等相关学科的融合，需要从多学科、多角度来深化财政问题的认识。

上述对财政学学科特征的简单总结，意味着要把财政学科建设好，其难度是相当大的。一方面，不能简单照搬国外的财政学或公共经济学的教学和研究模式；另一方面，我们又必须用具有国际化、现代化的学科视野来进行中国式财政学的教学与研究。这就要求我们在“兼容并蓄”基础上更好地做到“国际化与本土化”的融合。本文通过对美国本科生和研究生教学体系和内容的评析，试图对中国式财政学教学体系进行反思，并试着提出一些重构的思路，供同行参考交流。

一　美国本科生财政学主流教材的评析

由于本科生的学习主要是基于教材的“应试学习”，所以教材建设就显得特别重要。而且国内近年来也加快了国外主要教材的引进和应用，因此，本部分我们重点关注几本国外主流的财政学教材。

（1）Rosen 和 Gayer（2008，第八版）编写的“Public Finance”，这是一本在美国商学院流行的财政学教材，也是国内引进较多的一本教材。这本教材尽可能清晰地解释经济学工具如何用于分析政府支出和税收政策，通过新的版本不断增加实证和理论方面的新进展，如在实证方面，增加实验和准实验技术在度量公共政策影响上的应用；在理论方面，政府支出和税收的分析与基本经济理论的融合得到进一步提升。从内容上来看，第八版的主要内容包括：第一篇是导论及实证分析工具和规范分析工具的简介；第二篇和第三篇都是关于公共支出的分析，除了公共产品、外部性等市场失灵理论介绍外，重点放在美国几大重要公共支出的分析上，如教育、社会保险与收入再分配等；第四篇和第五篇是关于税收收入的内容，第四篇重点介绍税收基本理论，第五篇则是关于美国收入制度的介绍和分析；第六篇是关于财政联邦体制的分析。

（2）Hyman（2010，第十版）编写的“Public Finance：A Contemporary Application of Theory to Policy”。这本教材的基本内容包括：第一部分是关于政府活动的经济基础，主要是说明政府介入市场的经济合理性；第二部分选择部分美国政府支出和政策问题，如成本—收益分析和政府投资、对穷人的政府补贴和收入支持、社会保障和社会保险、政府与医疗卫生服务等；第三部分是关于政府支出的融资分析；第四部分是关于税收理论和结构，以美国的主要税种为分析对象；第五部分是关于财政联邦主义。

（3）Gluber（2013，第四版）编写的“Public Finance and Public Policy”是哈佛大学经济系本科生教学选用的教材。这本教材试图整合理论、应用和证据。这本教材的主要内容包括：第一部分是引言和背景，主要介绍财政学的理论和实证工具、预算分析和赤字融资；第二部分是外部性和公共产品，公共产品中特别分析了教育；第三部分是社会保险和再分配，重点分析了美国几大社会保险和收入再分配项目；第四部分是税收理论和实践，重点分析税收负担、最优税制及税收对微观主体行为的影响，并特别关注了美国公司税及税制改革。

综合上述三本教材的基本内容，我们可以发现以下几点特征：

第一，虽然不同教材的内容有所差异，但基本内容是一致的。它们都以政府支出和收入为主要研究对象，并重点分析了美国政府的几大主要支出和税种的效应。

第二，各本教材都非常注重理论和现实问题的结合，这有利于学生理解相关理论并学习理论的应用。Gluber（2014）就指出，如果学生发现理论有现实应用时，这些理论就具有特别的吸引力。

第三，这些教材经历多次的版本更新，通过不断修订，将新的理论和实证成果纳入教材中，基本做到了“与时俱进”，实现了基础理论与当前研究和政策前沿的很好结合。

第四，这些教材编写的主要对象是美国的本科生，所以基本是以美国的财政现实为背景，在内容选择和更新上更多体现了美国财政现实的新变化，这限制了这些教材在中国的适用性。

二　美国研究生公共经济学教学体系的评析——以 UCSD 为例

2012 年 9 月至 2013 年 9 月，笔者受国家留基委资助赴美国加州大学圣地亚哥分校（University of California，San Diego，UCSD）访学一年。在此期间，笔者旁听了 UCSD 经济系研究生一学年的《公共经济学》课程，较为系统地了解了这门课程的教学内容设计和课堂安排。这里总结了笔者所了解到的东西和体会。

（一）课程安排

UCSD 实行 Quarter 制，即一学年包括三个 Quarter，每个 Quarter 大约三个月时间。经济系研究生《公共经济学》课程是一学年的选修课，分为三大部分：①政府收入（government revenues）；②政府支出：公共产品和外部性（government expenditures：public goods and externalities）；③政府支出：再分配和社会保险（government expenditures：redistribution and social insurance）。三部分对应三个 Quarter，分别由三位主要研究公共经济学的教授合上，并根据各位老师的研究专长进行分工。

（二）课程内容

具体教学内容围绕这三大部分，由各位老师自行准备，因此每年的教学内容可能会作一些调整，如增加一些新的专题和文献。每位老师都会就每个专题列出一份阅读清单（reading list），并注明（如打星花）每个主题要重点阅读的文献，这个文献往往是上课重点学习讨论的材料。老师主要是就某个专题进行串讲，以介绍知识点为主，深入的内容以重点文献为基础。

2012—2013 学年各课程的主要内容如下：

1. 政府收入（government revenues）

这部分的教学目的主要是提供关于政府收入及影响效应的理解，尤其是税收基础理论和主要税种效应的理论和实证分析。

该部分又分为两部分：①税收的实证和规范模型。主要包括以下几个专题：税收归宿（tax incidence）；税收的超额负担（excess burden of a tax）；公平问题（equity issues），最优商品税和支出政策（optimal commodity tax and expenditure policies）；最优所得税（optimal income taxes）；税收执行（tax enforcement）。②美国税收结构。主要包括以下几个专题：个人税制（personal taxation）：A. 税收和报告收入（taxes and reported income）；B. 劳动力供给的税制分析（analysis of taxation of income from savings）；C. 储蓄所得税制分析（analysis of taxation of income from savings）；D. 投资组合（portfolio composition）；E. 扣除或排除项目（deductible or excludable items）；公司所得税：A. 组织形式的选择（choice of organizational form）；B. 红利（dividends）；C. 财务政策（financial policy）；D. 投资决策（investment decisions）；E. 跨国事务（international issues）。房地产税制（estate taxation）。政府债务和货币金融（government debt and monetary finance）。

2. 政府支出：公共产品和外部性（government expenditures：public goods and externalities）

本部分的主要教学目的是提供一个从理论和实证视角对政府在两大支出领域干预经济的理解。着重点放在学习能够用于产生独创性研究的技术和批判性地分析公共经济学领域中的现有研究。

该部分包括以下主要专题：①总括（introduction）。②公共产品（public goods）：效率供给（efficient provision），不对称信息下的供给（provision with asymmetric information），公共选择下的供给（provision with public choice），自愿私人供给（voluntary private provision），慈善捐赠的实证模型（positive models of charitable giving）。③政府的政治经济学（political economy of government）：政府规模和增长（government size and growth），官僚和选举的官员（bureaucrats and elected officials），制度约束的作用（role of institutional constraints）。④地方公共产品（local public goods）：理论模型（theoretical models），实证证据（empirical evidence）。⑤财政联邦主义（fiscal federalism）：最优财政联邦主义（optimal fiscal federalism），政府间补助（intergovernmental grants）。⑥外部性（externalities）：理论（theory），衡量外部性（measuring externalities），纠正外部性（correcting internalities）。

3. 政府支出：再分配和社会保险（government expenditures：redistribution and social insurance）

本部分的主要教学目的与第二部分完全一致，因为两者都是关于公共支出内容的。

这部分主要包括两大专题：①再分配（redistribution）：政府介入的合理性（justification for government involvement），贫穷和不公平：衡量和美国趋势（poverty and inequality：measurement and U. S. trends），美国的转移支付项目（transfer programs in the U. S. ），项目设计（program design），项目评估方法（program evaluation methods），转移支付项目影响的证据（evidence on the impact of transfer programs）。②社会保险（social insurance）：政府介入的合理性（justification for government involvement），社会保险融资（financing social insurance），失业保险：最优项目设计（unemployment insurance：optimal program design），失业保险：工人行为的证据（unemployment insurance：evidence on worker behavior），失业保险：雇主（unemployment insurance：employers)，社会保障（social security)，医疗保健（health care)。

（三）体会

(1) 从教材内容体系安排上，本科生与研究生基本没有太大差别，说明大家基本认可财政学或公共经济学的主流教学内容。

(2) 根据老师研究专长分工教学任务。尽可能按照老师的研究专长进行分工，这样既可以实现教学相长，也有利于学生与老师的合作。

(3) 教学目的以激发学生研究兴趣为主，主要采取引导式教学。因为研究生是以研究学习为主，所以他们的教学主要是激发学生对公共经济学相关问题的研究兴趣，并通过重点文献的串讲和相关文献的阅读来学习研究方法。

(4) 老师在教学内容、教学方式上较为灵活。教学没有固定教材，主要由老师以专题形式选择相关文献作为教学内容，并主要以重点文献作为教学和讨论的材料。其他阅读材料作为辅助材料，便于有兴趣的同学深入阅读学习。老师鼓励学生积极参加相关 seminars，主要是应用微观 seminar（基本每周一次)。他们认为，参加 seminars 是促进从课程向研究转变的最好方式。

三 中国式财政学教学体系的反思

与中国改革开放以来不断变革的经济社会相一致，中国的财政学教学体系也不断发生着变化。丰富的改革现实和问题，既为财政学的教学与研究提供了更多素材，也对中国式财政学教学体系提出了重要挑战。

（一）中国本科生财政学教材选择的评析

由于本科生教学主要以教材为主，所以这里的讨论也主要集中于教材选择的问题上。

国内的财政学相关教材很多，这里不一一列举。总体来说，中国当前的财政学教材主要可以归为两类①：一类是基于中国财政现实的财政学，主要是传统的以实务为基础的“收支管平”体系；另一类是基于西方财政学的所谓“现代财政学”，甚至直接以西方流行的财政学教材为核心教材。以厦门大学经济学院为例，近年来，为了统一标准及提高教学质量，我们在本科生阶段选用的教材是哈维·罗森的《财政学》。

这两类教材的选用各有优缺点：第一类教材的优势是与中国财政现实相契合，缺陷是现代理论和方法较少，显得“学术性不足”。第二类教材的优势是实现了财政学教学内容的现代化和国际化，存在的一个重要风险是“食洋不化”。

目前国内流行的国外财政学教材主要是基于美国财政现实来编写的，与中国的财政现实存在明显的差异，典型地如美国联邦体制下的公共选择理论、财政联邦主义理论、美国税制、美国社会保障制度等。这些脱离中国现实的财政学内容，难以让学生将相关理论与中国现实有机衔接起来，难以真正做到“学以致用”，也给授课教师增加了许多额外的工作负担。

（二）中国研究生财政学教学体系的评析——以厦门大学财政系为例

由于不同高校对研究生培养方案不同，所以这里仅以厦门大学经济学院财政系的研究生财政学教学体系为例来分析。近年来，笔者一直担负厦门大学经济学院财政系研究生《公共经济学》课程的教学工作。在教学中，笔者发现有几个问题值得注意：

（1）教学目的不是特别明确。随着国内研究生规模的迅速膨胀和就业压力的增大，在学科培养目标上是存在分歧的。一些教师认为研究生的培养目标应该是培养学生科研能力，另一些教师则认为研究生的培养应迎合学生就业需求，应更多注重实务能力的培养。培养目标的差异必然导致教学内容安排上的差异。现在的一个趋势是分类培

① 应该肯定的是，现在已经有部分财政学教材试图兼顾两者，但都还存在较大的改进空间。为了避免陷入不必要的争论中，笔者这里不对现有财政学教材进行过多评述。

养，即部分学生被划入学术型，部分学生被划入实务型（专业硕士类）。这里讨论的主要是学术型硕士生的教学和培养。

（2）国际化与本土化融合的问题仍没有得到很好解决。随着国内经济学科国际化步伐的加快，国内许多高校都采取了多种措施促进国际化目标的实现，如引进海归、国外原版教材的使用等，但在国际化的过程中往往忽视了本土化的要求，尤其是对一些与中国国情密切相关的学科建设，如财政学。片面或过于强调国际化要求，导致学生出现明显的“食洋不化”问题。

（3）过于重视教材建设，而对研究前沿关注不够，尤其是国内学术前沿研究的文献关注不够。不同于本科生的教学，研究生的教学，尤其是专业课程的教学，应突出培养学生的研究兴趣，引导学生快速介入学科研究前沿。但若过于强调教材建设，则会限制这一目标的实现。

四 中国式财政学教学体系改革的初步设想

近年来，经过财政学界同仁的共同努力，中国式财政学教学已经取得了显著进步，无论是在教材建设和学生培养方面，我们都取得了显著成绩。但客观来说，目前仍然存在着很大的改进空间，尤其是在实现中国式财政学的国际化、现代化、本土化、多学科融合化的方向上还需要各位同仁继续努力。

基于对国外财政学教学体系的梳理以及国内财政学教学体系的反思，笔者提出以下中国式财政学教学体系改革的初步设想：

1. 推进本科生的中国式财政学教材的建设

虽然直接使用国外的主流教材有利于快速实现与国际接轨，但财政学特殊的学科特征决定了简单引进的缺陷。因此，基于中国财政现实，以国内外主流的财政学理论和方法来编写中国式财政学教材就显得特别重要。要做好这件事情，笔者认为，有两个问题很关键：

（1）如何借鉴国外的主流教材？首先，上述美国流行的三本教材中，我们可以发现一些共性的东西，即它们都很强调理论与现实问题的结合，强调理论理解与应用的融合，这是我们在编写中国式财政学中最值得借鉴的地方。其次，中国的改革方向是市场经济，且导向是日益强调市场的决定性作用，如十八大进一步强调了市场的决定性作用，这意味着中国的市场经济建设的方向不会变，速度会加快，这使得借鉴西方成熟市场经济中发展起来的财政学或公共经济学的基础理论是合宜的，因为市场经济是存在共性的，因此市场失灵的逻辑是一致，虽然不同国情下的表现可能有所差异。这意味着部分基础理论是相通的，借鉴这些理论分析是适宜的，但需要基于中国的财政现实进行解析与应用。

（2）如何编写出有中国特色的财政学教材？基于美国财政现实的财政学教材，存在大量与中国财政现实不符的理论和事实。因此，要真正编写好适合中国学生的财政学教材，需要在借鉴国外主流教材基础上进行中国式“再创新”。近年来，随着国内外对中国经济问题，包括财政问题的关注，大量高质量的论文发表出来，这些为我们的编写提供了良好的条件。笔者认为，基于中国特殊的国情，中国式财政学的内容有几个重要方面明显不同于美国式财政学：一是政体差异下的公共产品政治决定模型。美国直接和间接民主制下形成的投票理论，在中国的现实基础不充分；而中国权威体制下的公共产品供给会存在显然不同的特征。二是政府间财政关系的政治经济学。基于美国联邦体制下的财政联邦主义理论明显不同于中国权威体制下的政府间财政关系，这使得相关理论存在明显差别，如财政体制、税收竞争等。三是公共支出项目和税制差异。国外的财政学教材编写主要是基于美国等国家的公共支出项目和税制特征的，部分内容明显与中国不符，因为中国的发展阶段和国情特色决定了我们的重点公共支出项目不完全与美国相仿；税制上的差异则更为突出，如美国是以所得税为主体的国家，因此他们的教材内容强调了更多的关于所得税对微观主体行为的影响，但中国是流转税和所得税并重的国家，尤其是流转税在当前中国仍然占据很大比重的情况下，忽视这些税种的分析是不合宜的。

2. 加强研究生的中国式财政学创新培养

不同于本科生，研究生的培养重在激发学生科研兴趣，培养学生的“批判性”和“创新性”思维，快速介入学科研究的前沿。从这个培养目的来说，参考 UCSD 的一些教学体系设计对我们是有益的。笔者认为，随着国内外对中国相关财政问题研究的深化与丰富，已为我们积累了较为丰富的文献基础，这为重构中国式财政学教学体系奠定了良好基础，以重要的中国式财政理论和现实问题为导向，以重要研究文献为基础，融合多学科的研究成果，形成中国式财政学的系列专题，成为重构中国式财政学教学体系的重要发展方向。具体来看，可以重点进行以下改革：第一，明确教学目的为以激发学生研究兴趣为主，引导学生进行创新性研究。第二，不再拘泥于教材引进和建设，教学内容以梳理基本理论知识及实证方法、热点问题为主，以专题论文的形式组织教学内容，列示阅读文献列表。这样的好处是内容组织灵活，前沿性强，且可以及时吸纳国内外关于中国财政问题研究的成果。第三，注重对中国财政问题研究文献的梳理和介绍，主要目的在于引导学生快速实现“国际化与本体化”融合的目标。第四，鼓励学生积极阅读文献、进行评论性 presentation、积极参与相关 seminar，实现教学与科研的“无缝”对接。

参考文献：

[1] Gruber J. , *Public Finance and Public Policy*, *Fourth Edition*: *Worth Publishers*, A Macmillan Higher Education Company, 2013.

[2] Hyman D. N. , *Public Finance*: *A Contemporary Application of Theory to Policy*, 10*th Edition*: South - Western, Cengage Learning, 2010.

[3] Rosen H. S. , & Gayer T. , *Public Finance*, *Eighth Edition*: *McGraw*. Hill International Edition, 2008.

第四编　税制改革、预算管理及其他

现代国家治理下我国税制体系的重构[①]

朱为群　曾军平[*]

（上海财经大学中国公共财政研究院　200433）

摘　要：现代国家治理下的税制体系重构，应该将增强税收筹资能力和税制的正当性建设作为基本目标，用公平正义统领税制体系架构，并基于公共品筹资、社会保障和特定政策调控等不同的征税目的来重构我国实体税制，基于法定原则来构建税收程序制度和基于公众同意原则来构建税收决策机制，坚持将社会精英主导的顶层设计与普通公众推动的探索实践相结合、长期目标与短期目标相协调和整体推进与重点突破相促进来推动税制体系重构。

关键词：现代国家治理　税制体系　公平　正义　征税目的　社会保障

一　税制体系重构的目标

税收制度是国家治理体系的组成部分之一。税制体系重构是以国家治理体系与治理能力的现代化为基本导向的。现代国家治理的目标

---

* 作者简介：朱为群，上海财经大学公共经济与管理学院教授、博士生导师。研究方向：公共财政、税收理论、税收制度、税收管理、国际税收。E－mail：735779473@qq.com。曾军平，上海财经大学中国公共财政研究院副教授。研究方向：集团选择理论、财政公平理论、公共选择理论。E－mail：zengjp@mail.shufe.edu.cn。

① 本文是上海财经大学校立科研项目《市场起决定性作用下的政府职能研究》与上海财经大学基本科研业务费项目《税制改革顶层设计研究》的阶段性研究成果。

确定了我国税制体系重构的目标。我国税制体系重构目标的确定，需要从国家治理体系与治理能力的现代化的角度来探寻。

（一）现代国家治理能力体系下的税收筹资能力目标

国家治理体系这一概念的主体词汇是“国家”。只要有国家，则必然有国家治理。现代国家治理的重要目标之一就是国家治理能力体系的建设，它包括两个层面的内容：一是国际层面的治理体系能力建设目标；二是国内层面的治理体系能力建设目标。其中，国际性的治理体系目标对国家能力提出了很高的要求，具体涉及国际议程的设定权、国际规则的制定权、国际组织的领导权、国际事务的介入权、国际冲突的调停权以及本国国家安全的捍卫权等。而国内层面的治理体系能力建设目标则主要与资源汲取能力、公共产品提供能力、资源再分配能力以及强制能力、调控能力等联系在一起（刘建军，2014）。

税收筹资能力建设是国家治理能力的重要组成部分，并成为其他国家治理能力的物质基础。在《家庭、私有制和国家的起源》这一经典性的文献中，恩格斯曾指出：国家和旧有氏族组织的重要不同就在于公共权力的设立。而只要存在公共权力，就必然涉及两点：一是由谁来执掌公共权力，即公共权力按照何种制度进行有效的配置；二是维持公共权力运转的物质资源是如何源源不断地被提取上来。在恩格斯看来，为了维持公共权力，就需要缴纳捐税。他甚至说“国家的存在就是税收”。相似地，《法国革命论》的作者埃德蒙·柏克也说过：国家的岁入即是国家。另外，美国奥利佛·温德尔·霍姆斯大法官曾经说过一句非常经典的话：税是我们文明社会所付出的代价。规范的经济学家则认为，国家岁入生产的历史即国家的演进史（刘建军，2014）。

将税收筹资能力目标作为我国税制体系重构的目标之一，就要求政府必须以发展经济为基础来扩大自身收入来源，不能为了增强税收筹资能力而损害了经济发展，也不能为了经济发展而放弃税收筹资。在这一目标下，政府筹集收入必须统筹兼顾国家与各方面的物质利益，正确处理国家、企业与个人三者之间的关系，正确处理中央政府与地方政府之间的物质利益关系。只有这样，才能保证国家治理能力体系的完善性和可持续性。

(二) 现代国家正当性治理下的税收合法性（正当性）目标

合法性（正当性）的国家治理体系包括以下三个方面：一是具有形式合法性（正当性）的国家治理体系，它一般与政权产生的程序联系在一起；二是具有实质合法性（正当性）的国家治理体系，它往往与国家治理的有效性、国家治理目标的长远性等因素有关；三是具有认同合法性（正当性）的国家治理体系，它在很大程度上与公民或国民对政权系统的意愿联系在一起（刘建军，2014）。历史上，为了实现国家的有效统治，国家治理者都注意国家治理的合理性问题，比如“君权神授”之说，其意义就在于维护统治的合法性。

但是，传统国家治理的正当性（合法性）基础一直很脆弱，并始终都摆脱不了“重生—毁灭”的周期律。在现代国家诞生之前，虽然自由与平等作为一种价值理念已经被思想家提出了并在一定程度上得到了实施，但实施的程度有限。当今现代国家都毫无例外地把人民主权、法治精神、平等、自由等理想作为其终极政治目标。正当性（合法性）成为现代国家治理体系建设的核心部分。

在现代国家治理体系建设中，税收正当性（合法性）的建设是我国税收体系重构的另一重要目标。要充分体现税收体制的正当性（合法性），可从以下三个方面来确定相应的判别标准：

1. 税收的征收是否有明确的目的？

征税目的是税制设计的逻辑起点，也是其最终归宿。如果没有明确的征税目的，税收的正当性就容易受到质疑，就难以获得民众的认可。然而，就我国来说，虽然在我国历次税制改革的讨论期间，可以看到很多有关征税理由或目的的讨论或者宣传，但是我们查阅我国颁布的现行 18 个税种的法律和条例发现，只有城市维护建设税、土地增值税、城镇土地使用税和耕地占用税 4 个税种有类似征税目的或者立法宗旨的条款，其他税种的法律或者条例都没有明确表述征税的目的。

2. 税收征收的目的本身是否合理？

征税的正当性，主要取决于税收目的的合理性。一般来说，为政府提供公共产品筹集收入而征税，只要公共品是公众所认可或需要的，就具有正当性，但为实现某种特定的政策目标而征税，其正当性就需要加以特别考虑。这是因为特定的政策目标或许还可以通过非税收的手段来达到，这就要求必须把税收手段和可替代的非税手段相比较并作出选择。如果对利用税收实现特定政策目标不施加制度约束，就会在实践中出现“税收万能调控”的立法或者政策倾向，导致税收目的泛化带来的诸如税收功能定位逻辑混乱或者相互冲突、税制复杂和有失公平等问题。

3. 征税目的与税收实际运作的结果是否具有一致性？

在我国税制改革实践中，不少税种虽然在法律或者条例中没有明确征税目的，但实际上在开征时可能带有特定政策目的。例如，车船税是为了节能减排，资源税是为了保护资源的合理开采，消费税是为了合理调节消费结构等。至于这些特定的政策目的是否达到或者在多大程度上达到了，却很少有人去关心。一旦征税的目的与实际效果相背离，那么形式上合法合理的税收很可能成为实际上不公正的税收。

（三）税收筹资能力目标与税收正当性目标的关系

税收筹资能力建设目标与税收正当性目标是我国税收体系重构所要实现的两大目标任务。现代化的国家治理不仅需要强有力的国家能力，需要良好的税制为国家的发展提供充足的财源；同时，也需要其治理及其相关税制安排的正当性。既然如此，那两大目标任务的关系究竟如何呢？我们认为：尽管筹资能力建设是现代国家良性治理的保证，但税收的正当性目标则更为根本。因为一个具有正当性的税收制度，必然会获得社会公众的认同，其筹资能力是自然而然的。但强有力的筹资能力并不必然代表其本身的合法性、正当性，而如果缺乏正当性支持的筹资能力反而会导致严重的社会问题，最终也会丧失。

二　税制重构所应遵循的基本原则

税收原则是税制架构所要遵循的价值尺度和标准。良性的税制体系重构需要有适当的税收原则作为标准。鉴于税制是一个有机的系统，有序的制度架构应该有统一的基本原则作为统领。

（一）税收原则的主要类型及其问题

税收工作的基本原则应当能贯穿税收工作全过程。坚持这些基本原则，税收工作就能走向规范化、制度化和法制化。因此，确立税收基本原则对于指导税收法律法规的制定、执行是非常具有意义的。

学术界与实务界讨论比较多的税收原则有：税收法定主义原则、财政收入原则、税收公平原则、税收效率原则、社会政策原则、税收中性原则、平等纳税原则、普遍纳税原则、适度负担原则、宏观调控原则、实质课税原则、反避税原则、简便征收原则、诚实信用原则、保障纳税人合法权益原则、方便纳税人的原则、不溯及既往的原则等（刘剑文，1996；谭珩，1997）。

应该说，上述林林总总的税收原则对于促进税收的规范化、制度化和法制化建设都是有重要意义的。但是，哪些原则构成税收的基本原则，这些原则相互之间是一种什么样的逻辑关系？这些原则如何在现实中得以体现？从目前的情况来看，理论界和实务部门对于税收体系原则的系统梳理还不够。

（二）税制体系重构的基本原则

税制体系的重构需要以公平正义原则作为统领，公平正义是税制体系重构的基本原则。公平原则应当成为税制顶层架构的统帅和灵魂，这是由公平原则固有的合理性、兼容性与优先性所决定的。

首先，公平正义在社会哲学价值评价体系中具有公认的价值，无论在政治学领域还是经济学领域都处于核心地位。古今中外伟大的理论家，都认同公平正义在构建社会制度的价值体系中具有统领地位。

其次，公平正义完全能够同效率与稳定等原则相兼容。现有的理论往往将公平理解为使人平等意义上的结果均等，而忽略了造成结果的影响因素。实际上，真正意义上的公平，不是使人平等而是平等待人。公平是利益分配的平等待人，是制度规则所对应的利益分配能够经得起可逆性的检验。为了保证制度的公正性，财税制度的顶层架构需要我们在“无知之幕”后去思考相关制度的具体选择。平等待人意义上的公平正义与效率根本就不存在冲突，反而是社会秩序的核心保障基础。同样，稳定也不能作为一种单独的价值和目标。如果经济的不稳定或者说波动并没有引起资源配置的低效或者社会利益分配的不公问题，那么稳定的问题基本上就可以忽视。我们很难想象，撇开公平正义而提出的经济方案会对经济的发展有真正的、持久的促进力。

最后，公平正义不仅能够与效率、稳定等价值相兼容，而且相比民主、自由等其他社会原则有价值优先性。因为无论是民主还是自由，都需要以公平正义为底线和灵魂，否则就会成为坏的民主和坏的自由，因而就不具有合法性和正当性。

三 我国税制体系重构的基本框架

（一）构建基于征税目的的实体税制体系

税收的正当性与合法性，直接依赖于税收本身的目的性：正当的税收必须要以正当的目的为基本前提。我国税制体系重构的实体框架，应在科学划分税收征收的目的类型——是筹资还是调节以及是为公共产品筹资还是为收入分配筹资——的基础上，由财政收入目的税、社会保障目的税与特定政策目的税组成彼此相互独立但又有机协调的税制体系。

1. 我国财政收入目的税制体系的重构

税收的一个极其重要的目的是为公共产品筹资。在此意义上，税收就是社会个体为获得公共产品而需要支付的成本，是每一个体需要支付的代价。基于公共产品筹资目的的税收制度应当按照“先受益后能力的原则”来构建，即首先应根据公共产品的受益范围来确定税收的征收范围和征收方式，然后再根据纳税人能力高低来分配税收负担。

具体来说，对于“个人受益型的公共品”，应按照“受益原则”并采取政府直接收费的方式来筹集资金而不需要采用征税的方式；对于“群体受益的公共品”，应采取地方税或者专项基金的方式来筹集资金，将非受益的群体排除在征税或者基金征收的范围之外，而对受益的群体则采用“先受益后能力的原则”来分配负担；对于“普遍受益型公共品”，因为无法区分和明确受益对象和程度，则只能采取征收税收的方式，并且税负分配只能采用支付能力原则。

2. 我国社会保障目的税制体系的重构

对于财政收入目的税，由于其支出受益的普遍性，在性质上，它是取之于集体并用之于集体。与之不同，社会保障税则是将一部分人的收入转移给另外一部分人，是单方面的收入转移。由于税收本身的目的及其支付方式的差异，税收制度的安排也应该不同。从税收水平、税率结构与税收类型等方面去探索我国社会保障税的规范架构。

首先，要明确社会保障的对象和范围，以此确定社会保障目的税的适当规模。我们认为，社会保障作为一种公共关怀必须是有针对性的，而且必须针对那些处于贫困或者严重生命威胁的社会成员。至于如何界定需要得到公共关怀的社会保障对象和适当的保障水平，则可以根据一国或者一个地方不同时期的经济条件来具体讨论和调整。那种全民参与的、非救助性的社会保障制度，必将面临巨大的财政危机。这已经由近年来欧洲福利国家社会保障制度面临财政危机的事实所印证。

其次，要明确社会保障税税率的形式，以确保社会成员公平分担税负。由于获得社会保障的对象本身缺乏纳税能力，因此必须由其他具有纳税能力的社会成员来分担社会保障税。由于收入是一种较好的衡量纳税能力的依据，因此可以将个人所得税作为社会保障资金的主要来源，并采用单一比例税率使社会保障税的负担公平地由具有纳税能力的社会成员来分担。之所以采用单一比例税率，基于以下几点考虑：一是单一比例税率能体现平等待人的公平观，无论收入差异多少，只要这些收入是合法取得的，都按统一的比例来纳税，就从根本上消除了任何税收歧视；二是单一比例税率虽然不如累进税率更能充分体现量能负担的税收原则，但并未违背这一原则；三是累进税率在实施过程中要比单一税率更容易被高收入者利用来规避其原本应该缴纳的税收，从而有可能出现纳税能力高者比纳税能力低者缴纳更少的税收；四是单一税率具有简单透明的明显优势，对于征纳双方而言，都是易于理解和便于执行，征收和缴纳成本较低；五是单一税率比累进税率具有更低的随意武断性，因为累进税率在累进级次、级距和税率三方面都会存在一定程度的武断随意性，而单一税率的武断性显然会低于累进税率，因而也就更加合理；六是单一税率为纳税人提供了清晰、透明和稳定的税负分担机制，为纳税人提供了稳定的利益预期，有利于纳税人行为在更长期间内的理性安排。

最后，要建立专款专用的财政管理机制，以确保社会保障资金真正用于社会保障对象身上。既然社会保障的对象是处于生存绝境的社会成员，就必须要对这些社会成员进行有效甄别，并按人管理、公开透明的基本原则，以防止不符合条件者滥用这种公共救助资金，堵塞可能存在的管理漏洞，充分体现社会保障制度的公正性。

3. 我国特定政策目的税制体系的重构

不管是收入目的税，还是社会保障目的税，其开征的目的都在于为特定的公共支出筹钱。但是，除了作为筹资手段之外，税收也是一种调控经济的工具。作为调控手段的税收与作为筹资手段的税收，其税收征收的出发点不同，相应的制度安排也自然应存在很大的差异。特别地，由于此类税收是以调控为目的的，需考虑调控目的本身的合理性（包括税收调控目的本身的可实现性）、税收制度安排与目的的一致性（包括税收调控结果的可检验性以及税收的处理方式等制度规范问题）。

首先，剖析我国现行特定目的税制存在的问题。应依照特定政策目的税的理想目标规范，就我国现行的相应税收制度做出分析，寻找与理想目标之间的差距，确定现行特定目的税制设计中存在的问题。

其次，对我国现行具有特定政策目的税收制度按照目的进行归类、重组与规范。例如，我国现行消费税对卷烟、酒类产品、化妆品、高尔夫球及球具和小汽车等十四大类消费品征收，应按照不同的征税目的对这些消费品进行归类：对于征税目的不合理的，应该取消；对于相同或类似征税目的的，应该合并；对于征税目的合理的，应该完善和规范相关制度，将其收入的使用与征税目的挂钩，从而使其更有利于实现其政策目标。

最后，明确我国特定政策目的税制转型的改革路径。结合我国现行特定目的税制的具体情况，逐步推进此类税制的分解、整合和重新规范。在开征新的特定政策目的税（如环境保护税）时，要尽可能按照此类税制的内在要求来规范立法条款和程序，以确保其正当性。

（二）构建基于法定原则的程序税制体系

党的十八届三中全会《决定》强调“落实税收法定原则”。在我国税制体系的架构上，法定原则的落实是极其重要的部分。对于给定的实体制度安排，应该得到切实的执行；而对于需要相机抉择的制度，需要有事先的程序并按程序执行。

设计良好的实体税法必须依靠有效规范的程序税法得以贯彻。税收法定原则同样适用于税收程序法之中，要求税收执法机关必须严格依照实体税法的规定行使征税权，做出行政行为，不得擅自决定停征、减征、免征、加征，不能要求纳税人承担额外的负担。即便法律允许征税机关享有一定的自由裁量权，也要限制其适用范围。

完善纳税人权利保护体系，建立起规范和谐的税收征纳关系。虽然征税机关与纳税人在税收程序中的法律地位是平等的，但现实中，作为“强势”的一方往往是征税机关。因此，征税机关在启动和推进税收程序的过程中，应认真实行参与原则，为纳税人参加到税收程序中创造机会和条件。要设计公平、公正、简便的征税程序，有效降低纳税人的遵从成本。

（三）构建基于公众同意的税收决定机制

税收征收的正当性与合法性，不管是实体规则还是程序规则，都需要有“同意”基础。在我国，从税收决策主体看，明显以官方决策者为主，且主要是中央层级的决策机构，包括党的中央组织及内部组织、国务院及其财税部门等，但具体决策权力的分配，在决策中的作用等还有待探究；从决策规则看，虽有《立法法》、《行政法规制定程序条例》和《规章制定程序条例》等相关规定，但税制决策中规则的运用还是比较模糊，有些规则如听证、公示等极少在税制决策中运用；从决策机制的运行看，相对封闭，且多以在财税行政部门内的运行为主，其开放性和民主性明显不足，从最终决策结果看，缺乏“公众同意”的基础。

基于公众同意原则，应从贯彻落实十八届三中全会《决定》所提出的“更加注重健全民主制度、丰富民主形式，从各层次各领域扩大公民有序政治参与，充分发挥我国社会主义政治制度优越性”的立场出发，积极研究有关我国税收征收的决策机制。

四 我国税制体系重构的整体思路

我国税制体系重构的整体思路可从改革主体、改革方向与改革路径三个方面论述：

（一）改革主体：社会精英主导与普通公众推动相结合

社会精英主导的顶层设计是自上而下的，具有系统性，目标较为明确。财税体制的相关制度是一个相互联系的体系，比如财政的收入和财政的支出。收入应该如何收，这与收入的支出目的有关。单独考虑收入的制度设计从某种意义上不是顶层设计。相应地，在支出方面，完全撇开收入的支出制度也谈不上顶层设计。普通公众推动的探索实践是渐进式的改革，基于现实社会背景，可实施性比较长。渐进式改革具有分步实施、增量改革、自下而上、先易后难、先局部后整体等基本特征，相比苏联和东欧激进的休克疗法来说，可避免全局变动所带来的制度风险。社会精英主导的顶层设计和普通民众推动的探索实践相结合，既可避免改革偏离预期目标，又可避免改革目标脱离实际，避免全局变动所带来的制度风险。

（二）改革方向：长期目标与短期目标相协调

基于历史与现实的限定性，制度改革和建设不可能一步到位，需要有策略和阶段性目标。但是，作为短期调整的基本前提，财税体制的架构要有长期目标，目标就是方向，这是保证制度改革有序进展的基本保障。然而，在已有的财税改革理论研讨中，由于缺乏顶层设计的考虑，学界往往偏重财税政策与制度的短期调整，而在很大程度上忽视了财税改革的长远目标或者是将长期目标与短期策略混为一谈。由于缺乏长远的、顶层的考虑，财税体制改革的整体方向往往不明，短期的财税体制改革就很难与长期的财税建设目标相一致，且往往容易走弯路、兜圈子，实际上也不利于短期财税体制的建设。相反，由于财税体制的顶层架构是从最基本的价值原则出发的，它所涉及的是长远的制度规范问题，能够将财税体制改革的短期调整纳入长远的改革轨道上来。

（三）改革路径：整体推进与重点突破相促进

改革首先所考虑的是制度的整体架构，这样可以避免制度不协调等诸多改革成本问题。因此，有关制度改革的思考应该能够将相关的方面做统一的考虑，而在很大程度上避免制度间的相互交叉、重叠与缺位。另外，我国税制体系重构的过程是重点突破的。作为新时期深化改革的新战略理念，顶层设计强调改革的系统性、治本性、长远性，要求以重点领域和关键环节改革为突破口，从而带动全局性改革的整体推进和全面深化。

参考文献：

［1］蒋洪等：《公共财政决策与监督制度研究》，中国财政经济出版社 2008 年版。

［2］刘建军：《和而不同：现代国家治理体系的三重属性》，《复旦学报》2014 年第 6 期。

［3］刘剑文：《论国家治理的财税法基石》，《中国高校社会科学》2014 年第 3 期。

［4］刘剑文：《西方税法基本原则及其对我国的借鉴作用》，《法学评

论》1996 年第 3 期。
[5] 齐守印等：《现代公共财政体系建构——基本构架、主要任务与实现路径》，中国财政经济出版社 2012 年版。
[6] 谭珩：《试论税收的基本原则》，《税务研究》1997 年第 9 期。
[7] 约翰 · 克莱顿 · 托马斯：《公共决策中的公民参与》，中国人民大学出版社 2010 年版。
[8] 朱为群、曾军平：《税制改革顶层设计的原则和思路》，《税务研究》2013 年第 11 期。

预算绩效管理的改革逻辑

——以加拿大为例

马国贤　李艳鹤*

（上海财经大学公共经济与管理学院　200433）

摘　要：本文从理论和案例两个维度分析“什么是预算绩效管理”和“如何建立预算绩效管理制度”两个问题。在一个由“核心部门”、“职能部门”和“执行机构”组成的政府组织模型中，本文考察不同的信息可得性和参与人行为假设对预算绩效信息生产制度与应用制度的影响。分析表明，在层级式管理模式向委托代理式管理模式转变过程中，预算绩效信息的重要性逐渐凸显；预算绩效信息又影响着相关部门的角色与行政行为，推动管理模式进一步转变；同时，在这个逐层管理的三层政府模型中，上级部门利用下级部门的“预算管理绩效信息”，选择不同方式主动推进行政管理模式的整体转变。在此基础上，本文结合上述逻辑对加拿大的预算绩效管理改革过程进行了全面梳理。对照中国目前的改革现状，我们发现预算项目逻辑不清与行政机构行为规则缺乏是导致预算绩效信息在预算绩效管理改革过程中无法发挥核心作用的主要障碍。下一步改革需要建立项目化预算管理制度和行政机构内外控制规则，以促进预算绩效信息的生产，并为预算绩效信息发挥作用提供制度空间。

关键词：预算绩效管理　预算绩效信息　财政效率　改革逻辑

* 作者简介：马国贤，上海财经大学公共经济与管理学院教授，博士生导师，E－mail：mgxmn@ qq. com。李艳鹤，上海财经大学公共经济与管理学院博士研究生，E－mail：yanfyh@ 126. com。

无论从事财政和公共管理研究的学者，还是从事具体实践的政府部门工作者，对于“政府绩效管理”“预算绩效管理”“绩效预算”等概念都不陌生。从空间维度上来讲，无论是世界上的其他国家，还是我国的政府都在进行着不同类型的绩效化的管理活动，既包括“绩效评价”“万人评政府”“目标管理”等各种与绩效有关的活动，也包括“英国模式”“美国模式”，以及我国的“青岛模式”“兰州模式”等。从时间维度上来讲，一级政府的绩效化管理活动总在不断演变，工作重点也在不断转移，如美国先后推出“政府绩效与结果法案”（GPRA）、“项目评估与分级工具”（PART）、“政府绩效与结果现代化法案”（GPRAMA）等政策。观测到现实中如此多而复杂的与绩效相关的实践活动，就产生了一些问题：这些不同的活动和模式之间究竟是什么关系？能否对这些绩效管理的活动进行孰优孰劣的判断？是否存在一个理想化的绩效管理模式？这个理想化的管理模式应该是什么样的？目前各国各地进行的绩效化活动是否迈向同一个目标？为了回答这些问题，本文将由公共资金支持的政府项目的非投入性信息称为预算绩效信息，从制度和信息的角度分析预算绩效信息的生产，及其对政府各种管理活动的影响，从整体的角度理解预算绩效管理相关的活动，及建设预算绩效管理制度的逻辑。

一　财政效率原则与预算绩效管理

在研究政府绩效化管理的文献中，通常有“政府绩效管理”与“预算绩效管理”的区别。本文对预算绩效管理进行了重新定义，并认为预算绩效管理在概念上涵盖了政府绩效管理，是比政府绩效管理范围更大的概念。本文认为预算绩效管理是政府为了提高公共资金的最终绩效，生产绩效信息，并将绩效信息用于提高决策和管理的活动。

预算绩效管理与政府绩效管理的分歧主要体现在对“好政府”的

效率标准的不同理解上。追求“好政府”是开展绩效管理的动机，“好政府”有“公共利益”和“效率”两个标准。“公共利益”是对政府干什么的界定，政府应该是一个以公共利益为己任的政府，政府的政策、项目、资金、行动的最终目的都应该是追求公共利益；“公共利益”主要着眼于政府与公民之间的关系。公共利益标准主要是体现在绩效指标的设计上。预算绩效管理和政府绩效管理在公共利益标准上没有本质性的分歧，主要分歧在对“效率”标准的界定上。

“效率”是对政府怎么干的界定，政府要高效率地组织，使用既有的人力和财力资源完成政府目标。政府绩效管理与预算绩效管理的分歧体现在对“效率”的不同理解上。政府绩效管理将效率视为“管理效率”，管理效率的提高要改革政府行政管理方式；预算绩效管理将效率视为“财政效率”，提高财政效率要同时改进政府决策及管理方式。

管理效率将人力资源作为政府工作的主要投入，在追求公共利益的前提下，政府管理效率等于“有效公共服务”除以“工作时间”。政府绩效不高的原因在于人员偷懒、工作流程不合理等，提供一定公共服务需要较多工作时间，或者不能产生足够的公共服务；因此要通过政府绩效管理激励约束相关干部及工作人员，优化部门管理结构。管理效率着眼于政府内部各部门间的关系，及部门工作人员之间的关系。需要注意的是，管理效率在本质上是与公共利益相分离的一个概念，如果组织的工作目标是不限于公共利益的任何目标，管理效率的概念也适用，这很容易带来政府高效追求非公共利益的风险，违背政府的公共利益属性。

财政效率将公共财政资源作为政府工作的主要投入，马国贤（2005）将“有效公共服务”除以“公共支出”定义为“财政效率”。负责完成有效公共服务的项目成本既包含项目资金，也包含政府工作人员的工资与管理费用。如果要提高财政效率，既要通过好决策使得项目资金有效支出，也要提高管理效率、降低人工成本。所以，财政效率的概念中既包含了提高管理效率的要求，也包含正确决策的要求，使用财政效率原则来评价政府工作绩效，更加完整、更加全面。从财政效率所处理的关系来看，公共支出源于公民纳税，体现的是政府和公民的关系，与有效公共服务逻辑一致，进而财政效率原则对政府工作成果的考核，逻辑一致地保证了政府的公共属性。而管理效率原则下的政府绩效管理不考虑预算投入约束，只考虑政府部门协调是否有效、工作是否努力、政府目标是否完成，追求政府组织管理效率的最大化。

因此，就概念上来讲，管理效率是财政效率的必要而非充分条件（如图1所示）。管理效率并不一定能带来财政效率，但是财政效率一定会带来管理效率；只有给管理效率加上公共利益导向的目标约束，以及财政资金的预算约束，追求政府管理效率的提高才能带来财政效率。如果不考虑政府目标和资源约束，追求“管理效率”与追求“财政效率”将导向不同的结果。但是，如果实施预算绩效管理的话，提高财政效率，就必须提高管理效率。“财政效率”涵盖了“管理效率”，“预算绩效管理”涵盖了“政府绩效管理”。在概念理解上，“财政效率”和“预算绩效管理”更接近“好政府”的标准。

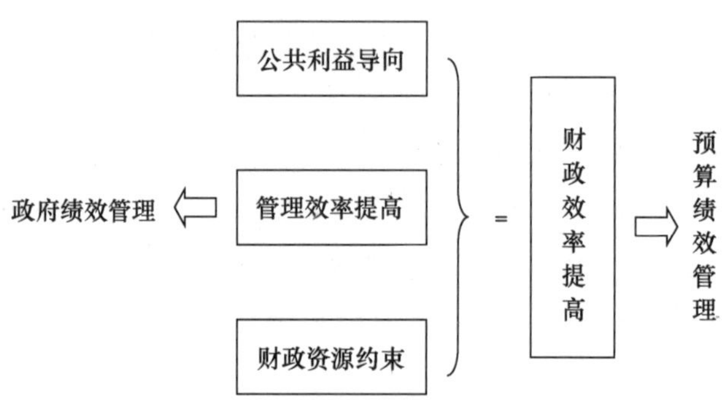

图1 效率与绩效管理

所以，简单地进行政府绩效管理更容易，政府绩效管理是在“管理效率”原则下的行政管理方式改革，虽然管理效率不用兼顾公共利益和财政资金的限制，作为改革的突破口相对简单，但是，长期的改革导向仍应该是在财政效率的原则下追求“预算绩效管理”。实践中，分别考虑“公共利益”和“管理效率”更容易操作，政府首先从“公共利益”的角度出发制定战略规划和政策目标；其次从“管理效率”的角度改变政府的管理及工作方式，高效执行政策，完成政府目标；最后使用“财政效率”概念对政府整体绩效进行评价。通过“财政绩效管理”发现政府决策及管理上的问题，要同时对政府的公共利益导向和管理效率进行改进，才能得到解决。

因此，预算绩效管理的概念包含了政府绩效管理。而在具体讨论如何推进预算绩效管理制度时，本文将“公共利益”“管理效率”“资金约束”三个概念分开；而政府作为一个组织，其主要的改革着力点依然是在提高管理效率上，所以本文是在“公共利益”和“资源约束”的大背景下讨论“管理效率”，建设预算绩效管理制度。

二　政府管理模式选择及改革：一个简化模型

（一）政府组织结构

本文将政府行政机构视为一个包含核心部门、职能部门、执行机构的三层级组织（见图 2）。核心部门位于组织层级顶端，包括决策部门和核心预算部门。核心部门站在政府整体的角度，制定战略并分配预算，也决定政府的整体性管理方式；职能部门负责一级政府整体职能中的某一具体部分，辅助决策、申请预算、落实政策；执行机构负责具体政策的执行。

在图 2 中，政府的职能和最终绩效体现在执行机构向公众或顾客提供的服务流上。在政府的正常运转中，存在着贯穿“决策部门—职能部门—执行机构”的政策流，贯穿“核心预算部门—职能部门—执行机构”的资金流，以及在“决策部门—核心预算部门—职能部门—执行机构”间循环的信息流。发生在决策部门和职能部门之间的政策流和信息互动，体现在政府的战略规划与政策执行活动中。发生在核心预算部门和职能部门之间的资金流和信息互动，体现在预算活动中。在资金总额约束下，职能部门之间还在优先战略和资金分配上存在竞争关系。政策通过后，职能部门要通过管理活动协调执行机构，在部门内分配资金并落实政策。规划、预算和管理三个环节都能影响政府绩效最终提高，因此，决策部门、核心预算部门、职能部门、执行机构必须合理使用信息流，促进政策流和资金流的高绩效。

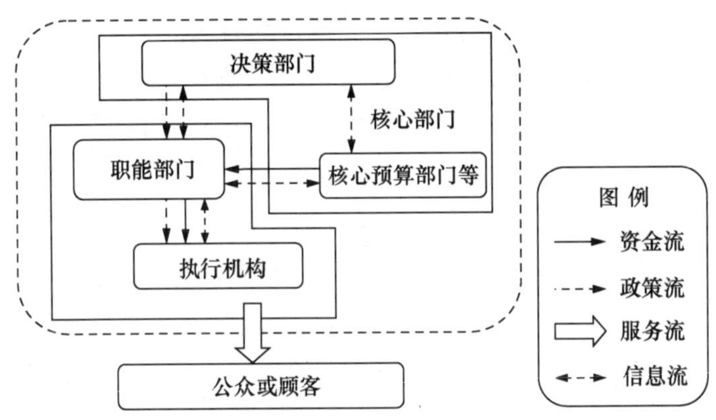

图 2　政府组织结构

（二）预算绩效管理改革的本质

政府组织的这种分工有利于提高政府的工作效率，但同时也带来了协调问题。协调问题关注的是由多人组成的组织中，如何将众人之力形成合力，使得集体目标得以实现。为了解决协调问题，通常采用两种管理方式，一种是科层制，另一种是委托代理制。组织管理者选择哪种管理模式（见表 1），与他对组织参与人的行为动机和信息掌控能力的认识有关（乔治・亨德里克斯，2002）。

表 1　组织模式选择

		组织参与人行为动机	
		理想行为	机会主义
参与人信息掌控力	完全信息	适用任何一种组织形式，通常采用科层制，采用过程式管理	委托—代理（目标结果导向）
	有限信息		部分科层制/过程管理

科层制是传统的行政管理模式，政府组织按照金字塔形式组织，上级领导下级、下级服从上级，职位与人员相分离，人员在职位上必须严格按照职位规则履行职责。最上级的领导发布命令，然后在组织金字塔内部逐级向下传达，每一个职位的人都按照指令行事，实现组织的目标。当组织参与人都是理想行为、认为集体利益高于个人利益，主动追求集体利益时，采用科层制是合理的。如果同时参与人信息掌控能力非常强，能够无所不知，那么上级非常清楚应该做什么，也非常清楚下级有没有执行命令，所以上级的决策不会失误，下级不会也不敢偷懒。如果上级领导不是无所不知的，可能会有决策上的失误，但是下级由于忠于集体，所以也不会偷懒。在科层制管理模式下，主要需要的是规则性信息。

委托代理是近几十年来在国际上非常流行的管理方式，组织内部不再是单纯的上下级关系，而是委托代理关系。这种组织方式适用于参与人并不追求集体利益，而是抓住机会满足个人私欲。当上下级处于不同境况，分别拥有不同的信息优势时，依然采用上下级的单项命令关系，下级就会欺骗上级。因此，领导通常要给予下属一定的资金或者其他激励，要求下级完成某项工作。这种合同随着双方的信息掌控力的强弱变化，而分别发生不同效力。在交易式管理模式下，需要结果性绩效信息。

如果希望维持科层制管理的有效性，关键在于通过宣传教育保证组织参与人的行为满足理想主义，收集规则性信息维持金字塔式的科层制组织的运转，但理想主义行为假设是一个偏离现实情况的严苛的假设，现实中的人往往都是机会主义的。所以根据参与人的信息掌控能力来选择管理方式，更具有可行性。当参与人信息掌控能力比较强时，采用委托代理的管理方式；当参与人信息掌控能力较弱时，适当采用科层制管理方式。因此，通过对政府项目结果性绩效信息的测量，能够促进政府从科层制管理方式转变为委托代理式的管理方式；而要采用委托代理式管理方式，结果性绩效信息是必不可少的前提条件。因此，预算绩效管理的内容应该包含两个密不可分且相互依赖的部分：其一，结果性绩效信息的生产；其二，结果性绩效信息对政府规划、预算和管理中部门间关系的改变，将部门间的命令规制性的控制性关系转变为委托代理式的关系。

本文按照结果性绩效信息的生产主体，将信息分为核心部门生产的战略审查信息、职能部门生产的项目评估信息、执行机构生产的绩效监控信息三种类型；绩效信息的应用方式即政府的规划、预算和管理三项管理活动。为了促进政府绩效的提高，政府会根据规划、预算和管理的需要，生产合适的绩效信息；并根据绩效信息的可获得性，改变规划、预算和管理的方式，提高规划、预算和管理效率。因此在预算绩效管理中，绩效信息生产和绩效信息应用是两项核心内容。

在本文所建构的三层级政府模型中，核心部门还承担着塑造政府整体管理方式的责任，促进下一层级的职能部门与执行机构实施绩效化改革。作为政府管理方式主要推动者的核心部门，由于其只能与职能部门直接联系，而不能与执行机构直接联系，所以必须采用合适的手段促进职能部门改变激励协调服务机构的方式。因此预算绩效管理还包括第三项内容，即采用各种方式促进下级政府进行绩效化改革。

因此，在一个试图建立激励型管理体制的三层级政府组织中，预算绩效管理包括三个方面的内容：其一，用绩效信息促进政府管理方式转变；其二，促进绩效信息的生产；其三，促进下级政府进行绩效化改革。

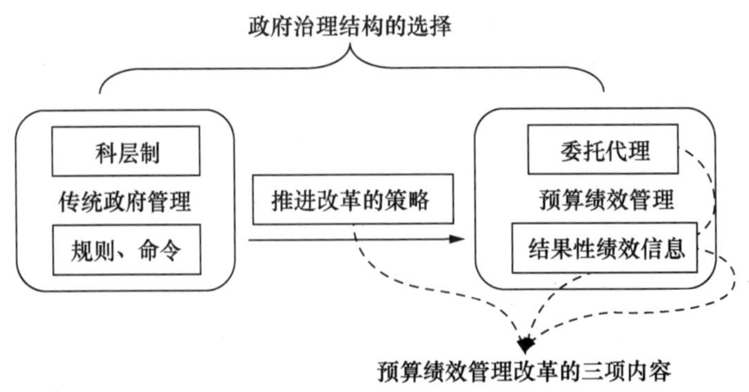

图 3 预算绩效管理改革的本质

（三）预算绩效管理的主要活动

上文所述的预算绩效管理改革的三项内容，可以具体体现于发生在核心部门（A）、职能部门（B）和执行机构（C）之间的九项活动上（见图 4）。政府各个部门就政府项目的“投入—活动—产出—结果”逻辑框架达成共识（A0），并在这个共识基础上，核心部门通过战略审查（A1）生产战略性绩效信息，职能部门通过项目评估（B1）生产项目绩效信息，执行机构通过绩效监测（C1）形成实时的监测性信息。这些信息将用于核心部门的战略规划（A2），并改变预算（A3）中的核心预算部门与职能部门之间的关系，以及管理（B2）中职能部门与执行机构之间的关系。

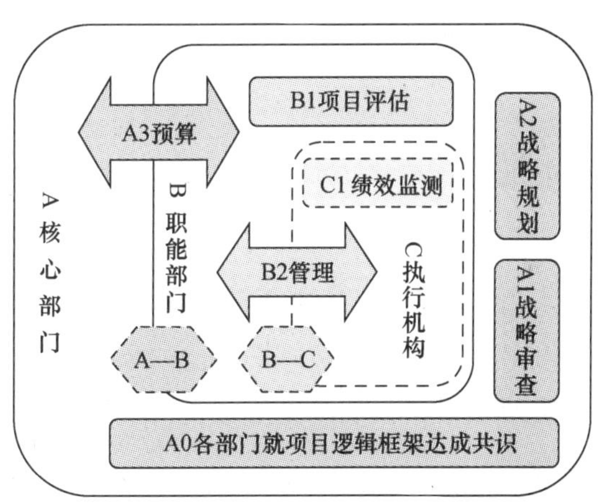

图 4　预算绩效管理改革的理想类型

如果政府已经建立了基于结果性绩效信息的决策、预算和管理方式，A0、A1、A2、A3、B1、B2、C1 这七项活动将在政府组织内部有序运行，生产高质有效的绩效信息，为战略规划和预算提供决策性绩效信息，为建立核心部门和职能部门之间的委托代理关系以及职能部门和执行机构之间的委托代理关系提供合适的信息。因此，本文把三个部门中发生的这七项活动所组成的关系图称为预算绩效管理的静态逻辑。根据前文推理，预算绩效管理的第三项内容发生在职能部门对执行机构的绩效化活动的促进上（B—C），以及核心部门对职能部门的绩效化活动（包括 B1，B2，B—C）的促进上，用 A—B 表示。本文把主要用于改革推进的 A—B、B—C 活动称为预算绩效管理的动态逻辑。

因此，三层级政府中的预算绩效管理改革应该包括以上九种活动（A0、A1、A2、A3、B1、B2、C1、A—B、B—C）。本文把同时包含静态逻辑和动态逻辑的这九种活动的预算绩效管理改革称为“预算绩效管理改革的理想类型”（见图 4）。一级政府组织要想建立基于绩效的预算及管理方式，提高公共资金的使用绩效，其所发布的政策和采取的措施，应该包含在这九项活动之中。因此，本文假设预算绩效管理活动是发生在政府各个部门间的，有关绩效信息生产、绩效信息应用以及推动绩效信息生产及应用的公共政策及管理活动。

三 对加拿大改革经验的分析及评价

本文对加拿大自 1962 年开始至今所进行的与预算绩效管理相关改革及颁布的主要政策文件进行梳理归类。如果所有政策举措能够区分为上文所述的九项活动，说明本文所假设的预算绩效管理的理想类型具有一定的解释能力。

（一）加拿大预算绩效管理改革历程

加拿大的改革从 1962 年开始，按照绩效信息对政府管理的影响形式，本文把加拿大的改革分为三个阶段：

1. 第一阶段（1962—1977 年）

1962 年，加拿大政府组织皇家委员会（通常称为“Glassco 委员会”）对政府管理进行全面审查后，建议中央政府应增加部门对管理的授权，从关注投入转移到关注项目成果，从关注直接成果转移到关注中期和长期的成果。这一次审查开启了加拿大绩效化管理的开端，是加拿大政府绩效化管理的第一阶段（见图 5），这一阶段的特点是“放权管理”，将项目管理的部分权力下放，这种下放既表现为内阁对职能部长权限的下放，也表现为政治选举官员将部分权力下放给由职业文官组成的行政执行机构。

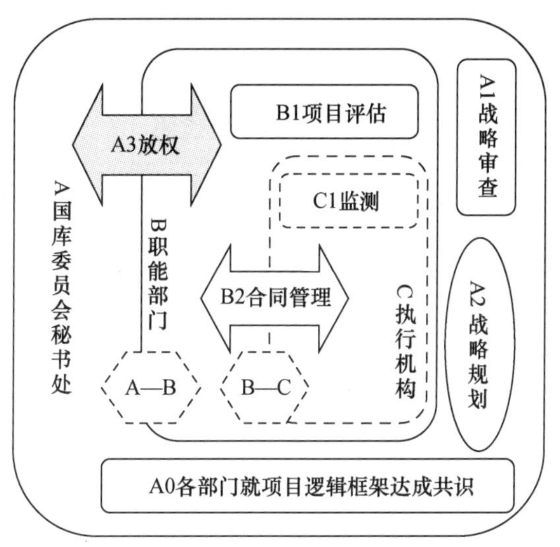

图5　第一阶段改革

2. 第二阶段（1977—1994 年）

1977 年通过颁布评估政策，推进部门进行项目评估；1980 年要求部门建立了“运营规划框架”（operational plan framework），各部门开始在组织管理逻辑上达成共识，并进行初步的绩效信息收集工作；在同年引入的政策和支出管理体系（Policy and Expenditure Management System，PEMS）中实行“打包预算”（envelop budgeting），一方面控制了预算总额，另一方面也赋予了部长在预算资金分配上的自主权。1986 年加拿大又通过“增加部委的权力和责任性”（Allen shick，1990）的体系（Increased Ministerial Authority and Accountability，IMAA），签订国库委员会和职能部门之间的合同。1991 年，为加强部门评估能力建设，对评估政策进行修订。因此，这一阶段，加拿大推进绩效管理的手段比较多元化，一方面生产绩效信息，并改变国库委员会和职能部门在预算和管理上的关系，以提高决策和管理效率；

另一方面，通过两次修订评估政策，加强职能部门内部评估能力的建设，如图6所示。

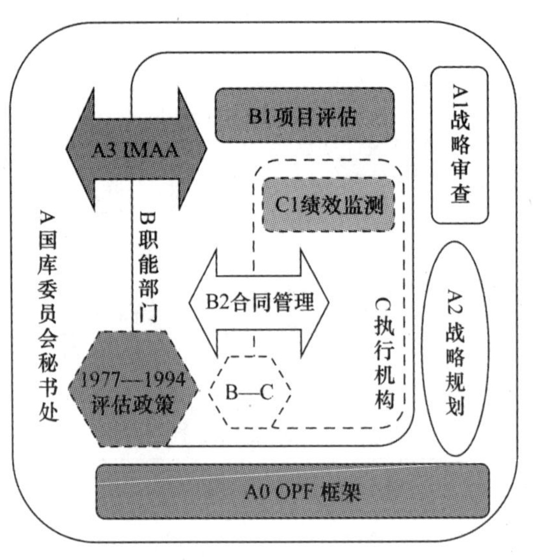

图6　第二阶段改革

3. 第三阶段（1994年至今）

加拿大绩效化管理的第三阶段开始于1994年的项目评估；1995年部门开始汇报“计划及优先事项报告”及“部门绩效报告”，部门、内阁、议会开始就项目目标及目标实现情况的层面上进行交流，为各个层面形成项目逻辑提供了条件；2000年，加拿大制定了政府的战略目标“为了加拿大”，开始关注战略规划在政府管理中的重要作用；同年，在项目层面上规定赠款和捐款项目应该按照RMAF的框架进行管理，RMAF框架建立了部门项目管理层面上的绩效管理模式；2003年，加拿大第二次修订评估政策，对部门评估能力的建设提出了新的要求；2003年，加拿大还通过了“管理责任框架”（MAF），对部门的项目评估、RMAF、绩效信息的监测与报告等活动进行诊断评估报告，采用激励型的方式促进部门加强绩效化管理；2005年，加拿大对部门绩效测量的框架进行了统一，要求部门按照“管理—资源—

结果”框架设计绩效指标、预算及报告绩效结果；2007 年，在新制定的支出管理系统中，加拿大建立了对所有联邦支出进行四年一度战略审查的常规机制；2009 年，评估政策第三次修订。

在 1994 年至今的这一过程中，加拿大绩效管理政策几乎涉及了前文所述的预算绩效管理的所有方面（见图 7），核心部门、职能部门、执行机构形成了基于绩效信息的规划、预算和管理关系；绩效信息在三个部门之间有序生产；同时还有评估政策和管理责任框架为整个体系的运转不断提供着动力。因此，在 2011 年联合国对世界各国政府管理能力的排名中，加拿大是第一名。目前，加拿大的绩效管理体系的各个方面已基本完善，“绩效信息”开始在各项管理工作中发挥作用。

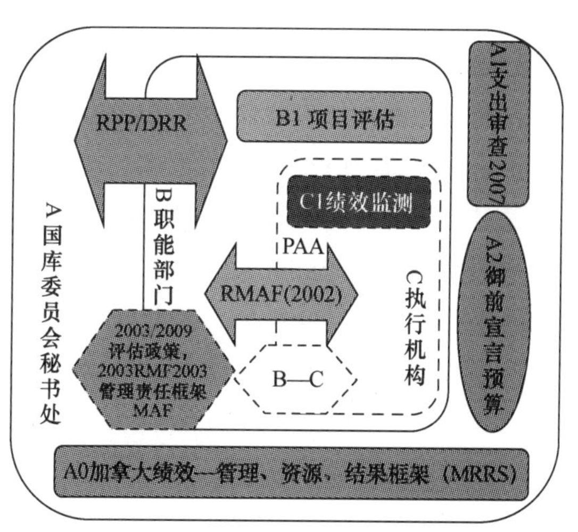

图 7　第三阶段改革

（二）对加拿大预算改革历程的分析与评价

通过以上分析发现，加拿大历次与预算绩效相关改革都能涵盖在图 4 所示的九种活动当中，这说明本文所构建的预算绩效管理及改革逻辑的理论模式具有适用性。加拿大预算绩效改革由国库委员会推动，国库委员会作为加拿大的核心预算机构，在行政机构内部分配预算资金，也作为管理部门，改变着部门政府的运作方式。

1. 核心预算机构的主要改革内容

国库委员会在推进预算绩效管理政策时，主要活动有三项：一是加强自身绩效信息的生产与使用。在2007年之前加拿大国库委员会通过临时性支出审查保持对总支出和总战略的控制，2007年之后将支出审查制度化。

二是利用绩效信息改变与职能部门之间的预算与管理关系。自从1986年实施IMAA政策以来，一直就在采用对职能部门放权，通过绩效信息加强对部门的激励。虽然这个放权方向没有发生改变，但是也一直没有剧烈性的改革，进度比较缓慢。

三是通过各种方式促进职能部门改进与执行机构的关系。加拿大国库委员会制定了“评估政策”、“转移支付政策”和“联邦责任法案”，以命令的形式要求职能部门加强评估职能建设和评估活动的开展，但同时也建立相应的能力培养机制。

可以看出，在核心部门与职能部门之间存在这样一种关系：核心部门为了提高项目的运作绩效和部门的管理绩效，可能会采用说教、命令、激励的方式去处理与职能部门之间的关系。如果采用激励方式，通常用的激励手段是部门主管的职位安排或者报酬，或者给予部门更多的预算资金，或者更多的预算资金自由使用权力。

表2　　核心部门预算绩效管理改革举措

<table>
<tr><th colspan="2" rowspan="3">委托方 \ 代理方</th><th colspan="4">核心部门</th></tr>
<tr><th colspan="2">预算</th><th rowspan="2">人事合同</th><th rowspan="2">命令</th></tr>
<tr><th>预算资金</th><th>预算资金使用权力</th></tr>
<tr><td rowspan="2">职能部门</td><td>项目绩效</td><td>决策</td><td>委托代理</td><td></td><td></td></tr>
<tr><td>机构管理</td><td>—</td><td>委托代理</td><td></td><td></td></tr>
</table>

2. 绩效信息的多样性与规范性

在历次改革中，加拿大采用不同的方式生产绩效信息。绩效监控信息的生产始于20世纪80年代推出的“运营规划框架”（OPF），1995年开始，绩效监控信息扩展到议会问责的用途上，绩效信息的逻辑逐步规范。2005年在政府内部建立了统一的逻辑框架“管理、资源和结果框架”（MRRS），同时建立整个部门的战略结果框架，将绩效监控信息与战略规划信息整合在一起。在这个良好的基础上，加拿大将项目评估的责任和权力赋予职能部门，但是核心机构对部门的项目评估能力和活动进行培训和监督。因此，加拿大的绩效信息生产是全方位的、逻辑统一的、以能力为基础的。所以不难理解，在联合国对各个国家的政府管理能力的评估中，加拿大是第一名。

除了对资金的绩效进行考核以外，加拿大还对部门的管理能力进行考核，在2005年建立的“管理责任框架”（MAF）中将部门能力划分为10个大的方面，考核的重点包括部门的战略规划、部门项目评估、部门的绩效测量等内容。

3. 加拿大预算绩效管理体现出的时间趋势特征

通过加拿大近四十年来改革在时间维度上的分析，还能发现由“行政效率”导向转向“财政效率”导向是改革的核心趋势性特征。这其中，又可以分为三个阶段：

第一阶段：立法机构向行政机构的放权。由于决策在政府管理中的重要性日益突出，行政人员的角色也逐渐突破传统受行政—政治二分法的限制，受理性和兴趣范围束缚的典型的“行政人”变为更为现代、更为理性、更有影响力的政策分析家（罗伯特，2011）。行政机构被认为是政治过程的一个组成部分，行政—政治二分的视角被重新界定，行政人员在规划公共政策时起到了重要作用，行政人员在设计政策和项目时的影响力得到承认和肯定。即使正式的政策被确定出来，行政人员在执行政策的过程中仍不断地形成政策。行政机构开始拥有为资金辩护的机会与权力。

第二阶段：行政机构内部的逐层放权。随着行政人员对决策的影响力逐渐受到重视，加上不完全信息理论下对中央角色的怀疑。从立法机构向行政机构的放权不断蔓延，体现在行政机构内部核心部门向职能部门，乃至执行机构的放权和放松管制。20世纪80年代早期，放权的主要目的是以放松管制换取预算资金的节约，放权发生在核心部门和职能部门之间。假设职能部长更了解政策的实际情况，职能部门拥有了更多的自主决策及管理能力，主要方式是预算的运营成本被合并，不再分行列支，有些预算部门还拥有了人事权力，同时，职能部门开始发展部门政策评估能力。但是后来，核心部门发现放松的管制又在职能部门层面上被集中起来，真正提供公共服务的执行机构依然效率低下。所以，80 年代晚期放权的重点与形式发生了变化。80 年代晚期，核心部门加强了对职能部门管理能力的指导与控制，要求职能部门将更多的权力下放到执行机构，提高执行机构的生产力。这一时期，绩效信息的生产与报告主要发生在职能部门与执行机构之间。这个阶段，核心机构与职能部门之间是以放权换取预算资金的节约，职能部门与执行机构之间是用预算资金换取绩效的提高。不过由于职能机构与执行机构之间的关系位于公共服务链较低的部分，所以主要关注产出类的信息。核心部门一方面用放权的方式激励职能部门改善与执行机构的管理方式，另一方面对职能部门进行指导和培训。各个国家在放权和指导两个方面侧重不同。

第三阶段：整个政府层面上的结果管理与合同预算。经过了前两个阶段的放权管理，20 世纪 90 年代后期以来，加拿大迈入了整个政府层面上的结果管理与合同预算阶段。这一时期政府管理的主要特征是核心部门建立战略规划，在战略规划的指导下与职能部门建立合同式预算，以预算资金换取职能部门提供的结果。同时，政府认识到绩效管理最关键的核心是建立贯穿所有部门的绩效框架。使得核心部门、职能部门、执行部门都能在这个共同的框架下找到各自的职责，并发挥各自的管理灵活性。加拿大将整个政府的战略结果分为四大领域 16 个子领域，管辖着来自所有部门的 400 多个战略目标，每个部门按照各自所负责的战略目标又形成了项目、子项目，一直到资源的分配关系。第三阶段还关注部门能力的培养，国库委员会通过机构设置、活动开展、能力培训将绩效管理活动贯穿于所有职能部门。

四 对中国改革的分析与评价

（一）对目前我国预算绩效管理改革的分析

我国财政支出项目的绩效评价的早期探索开始于中共十六届三中全会，《关于完善社会主义市场经济若干问题的决定》提出要改革预算编制制度，完善预算编制、执行的制衡机制，加强审计监督，建立预算绩效评价体系。2003 年起，教科文司、行政政法司等颁布了中央级部门项目绩效评价管理试行办法。我国中央层面的预算绩效管理工作的正式开展始于 2005 年，财政部门出台了一系列预算绩效管理的相关文件，同时也实施了中央层面的项目支出评价工作。

表 3　　财政部出台的预算绩效管理相关文件

2005 年	《中央部门预算支出绩效评价管理办法（试行）》
财预〔2009〕76 号	《财政支出绩效评价管理暂行办法》
财预〔2011〕285 号	《财政支出绩效评价管理暂行办法（修订）》
财预〔2011〕416 号	《财政部关于推进预算绩效管理的指导意见》
财预〔2011〕433 号	《预算绩效管理工作考核办法（试行）》
财预〔2012〕396 号	《预算绩效管理工作规划（2012—2015 年）》
	《部门支出管理绩效综合评价方案》
	《县级财政支出管理绩效综合评价方案》
财预〔2013〕53 号	《预算绩效评价共性指标体系框架》
	项目支出绩效评价共性指标体系框架
	部门整体支出绩效评价共性指标体系框架
	财政预算绩效评价共性指标体系框架

在 2011 年之前，财政部的主要工作是推进财政支出绩效评价工作，主要颁发了三个文件。这三个文件分别从“评价依据”“评价内容”“绩效目标”“绩效指标”规定了绩效信息的内容；从“组织管

理”规定了绩效信息的生产方式；从“结果应用”规定了绩效信息的应用。

2011 年之后，预算绩效管理工作开始全面建设和逐级推动，财政部先后发布的四个文件，主要是为推进下一级部门的“预算绩效管理”工作，如通过“指导意见”“考核办法”“工作规划”等方式。

如图 8 所示，我国财政部在 2011 年之前主要关注“C1 绩效监测”活动，并在 2011 年之后通过“A—B—C”的方式将预算绩效管理的整体框架理念、绩效监测的逻辑框架推广到各级政府的各个层面。

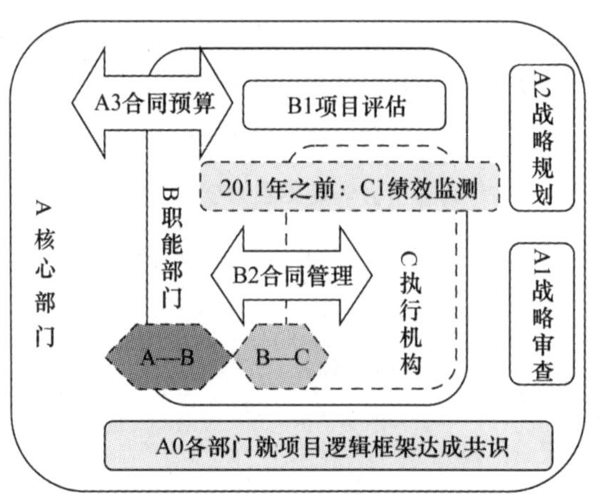

图 8　中国预算绩效管理的实践特点

（二）对我国目前预算绩效管理改革的评价

中国目前的预算绩效管理体系中，没有看到“战略审查”和“项目评估”的相关规定，绩效监测信息的适用基础就值得怀疑。很多政策在决策环节没有经过审查，即使事后进行“绩效评价”，也不能挽回已经造成的财政资金损失。中国目前实施的绩效评价，大部分由财政部门主导，职能部门实施，执行部门只是被动地接受评估，这种评估对于执行部门来说不是管制的放松，而是管制的加强。事实上，财政部门也确实是把绩效评价当成是控制资金使用的一个手段，如“在财政支出绩效评价工作中发现的财政违法行为，依照《财政违法行为处罚处分条例》（国务院令第427号）等国家有关规定追究责任”。因此，不难理解，中国职能部门对绩效改革遵从度普遍不高（吴少龙，2009），不愿意在评价中提供相关数据，甚至操纵数据。本文认为，财政部门与职能部门确实应该对项目进行评估，但是不应该采用设定绩效指标进行监测的形式，更应该对项目的战略性、可行性、有效性、成本收益进行深度评估，将绩效监测的权力留给执行部门。

自2011年以来，财政部通过逐级的考核方式将预算绩效管理的工作从财政部推广到中央部委、省级财政，省级财政又通过类似的办法将预算绩效管理的工作向下推广，直至基层政府。这种方式确实在中国形成了全面建设预算绩效管理的模式。但是本文认为，由于缺乏“绩效信息”这个最基本的核心内容的建设，所以这种推广是无效的。

绩效信息最重要的内容是绩效目标，是对组织的使命、项目的长期目的、资金的预期效果的描述。作为一级政府，需要按照经济社会环境，制定政府整体层面上的战略规划和绩效目标，以此为指导在各个部门和项目之间分配预算资金。目前我国各级政府各个部门都制定了五年发展规划，这些发展规划理应作为政府公共资金的战略目标。但是，由于发展规划的以下几个特点，导致其无法作为制定绩效目标的依据：①发展规划缺乏战略性、无法突出战略的优先次序，部门规划与政府总体规划的联系性不强，规划本身的描述过于宽泛模糊，甚至预算部门可以从发展规划中找到支持其任何资金申请的理由，发展规划缺乏选择性和约束力。②政府制定的随意性导致下一级部门和下一级政府战略目标频繁地临时调整，打破规划目标的完整性和严肃性。③计划部门和核心预算部门的分离，导致管理预算资金分配的财政部门无法为规划目标提供财政可承担性的信息；财政部门对部门战略规划参与较少，无法对这些目标进行战略性的比较，进而在不同目标间进行分析，导致这些目标与政策和资金的联系松散。这些原因为绩效目标的确定带来难度。

另外，政府缺乏对项目生产逻辑架构的统一认识。对绩效的对象、绩效指标的分类与相互之间的逻辑关系缺乏统一的认识。这种情况加上绩效目标的缺失，给地方政府带来了管理负担。就地方政府来说，中国的情况与国外不同，中国地方政府战略发展上的自主权有限，加上自上而下的领导政绩考核，地方自主制定绩效指标与前两者是相矛盾的，因此地方政府需要在各种夹缝中制定绩效目标。但是地方政府又面临着上级考核的压力，为了在管理创新上获得高分数，可能会制定一系列战略性不强，结果导向性不强的投入、产出甚至管理性指标来充数，这些没有区分项目生产逻辑的绩效指标非但不能促进管理，而且极容易给部门管理人员造成观念上的混乱，影响绩效信息及预算绩效管理制度的公信性。

因此，通过逐级考核的方式，将项目目标设定、指标设计、评估实施、结果应用等工作责任转移向战略决策权受限，且缺乏必备能力的基层政府——在缺乏战略目标和统一的项目逻辑的情况下，可能会导致没有部门真正落实预算绩效管理的制度建设工作。

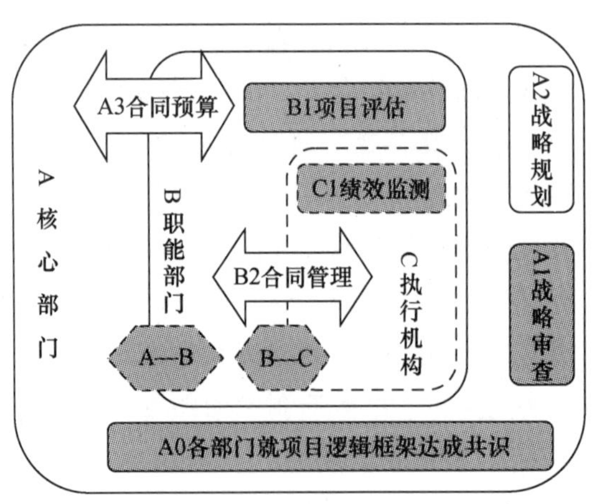

图9 中国预算绩效管理的可行路径

（三）对我国预算绩效管理改革的建议

本文的预算绩效管理理论有三个重要的理论假设：一是三级政府

面临着严格的预算总约束，使得提高财政效率是解决社会问题的唯一方案；二是政府中存在一个核心部门，特别是核心预算部门，能够保证预算资金使用的统一性和完整性；三是三级政府在改革之间按照传统的科层制组织进行管理，传统管理及预算的主要功能是控制职能部门和执行机构的行为，由于控制太过严格，造成了组织僵化、繁文缛节等现象，限制了组织效率的提高，从而使得通过改革管理组织方式成为提高财政效率的必须途径。在运用预算绩效管理规范理论为我国的政府治理提供改革建议时，我们其实并不一定是站在这个理论所预设的起点上（马骏、赵早早，2011）。基于以上分析本文认为，要建立适合我国国情的预算绩效管理制度，需要认识到绩效信息对我国管理制度的改革应该优先用于决策，提高决策绩效，同时加强管理制度的控制性。具体阐述如下：

（1）财政部要建立项目化的预算管理制度，按照项目逻辑的方式对项目进行管理。使得财政拨付资金能够明确“投入—项目—产出—结果”的逻辑。

（2）建立全方位的绩效信息生产体系。在这个生产体系中，分别明确核心部门、职能部门、执行单位的角色和信息生产重点。形成核心部门从战略角度对项目进行审查，职能部门评估项目的合适性、相关性、有效性和成本收益。执行单位按照绩效指标对绩效信息进行监控。在绩效信息的生产过程中，要对绩效指标的作用进行合理的定位。结果性绩效指标可以用于事前的规划和战略审查及项目评估，但是必须要通过更加规范的研究设计保证项目、政策的可行性。

（3）加强战略规划、规范决策及预算过程。财政部门要与计划部门一起，帮助政府的决策者建立明确的有重点的战略规划。同时在政府决策者、计划部门、财政部门、职能部门之间组成规范的决策预算过程，保证对项目和政策的全过程评估。

（4）加强预算管理执行中各种内控制度的建设，使得绩效监控从管理手段中解放出来，真正作为管理工具。

参考文献：

[1] [美] 罗伯特·B. 登哈特：《公共组织理论》，扶松茂等译，中国人民大学出版社 2011 年版。

[2] [美] 乔治·亨德里克斯：《组织的经济学与管理学：协调、激励与策略》，中国人民大学出版社 2007 年版。

[3] Arsenault Paul – émile, Rigaud Benoît, Fiscal Governance in Canada: A Comparison of the Budget Practices and Processes of the Federal Government and the Governments of the Provinces and Territories, 2011.

[4] Blöndal J. R., Budgeting in Canada, *OECD Journal on Budgeting*, Vol. 1, No. 2, 2001, pp. 39 – 84.

[5] Lahey Robert, The Canadian M&E System: Lessons Learned from 30 Years of Development, *ECD Working Paper Series*, No. 23, 2010.

[6] OECD, Modern Budgeting, 1997.

[7] Rose Aidan, Results – orientated Budget Practice in OECD countries, Overseas Development Institute, London, 2003.

[8] Schick Allen, Budgeting for Results: Recent Developments in Five Industrialized Countries, *Public Administration Review*, Vol. 50, No. 1, 1990.

[9] Sterck Miekatrien, Bouckaert Geert, *The Impact of Performance Budgeting on the Role of Parliament: A Four – country Study*, 2006, pp. 1 – 3.

[10] 马国贤、任晓辉：《公共政策分析与评估》，复旦大学出版社 2012 年版。

[11] 马骏、赵早早：《公共预算：比较研究》，中央编译出版社 2011 年版。

[12] 吴少龙：《让绩效预算运转起来：支出部门遵从度研究》，博士学位论文，中山大学，2009 年。

财政预算理论：经济、管理与政治的视角

赵早早*

（中国社会科学院财经战略研究院　100028）

财政预算（fiscal budget），又被称为公共财政预算（public fiscal budget）或公共预算（public budgeting），主要是指政府为了在未来一定时期内实现特定目的和目标而制定的项目与活动计划，该计划通常需要与过去一个或多个时期情况进行比较分析后才能确定，涵盖对所需资源和可用资源的预计以及对可用资源未来分配方案的预计（林奇，2002；罗伯特·D. 李、罗纳德·约翰逊，2002）。詹姆斯·M. 布坎南（1991）也指出"从事前的意义上来说，预算最好被理解为在一个确定的财政时期内，政府活动的一个方案或计划。预算包括公共当局建议使用收入的各种活动，也包括获得收入的各种税收来源……从事后的意义来说，预算表明了实际发生的支出和实际征收的税收收入的记录，这个事后的预算概念能够帮助确定政府活动对经济的影响。但是，它仅仅是间接地确定了政府未来财政活动的方案，事前预算的解释对于政策制定这一目的更为适用"。

从预算发展史来看，自有国家之日起，即有财政预算。但是，财政预算的基本原则、程序、规则、内容与形式等随着社会的发展，都在不断发生着变化。19 世纪之前的君主制时期，财政预算主要服务于君主专制统治并为君主广泛汲取财政收入；财政预算情况不需向公众公开，也不接受来自公众的监督（Caiden，Naomi，1989）。从 19 世

* 作者简介：赵早早，中国社会科学院财经战略研究院财政审计研究室副研究员。研究方向：公共预算、财政管理、公共管理。E - mail：zhaozz@ cass. org. cn。

纪开始，欧洲国家民主革命和市场经济的发展，催生了财政预算监督权力的产生，并逐步确立了代议制民主下越来越严格的财政预算制度。

时至今日，财政预算已经成为政府的生命线，反映了政府“做什么”和“打算做什么”，并且作为政府的政策工具，对经济发展的影响也在不断加大（OECD，2001）。所以，正如瓦尔达夫斯基（Wildavsky，1961）指出的那样：如果有一个理论能够提供一些基本指标，用于决定财政预算中应该包含什么内容，那么这个理论的重要性将对于规范政府行为起到非常重要的作用。然而，遗憾的是，财政预算理论研究至今尚未形成明确的、清晰的、规范的理论范式或理论框架，所以，它对财政预算实践的解释力度一直比较薄弱（Neuby，1997）。尽管如此，政治学、管理学与经济学领域的众多学者还是一直在努力寻找规范性的财政预算理论。这些努力包括至今仍有很大影响力的渐进预算理论，以及公共选择理论、新制度经济学、文化理论、新马克思主义、后现代理论等对财政预算的解释（马骏、叶娟丽，2004）。因此，从政治学、管理学和经济学等多学科视角出发，系统梳理与比较分析多种财政预算理论，将有助于推动该领域的知识积累。

一　总论：共同领域的多学科视角

无论经济学、管理学还是政治学，都认同一个基本概念：财政预算是对政府收支行为的明确且集中的反映，研究财政预算问题，就是研究政府的收入、支出、管理、监督等相关领域问题（布坎南，1991；爱伦·鲁宾，2001；马骏、赵早早，2010）。但是，我们必须承认，不同学科在研究财政预算问题时，无论是研究视角、研究重点还是研究方法，的确存在差异。所以，这直接影响到规范性财政预算理论的形成。正如巴特尔所指出的那样：在财政预算研究领域，虽然已经有很多理论，但还是缺少一种最合适的理论（马骏、叶娟丽，

2004）。推动财政预算理论研究的第一个规范性问题，是科依（Key，1940）提出的："在什么基础上，决定将某一数量的预算资金拨给活动A而不是活动B?"然而，这个规范性问题仅仅关注了支出方面，并且被瓦尔达夫斯基（Wildavsky，1961）批评成"一个不真实的目标（或问题）"。因此，瓦尔达夫斯基更倡导财政预算理论研究的描述性研究范式，并从政治学视角逐渐形成了著名的渐进预算理论，至今仍有很广泛的影响力。

为什么在财政预算研究领域会出现"百家争鸣"，但"各执一词"的局面？原因主要有两个：一是财政预算理论研究尚未形成一个统一的规范性研究问题，这与财政预算研究实际需要关注的领域过于零碎有关，涵盖收入、支出、行为、制度等多种不同的领域。二是由于难以形成一个统一的规范性研究问题，所以也很难寻找到可以构建规范理论或模型的、明确的自变量与因变量（马骏、叶娟丽，2004）。可能在财政预算理论研究领域，我们并不应该过于期待有一个完全规范的理论能够描述或解释所有问题。正如鲁宾所指出的那样：由于预算本身是零碎的，预算的不同部分具有不同的特点，所以，用于描述或解释一个部分的理论却不能很好地描述或解释另一个部分的情况（马骏、叶娟丽，2004）。因此，财政预算理论具备容纳多视角理论研究范式的巨大张力。

二　政治学视角：渐进预算理论及其改进

早期的预算理论，很大程度上受林德布鲁姆渐进主义理论的影响，该理论不仅被借用来描述预算结果，而且还用来解释讨价还价的预算过程，或指对现有政策的调适性结果（Lauth，1978；Donnie，1979）。借助渐进主义理论，来研究预算行为的众多文献中，最具影响力的著作要算瓦尔达夫斯基1964年撰写的《预算过程中的政治》一书。他认为，预算是政治过程的中心（Wildavsky，2000），它应该是渐进的（incremental），而不是综合性的（comprehensive）（Wildavsky，2000）。瓦尔达夫斯基还指出，政府编制当年预算的时候，会考虑两个主要因素：一是“基数”，即上年度某个职能部门获得的拨款数额，它可能是维持部门正常运转所需的资金，或者是保证上年度已经开始的项目能被继续执行所需的资金总额；二是“公平份额”（fair share），该份额建立在基数的基础上，可以是增加额也可以是减少额，但必须保证每个职能部门能公平地拥有这些份额（Wildavsky，2000）。因此，根据渐进预算理论，政府预算结果或部门预算结果应该呈现渐进增长的状态，即总是在上年所得到的预算拨款基础上，有一个小幅的增长。随后，戴维斯（Davis）、狄姆普斯特（Dempster）和瓦尔达夫斯基对渐进预算理论进行了具有影响的定量研究，结果支持了渐进预算理论所持有的观点。他们主要通过大样本，对美国联邦政府层面部门预算请求数和立法机构拨款数进行定量分析，该研究清楚地得出给定年份中预算结果与上一年预算结果和预算角色之间存在明显的线性关系（Davis，Dempster and Wildavsky，1966）。约翰·瓦纳特（John Wanat，1974）在称赞戴维斯、狄姆普斯特和瓦尔达夫斯基有关渐进预算理论的定量研究基础上，进一步指出，渐进预算理论可以对国会强制性拨款结果做出极好的描述性解释，但是有关项目性拨款请求的研究还有待深入。

尽管渐进预算理论在预算领域的影响不置可否，但是理论界对它的批评之词也从未停息。比如，勒娄普（Leloup，1978）曾指出，渐进预算理论虽然适合那种年度拨款数额逐渐增加的情况，但却并不利于我们了解和解释整个预算过程。主要原因如下：①不利于了解预算的复杂性。由于预算是复杂的，参与者需要对财政资金进行计算。但是不同的参与者计算的重点是不同的，比如总统、管理和预算局（OMB）以及预算委员会必须作为通才对预算全局进行把握；而对于其他的参与者可能就不一定运用渐进的方式计算每年的预算水平。②预算基数概念过于简单化。上一年的拨款数额可能已经不是部门进行预算计算时依据的基础，因为基数本身的复杂性导致人们很难对基数作出一个明确、统一的判断。劳斯（Lauth，1987）和卡姆雷特（Kamlet，1980）也都曾发文对该理论中基数概念的复杂性进行论述。

③对预算参与者的划分过于简单。在预算过程中，参与者所扮演的角色十分复杂，简单的资金申请者和资金监管者的二分法不能够解释更复杂的现实。④回避预算过程中理性协商问题。渐进预算理论主张预算是政治性的，因此预算计算时，不能够基于公共利益的全局观点做出完全理性的判断。但是一些参与者确实是在总额基础上达成协议的，并且协议的范围、目标和强度基于政策、决策水平和时间的不同而不同。达成协议过程中的斗争以及斗争的解决取决于一些因素，比如参与者、总统的控制权限、经济情况以及其他外部因素。⑤简单化的预算结果。如果从长期和总体来看，预算结果可能是稳定的、渐进的，但是从短期情况来看却并非如此，并且不同层级的预算结果也呈现出不同的情况。因此，渐进预算理论不能够解释全面的、不同层面的预算过程和预算结果。另外，过于强调不同利益之间的平衡，不仅使政府很难形成统一的目标，而且也不利于行政的经济和效率（戴维·H. 罗森布鲁姆，2002）。另外，自 20 世纪 60 年代开始，美国各级政府前赴后继、锲而不舍地预算改革实践，也是期望冲破渐进预算理论及其模式的束缚。这些实践包括绩效预算、零基预算（ZBB）、计划—项目预算（PPB）和新绩效预算等理性预算改革。

面对各种批评，瓦尔达夫斯基仍然没有放弃对传统预算即渐进预算理论的执着。为了完善渐进预算理论，进一步增强它的解释力，瓦尔达夫斯基（Wildavsky，1997）撰写了《预算过程的比较理论》。在该书中，他运用政府规模（size）、富裕程度（wealth）、可预测性（predictability）和政治文化（political culture）四个变量，将预算过程划分为五种主要类型，并以此来解释不同类型的政府预算实践（见图 1）。

瓦尔达夫斯基的比较理论是对传统分析的一种推进，也是对《预算过程中的政治学》中提出的渐进预算理论的突破。首先，他依然认为美国各级政府的预算实践可以被定义为渐进的，但是渐进预算发生的基础却存在极大的不同，这种不同主要受到政府规模、财富水平、可预测性与政治文化的影响（Wildavsky，1997）。瓦尔达夫斯基认为

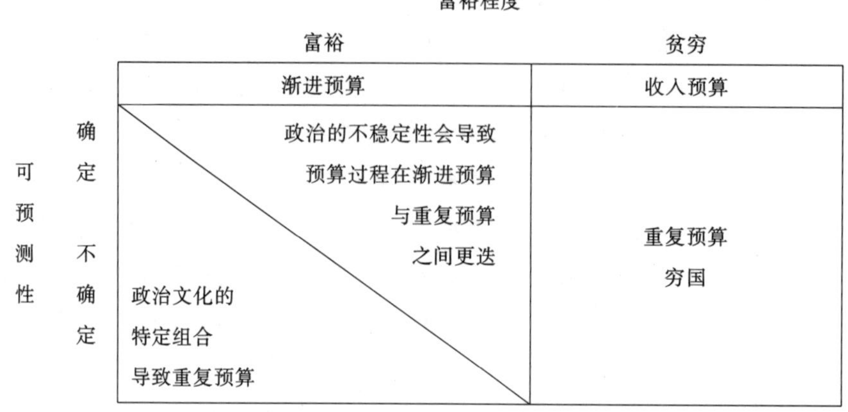

图1 预算过程的比较理论：五种预算过程

政府规模是决定支出规模的一个重要因素，从而必然影响政府的预算过程；财富水平主要指人均国民生产总值（高于2000美元，低于1000美元）；可预测性是指政府能够控制财政收入、支出，并可以对未来情况做出预测的程度，通常分为确定和不确定（Wildavsky，1997）。其次，他认为，传统的预算过程理论主要建立在财富水平和可预测性两个静态因素基础上，这样不利于解释变化中的情况。于是，在他的比较理论框架中，引入政治文化这个可变的动态因素，以增强预算过程理论对变化中情况的解释力度。在瓦尔达夫斯基看来，政治文化是一个内部变量，它的特点主要依赖于生活在不同环境中的预算参与者的偏好，也就是说，不同政治文化中人们对于已存在的社会关系的偏好并不相同，因而就可能采用不同的预算策略（Wildavsky，1997）。具体来讲，政治文化有两个维度：一方面指一个组织或者制度对外承诺的强弱程度；另一方面指一个组织或者制度每天必须完成的工作量大小（Wildavsky，1997）。见图2。

瓦尔达夫斯基认为，通过引入政治文化，可以将价值和偏好带入预算，价值和偏好包含着给定社会中争取资金的不同动机。他进一步假设，层级体制中，组织或制度努力维护支出权力和高税收，目的是为了维护他们自己已有的身份和地位。市场体制下，偏好降低了对权

组织强弱程度

工作量		弱	强
	多	从属主义（subordination） 宿命论	集体主义（colectivism） 层级制
	少	个人主义（individualism） 市场	平等主义（egalitarianism） 宗教

图 2　政治文化的主要模式

力的需求，支出和税收尽可能少。在平等体制下，支出是为了尽可能地重新分配资源，但是在这种制度中，人们拒绝那些不能让他们获得足够多收入的权力。因此，预算不仅依赖于资源，而且也依赖于政府的行为偏好（Wildavsky，1997）。

接着，瓦尔达夫斯基将多种案例放入该比较理论中加以解释，包括美国联邦政府预算，英国、法国和日本政府预算，低收入国家预算，美国大都市政府预算和美国州政府预算。他通过比较分析，不仅为每个案例在比较理论框架中找到了适合的位置，而且坚定地认为传统预算模式即渐进预算理论一直在实践中发挥着重要的作用。他认为：尽管渐进预算理论自身存在很多缺陷，但是这些缺陷的另一面却恰恰是该理论无法被实践所抗拒的优点所在，历史基数上的简单计算以及政治上的中立，使得传统预算模式易于理解，容易操作，并且具有相当大的灵活性（Wildavsky，1997）。

尽管瓦尔达夫斯基通过比较研究，进一步提高了渐进预算理论的解释力。但是，针对约翰·瓦纳特（John Wanat）的疑虑，渐进预算理论还是不能做出完美解答。约翰·瓦纳特（Wanat，1974）在研究中指出，机构的预算要求由三部分构成：基数、机构的强制性拨款请求和项目性拨款请求，而国会也是从这三个方面来审查支出机构的预算申请。因此，尽管渐进预算理论能够比较好地解释“强制性拨款”的边际性趋势，但是尚未对“项目性拨款”的同样变化做出具有说服力的解释（Wanat，1974）。实际上，对于渐进预算理论来说，瓦纳特的这个发现或者忧虑是把“双刃剑”。如果能够证明“项目性拨款”

变化的边际性趋势，那么就能够增加传统理论的解释力；反之则不能。因为，正如瓦尔达夫斯基自己所指出的那样，按照一致性原则，在同一个时间内，政府预算只能有一个，预算的标准也只能有一个，不可能出现诸如“一部分预算适用于多年期赋权型预算，而另一部分则适用于年度性零基预算”的情况（Wildavsky，1997）。由于“基数”、“强制性拨款”和“项目性拨款”共同组成了政府预算，所以，如果不能够证明后两者都存在明显的边际性变化，那么预算的一致性原则将被打破，渐进预算理论适用于所有类型政府预算的结论就更难具有说服力。然而，约翰·瓦纳特的研究还有一个潜在的假设前提，即“基数”是必然存在的，支出机构上一个年度得到的预算拨款额是固定存在的。所以，无论是“强制性拨款/请求”还是“项目性拨款/请求”，都是在原有“基数”基础上新增加的部分。但是，这个假设前提是否成立，尚待研究。

另外，一些针对理性预算改革而展开的研究，却从不同角度支持了渐进预算理论在美国政府预算实践中具有长期影响力的观点。具有代表性的研究成果如劳斯（Lauth，1978）对佐治亚州零基预算的研究。他通过分析1973—1978财政年度佐治亚州职能部门所获得的预算拨款百分比变化情况，发现零基预算并没有改变佐治亚州的预算结果，职能部门所获得预算拨款仍呈现出明显的渐进增长结果。尽管，劳斯此文的主要研究成果是证明零基预算并未像改革者所设想的那样，有效地改变了预算结果，渐进预算仍然对预算实践存在影响。不过，此研究另外一个贡献，就是给出了一种测量预算结果的方法。这一方法为那种因缺少大样本数据而无法进行线性回归研究的探索提供了一种方法上的可行性。

三　财政预算理论的经济学视角

从经济学视角出发，利用经济学理论与方法来研究财政预算问题，也是财政预算理论研究的主流范式之一。财政预算研究与经济学的结合，是传统财政学向公共经济学转型的必然结果。公共经济学根植于传统财政学，其发展经历了漫长过程。公共经济学又突破了传统财政学只关注税收问题的藩篱，将研究视野拓展至财政支出、财政预算、国债等领域（杨志勇、张馨，2011）。从此，财政预算被纳入公共经济学的研究视野，经济学理论及其研究方法对财政预算理论研究的影响便不言而喻，主要包括委托—代理理论（principle - agent theory）、交易费用理论（transaction cost theory）、公共选择理论（public choice theory）等，代表人物及其成果包括布坎南（1991）的公共财政与公共选择理论，尼斯坎南（2004）的官僚预算最大化模型，巴特尔和马骏（2004）财政预算的交易费用理论，史密斯和贝特茨（1998）的财政预算委托—代理理论等。

布坎南是公共选择理论最杰出的代表，他在《公共财政》一书中用篇幅不长的文字，介绍了美国联邦政府预算制度，包括预算参与者及其权力关系、行政机构及其预算编制人员与立法机构的关系、个人与集团、预算周期等内容。布坎南还指出“区分开设一个公共支出的新项目和维持或增加一个既有的项目不但有意义，而且很重要”（布坎南，1991）。尽管布坎南没有专门利用公共选择理论来深入研究财政预算问题，但他已经将预算过程与预算制度的研究纳入到经济学视野，同时提出财政资金和资源如何在不同项目中进行分配是财政预算非常重要的问题。这也是政治学与管理学视角重点关注的问题之一。

尼斯坎南利用公共选择理论对官僚制及其行政机构的预算行为进行较为系统的研究，发展出一个官僚机构“供给”理论，该理论的基础是假设单个官僚机构的管理者所做出的各类行为都是有目的的，并且这些有目的的行为是可以被模型化的（尼斯坎南，2004）。换句话说，尼斯坎南将单个官僚机构作为理性经济人看待，重点关注官僚机构的经济行为以及这些行为对官僚机构提供公共服务可能产生的影响（尼斯坎南，2004）。尼斯坎南指出，如果按照经济学对个人消费者选择模式的逻辑对官僚机构行为做出假设，那么官僚机构同样可以被看作具备选择一系列不同行为能力的个体，在可能的行动结果中具有自己的偏好，并且在可能的范围内选择最具有偏好的行为方式（尼斯坎南，2004）。他所提出的官僚预算最大化模型，系统描述了政治家和官僚/行政人员在预算交易中的关系。在尼斯坎南看来，官僚制机构是为社会提供公共服务的供给方，而选民通过“用脚投票”的方式所选举产生的立法机构代言人则用来向官僚机构提供资金支持——这是对预算过程中预算申请与预算拨款行为的经济学描述。据此，尼斯坎南将官僚机构所获得的预算资源作为它的收入，将其所提供的公共服务作为支出或者成本。官僚机构在申请预算资源的时候，会同时考虑多种因素，包括薪水、奖金、荣誉、权力、资助、产出、改革和管理机构的容易度等。官僚机构的理性经济人特质，使得官僚机构总是希望获得更多的预算资源，因为这样他们的效用就会越大。因此，尼斯坎南的官僚机构预算最大化模型的第一个假设前提是官僚机构具备使预算最大化的动机。第二个假设前提是官僚机构通常能够实现预算最大化。在预算最大化模型中，官僚机构作为公共服务的供给方，与预算资金的供给方——选民与立法机构——之间存在信息不对称的情况，并且供给方往往处于不利地位，既不完全了解官僚机构是如何利用资源产出公共服务的，也缺乏动机对此问题投入更多的关注。

对于尼斯坎南官僚机构预算最大化理论模型的质疑也一直存在，包括唐莱威和威尔逊等人的研究（马骏、叶娟丽，2004）。唐莱威质疑模型中的第一个假设——官僚机构总是追求预算最大化，反驳直接针对尼斯坎南将官僚机构假设为一个独立的理性经济人展开的。唐莱威指出了四个原因：一是某个官僚机构并非一个真正的独立个体，机构内部的个人行为与集体行为之间会相互影响、相互制约从而影响双方的行为选择。二是预算增长对于官僚机构来讲是否真正有效用，还受到机构内部预算组成结构的影响。三是单个官员追求预算最大化的行为并非总是出现的，会受到内部最优水平的影响。换句话说，如果机构获得更多的预算资源，但是官僚机构内部却无法达到资源使用的最优状态，那么单个官员也会放弃追求的。四是官僚机构中的高级别官员并非仅仅考虑为机构获取更多的预算资源，反而更关注个人职务和工作的未来发展。米格和柏兰格、威尔逊则提出了具有自由裁量权的预算资源对于官僚机构更重要的理论假设，这是对尼斯坎南模型的重要发展。自由裁量权的预算资源是指官僚机构的收入与最低成本之差。这部分资源是官僚机构能够自由支配的资源，对于官僚机构来讲效用更高。因为，如果官僚机构获得更多的预算资源，但是却缺少对资源的自由支配权，那么官僚机构就缺少了争取预算最大化的动机和动力。从这一点来讲，尼斯坎南也接受了这一观点，并将他的模型修改为官僚机构的效用是自由裁量的预算和产出的函数（马骏、叶娟丽，2004）。

利用交易费用理论和委托—代理理论来研究财政预算问题，也是经济学视角推动财政预算理论研究的突破性进展。霍恩（Horn，1995）、弗兰特（Frant，1996）、帕特思尼克（Patashnik，1996）、汤普森（Thompson，1993）、巴特尔和马骏（Bartle and Ma，2004）等利用交易费用理论对财政预算中的一些制度安排，主要包括预算制定与执行等内容进行了研究。另外，史密斯和贝特茨（Smith and Bertozzi，1998）利用委托—代理理论重点研究了财政预算微观层面的问题，主要解释了财政预算过程中预算机构（如财政部门或核心预算部门）与支出机构之间的关系问题。

四　理性主义与理性预算模式[①]

传统的渐进预算模式的建立强有力地约束和规范了官员的活动，在政治过程和公共管理中确立了法治原则，使得政府更加负责。然而，它仍不是一个完美的预算体制。从20世纪50年代开始，以美国为首的许多国家都进行了一次又一次的预算改革。尽管各有侧重，但是，这些预算改革都希望找到一种科学的、理性的预算决策模式，来一劳永逸地解决公共预算中的资源配置问题，它们都希望用理性的预算分析来取代政治判断和预算基数在资金分配中的影响。所以，它们

① 本部分主要参考马骏、赵早早《公共预算：比较研究》，中央编译出版社2010年版。

也被称为理性预算模式（Kettl，1992）。

每一次理性预算改革都改变了预算决策的重点、预算程序和规则。20 世纪 50 年代出现的绩效预算将预算决策的重点从投入转到了产出，以活动为基础将资源与产出绩效联系起来。60 年代出现的计划项目预算将预算决策的重点转到政策目标，强调运用战略计划引导资金分配，在一个跨年度的框架内，资金分配的重点放在如何实现中期目标。70 年代出现的零基预算主张按照活动的轻重缓急——活动对目标的贡献程度——对支出申请进行排序，取消预算基数对资金分配的影响，实现资源的再配置。80 年代以来涌现的新绩效预算充分吸收了以前这些预算改革有价值的成分，强调在总额约束的框架内，运用战略计划引导资金分配，将预算决策的重点转移到最终的结果，在预算与围绕"结果"的绩效之间建立联系。这种预算模式也被称为"结果导向的预算"或者"结果预算"。同时，不同的预算模式不仅意味着预算决策的重点不同，也意味着预算程序和职能取向存在较大的不同（见表 1）。

表 1　　预算模式比较

	预算决策重点	预算程序	职能取向
传统预算	投入（按科目体系分解）	自下而上	控制
绩效预算	产出	自下而上	管理
计划项目预算	政策目标	自上而下	计划
零基预算	与目标相关的支出的优先顺序	自下而上	控制/部分计划
新绩效预算	结果	先自上而下，再自下而上	计划、管理

资料来源：马骏、赵早早：《公共预算：比较研究》，中央编译出版社 2010 年版，第 304 页。

这些理性预算改革都希望取代传统预算模式。但是，80 年代以前的理性预算改革都没有成功，各种理性预算决策模式都没有能够发展成为一个稳定的决策机制。虽然每一种预算改革模式都对政府预算产生了这样或那样的影响，但是，每种模式都很快被另一种模式所取代，并很快“蒸发”掉了（Kettl，1992）。不过，值得注意的是，80年代至今，新绩效预算则以重构公共部门职能为核心被广泛实践，并表现出良好的发展前景。总体来看，新绩效预算在以下三个方面区别于之前的预算改革：第一，尽管表面上新绩效预算与20世纪50年代兴起的绩效预算很像，都强调资金支出后的绩效，但是，两者之间存在着根本的区别。50年代的绩效预算强调预算支出应该生产产出（output），新绩效预算则强调支出的最终结果（outcome）。结果更强调财政预算资金投入之后所取得的实际效益，包括对经济社会发展所产生的最终效果。第二，以前的预算改革都主张通过引入“理性的”预算分析（例如，计划项目预算的成本—收益分析）来将政治因素从预算过程中排除出去；然而，尽管新绩效预算也强调项目分析，但是在这种预算模式中，政治家在确定财政收支总额、战略目标以及支出重点方面发挥着主导作用。第三，以前的预算改革主要关心预算编制环节的改革，没有同时在预算执行领域进行改革，也没有关注总额控制问题。而新绩效预算则全面地重构了预算过程。在预算执行中，新绩效预算放弃了传统预算模式下对支出部门的外部控制，将资金使用的自由度与灵活性下放给支出部门和管理者，主张让管理者自己进行管理。这是以前的预算改革所缺乏的。新绩效预算非常重视总额控制，强调政治家应该在总额控制的约束下制定战略目标、确定政策重点和支出重点（Corthan，1993；Wang，1999；Schick，1998；马骏、赵早早，2010）。当然，我们也必须看到，新绩效预算在广泛影响各国财政预算制度的同时，也面临着非常多的压力与挑战。这些挑战主要包括以下几个方面的问题：第一，如何测量绩效、确保绩效信息的高质量？对结果进行测量和评估是新绩效预算的核心内容之一。但是，如何构建测量与评估体系并确保能够准确地测量政府多种多样的活动，这是一个长期困扰新绩效预算改革的问题。第二，如何提高绩效评价结果与预算决策的关联度？提高绩效评价结果的质量，并将其作为预算决策的重要或主要依据，这是目前新绩效预算在各国实践层面一直希望能够解决的问题。第三，如何利用新绩效预算模式改变政府部门的管理文化、组织文化与行政文化，使追求结果的思维影响政府决策与行为？重构政府机构或公共部门的结构，将其行为重点引入更关注资金使用结果上，这是新绩效预算的最大特点。但是改变传统官僚制度的惯性需要付出较大的努力，也具有很大挑战。这些问题与挑战也是新绩效预算理论需要回答的内容。

五　政策过程模型

政策过程模型更关注政府预算的过程、过程中各种预算参与方的行为逻辑和行为方式对预算结果的影响，其代表人物是爱伦·鲁宾（2001）。鲁宾在《公共预算中的政治：收入与支出，供贷与平衡》一书中，将预算过程分成五个决策束，即收入决策束、过程决策束、支出决策束、平衡决策束、执行决策束。这五个部分之间相互独立而又相互承接，彼此影响。鲁宾在研究预算过程和每个决策束的同时，更关注各种预算参与者的行动、预算过程和预算环境等因素，据此来分析预算结果产生的影响因素及影响程度。鲁宾还有一个比较重要的贡献是将预算收入纳入财政预算决策过程模型中。该努力突破了之前科依、瓦尔达夫斯基等学者在思考财政预算核心问题的局限。因为，无论是科依还是瓦尔达夫斯基，他们关注的重点在财政预算支出领域，一直试图回答如何规范预算分配的问题，而忽视了预算收入对决策的影响。当然，鲁宾的政策过程模型也存在一定的局限性，该模型仍然属于描述性的，没有提出一个规范性的研究问题或研究假说。

六　中国财政预算理论争鸣

21 世纪早期之前，在中国，与财政预算相关的理论研究一直属于财政学的研究范畴，由于财政学属于经济学的一个分支，所以对于财政预算的研究也一直使用经济学研究视角和研究方法。21 世纪早期之后，尤其是 2002 年之后，一批从事政治学或公共管理学的研究者开始研究财政预算问题。这些研究者多数采用政治学或公共管理学的研究视角和方法，不仅关注财政预算的政治性、预算过程中的权力配置与各方的博弈关系，而且注重探索西方基于管理学理论产生的预算改革模式的“中国化”问题。因此，中国理论学界围绕中国财政预算研究的学科归属及方法论问题产生了激烈的论战。政治学和公共管理学领域的研究者认为，财政预算问题并非仅仅是经济学的研究领域，同样也是政治学和公共行政学的重要研究领域（马骏、於莉，2006）；“要将公共财政与财政预算作为政治学分支学科，建议将财政预算纳入政治学的学科体系，把财政预算学变成政治学的二级或三级学科，有利于在政治系统内对财政预算内部与政府体制建设进行综合考虑”（王浦劬，2006）。尽管政治学和公共管理学研究者仅仅表达了对财政预算问题的学科兴趣，且未完全否定财政学对财政预算研究的贡献和作用，但是仍有学者对此类观点提出了强烈的质疑。有学者认为，如果政治学和公共管理学将财政预算纳入其重要研究领域或将其列为二/三级学科，那是不妥当的做法，“财政预算研究的主体内容应该归属财政学科研究范畴，财政预算具有鲜明的财政学科属性”（崔惠玉，2010）。同时，与此观点锋芒相对的政治学者认为，从方法论角度来讲，与经济学研究方法相比，政治学和公共管理学研究方法更适合推进中国的财政预算问题研究（叶娟丽，2011）。不过，学界大多数人还是认同从多视角、利用多学科方法来研究财政预算问题的观点。毕竟，财政学科建筑在经济学和管理学或者应用经济学和公共管理学互相融合的基础上（高培勇，2002）。财政预算作为财政学的传统研究问题必然与公共管理学科产生交融，因此，对财政预算的研究应该建立在经济学与管理学相互交融的基础上。从研究视角来看，财政预算研究可以分为三种：一是财政学研究视角，主要从财政预算的收支数量变化及预算政策的经济功能角度来研究；二是行政学研究视角，主要从规范政府收支管理及提高预算效能的角度来研究；三是政治学研究视角，主要从如何实现预算的民主化角度来研究（魏陆，2006）。

事实上，与最后一种观点相吻合的是，在社会科学领域，财政学、政治学和管理学均对财政预算提出过自己的见解，并对推动财政预算研究与实践起到积极作用。如果不是这样，既不能解释各学科对财政预算理论研究所做出的既有贡献，更无法解释十八届三中全会《决议》明确地将财政与国家治理——政治学和管理学概念——联系起来的既成事实了。因此，为了能够更全面地理解财政预算理论，以推动中国财政预算制度建设，就必须对每种途径的研究进行深入了解，以尽可能地避免偏见，获得对财政预算与财政预算的全面理解。

参考文献：

[1] [美] R. 亨德利克、J. P. 弗雷斯特：《预算执行》，载罗伊·T. 梅耶斯编《公共预算经典》，苟燕楠、董静译，上海财经大学出版社 2005 年版。

[2] [美] 爱伦·鲁宾：《公共预算中的政治：收入与支出，借贷与平衡》，中国人民大学出版社 2001 年版。

[3] [美] 戴维·H. 罗森布鲁姆：《公共行政学：管理、政治和法律的途径》，中国人民大学出版社 2002 年版。

[4] [美] 罗伯特·D. 李、罗纳德·约翰逊：《公共预算系统》，清华大学出版社 2002 年版。

[5] [美] 托马斯·D. 林奇：《美国政府预算》，中国财政经济出版社 2002 年第 4 版。

[6] [美] 威廉姆·A. 尼斯坎南：《官僚制与公共经济学》，中国青年出版社 2004 年版。

[7] [美] 詹姆斯·M. 布坎南：《公共财政》，赵锡军等译，中国财政经济出版社 1991 年版。

[8] Barraclough, Katherine & Dorotinsky, Bill, International Practice on Budget Execution and Control, *Public Financial Management Workshop*, NOSPA, Vientiane, Lao PDR May, 2005, pp. 23 –26.

[9] Barraclough, Katherine & Dorotinsky, Bill, The Role of the Legislature in the Budget Drafting Process: A Comparative Review, In Rick Stapenhurst, Riccardo Pelizzo, David M. Olson & Lisa von Trapp. Eds. Legislative Oversight and Budgeting: A World Perspec-

tive, Washington, D. C.: The World Bank, 2008.

[10] Caiden, Naomi, A New Perspective on Budgetary Reform, *Australia Journal of Public Administration*, Vol. 48, No. 1, 1989, pp. 51 - 58.

[11] Corthan D., Entrepreneurial Budgeting: An Emerging Reform? *Public Administration Review*, Vol. 53, No. 5, 1993, pp. 335 - 454.

[12] Davis O. A., Dempster, M. A. H., & Wildavsky, A., A Theory of the Budgetary Process, *American Political Science Review*, 60 (September), 1966, pp. 529 - 547.

[13] Donnie Ray Crandell, An Over Time Analysis of ZBB in Geogria, A Dissertation Submitted to the Graduate Faculty of the University of Georgia in Partial Fulfillment of the Requirements for the Degree, 1979, p. 38.

[14] Frant, Howard, High - powered and Low - powered Incentives in the Public Sector, *Journal of Public Administration Research and Theory*, Vol. 6, No. 3, 1996, pp. 365 - 381.

[15] Horn, Murray J., *The Political Economy of Public Administration*, Cambridge: Cambridge University Press, 1995.

[16] Jones, Laurence R. & G. C. Bixler, *Mission Financing to Relign National Defense*, Greenwich, CT: JAI Press, 1992.

[17] Kettl, Donald F., *Deficit Politics*, New York: Macmillan, 1992.

[18] Key V. O., The Lack of a Budgetary Theory, 34 *American Political Science Review*, 1940, pp. 1137 - 1144.

[19] Lauth T., "Exploring the Budgetary Base in Georgia", *Public Budgeting & Finance* (Winter), 1987, pp. 72 - 82.

[20] Lauth, Thomas, Zero - base Budgeting in Georgia State Government: Myth and Reality, *Public Administration Review*, 5 (August/ September), 1978, pp. 420 - 430.

[21] Leloup, Lance T., The Myth of Incrementalism: Analytical Choices

in Budgeting Theory, *Polity*, Vol. 10, No. 4, 1978, pp. 488 - 509.

[22] Lienert, Ian & Jung, Moo - Kyung, The Legal Framework of Budget System, *OECD Journal of Budgeting*, Vol. 4, No. 3, 2004, pp. 1 - 479.

[23] Mark S. Kamlet & David C. Mowery, The Budgetary Base in Federal Resource Allocation, *American Journal of Political Science* (November), 1980, pp. 804 - 821.

[24] Neuby, Barbara, On the Lack of a Budget Theory, *Public Administration Quarterly* (Summer), 1997, p. 131.

[25] Patashnik, Eric M., The Contractual Nature of Budgeting: A Transaction Cost Perspective on the Design of Budgeting Institutions, *Policy Science*, Vol. 29, 1996, pp. 189 - 212.

[26] Petrei, Humbreto, *Budget and Control: Reforming the Public Sector in Latin American*, Washington, D. C.: Inter - Americian Development Bank, 1998.

[27] Premchand A., *Control of Public Money: The Fiscal Machinery in Developing Countries*, New York: Oxford University Press, 2000.

[28] Rubin, Irene, *The Politics of Public Budgeting* (3th), Chatham: Chatham House Publishers, Inc., 1997.

[29] Schick, Allen, *A Contemporary Approach of Public Expenditure Management*, Washington, D. C.: World Band, 1998, pp. 12, p. 25.

[30] Schick, Allen, *Capacity to Budget*, Washington, D. C.: The Urban Institute Press, 1990.

[31] Smith, Robert W. & Bertozzi, Mark, Principals and Agents: An Explanatory Model for Public Budgeting, *Journal of Public Budgeting, Accounting & Financial Management*, Vol. 10, No. 3 (Fall), 1998, pp. 325 - 353.

[32] Stapenhurst, Rick, The Legislature and Budget, In Rick Stapen-

hurst, Riccardo Pelizzo, David M. Olson & Lisa von Trapp. Eds. Legislative Oversight and Budgeting: A World Perspective, Washington D. C.: The World Bank, 2008.

[33] Sundelson, Wilner, Budgetary Principles, *Political Science Quarterly*, Vol. 1, No. 2, 1935, pp. 236 – 263.

[34] Thompson, Fred, Matching Responsibilities with Tactics: Administrative Controls and Modern Government, *Public Administration Review*, Vol. 53, No. 4 (July/August), 1993, pp. 303 – 318.

[35] Wanat J., Base of Budgetary Incrementalism, *American Political Science Review*, 1974, pp. 1221 – 1228.

[36] Wang X. H., Conditions to Implement Outcome – oriented Performance Budgeting, *Journal of Public budgeting, Accounting & Financial Management*, Vol. 11, No. 4, 1999, pp. 522 – 533.

[37] Wildavsky A., *Budgeting: A Comparative Theory of Budgetary Process*, Transaction Publishers, 1997.

[38] Wildavsky A., Political Implications of Budgetary Reform, *Public Administration Review*, 21 (autumn), 1961, pp. 183 – 190.

[39] Wildavsky A., *The New Politics of the Budgetary Process*, Addison Wesley, 2000.

[40] 阿图·埃克斯坦：《公共财政学》，中国财政经济出版社 1983 年版。

[41] 艾伦·威尔达夫斯基、内奥米·凯顿：《预算过程中的新政治学》，北京大学出版社 2008 年版。

[42] 崔惠玉：《论政府预算的财政学科属性》，《财政研究》2010 年第 4 期。

[43] 高培勇：《“一体两翼”——论财政学科和公共管理学科的融合》，《中国财经报》，http://www.cfen.com.cn/web/zhuanjia/2002 – 11/22/content_ 407376.htm。

[44] 马蔡琛：《国家预算、政府预算和公共预算的比较分析》，《中国财政》2006 年第 2 期。

[45] 马骏:《中国公共预算面临的最大挑战:财政可持续》,《国家行政学院学报》2014 年第 1 期。
[46] 马骏、叶娟丽:《公共预算理论:现状与未来》,载《西方公共行政学理论前沿》,中国社会科学出版社 2004 年版。
[47] 马骏、於莉:《公共预算研究:中国政治学和公共行政学亟待加强的研究领域》,载《呼吁公共预算:来自政治学、公共行政学的声音——第一届中国公共预算研究全国学术研讨会论文集》,中央编译出版社 2006 年版。
[48] 马骏、赵早早:《公共预算:比较研究》,中央编译出版社 2010 年版。
[49] 王浦劬:《公共预算研究:中国政治学和公共行政学亟待加强的研究领域》,载《呼吁公共预算:来自政治学、公共行政学的声音——第一届中国公共预算研究全国学术研讨会论文集》,中央编译出版社 2006 年版。
[50] 王雍君:《"全口径预算"改革探讨》,《中国财政》2013 年第 6 期。
[51] 魏陆:《中国公共预算改革途径及研究视角的选择取向》,载《呼吁公共预算:来自政治学、公共行政学的声音——第一届中国公共预算研究全国学术研讨会论文集》,中央编译出版社 2006 年版。
[52] 叶娟丽:《论中国公共预算研究的方法论自觉》,《武汉大学学报》(哲学社会科学版) 2011 年第 5 期。
[53] 张馨:《论政府预算的法治性》,《财经问题研究》1998 年第 11 期。

财政货币政策理论与方法：近三十年的进展①

王艺明　蔡昌达*

（厦门大学经济学院，计量经济学教育部重点实验室　361005）

摘　要：本文系统梳理了近三十年财政货币政策最优搭配及其效应研究的理论进展，并分别从研究的理论背景、研究方法、财政货币政策交互关系以及研究结论等多个角度对国内外财政货币政策研究的成果进行全面、立体的剖析。笔者认为，多数研究依赖于高度特征化的经济环境设定，因而相关研究结论在不同设定下的稳健性仍值得商榷。更重要的是，在财政政策和货币政策都完全内生化的框架内对政策协调进行综合性研究的还不多，分析大多是在一定程度的外生性假定下开展的，而其中针对我国的更少。最后，本文结合中国式的金融资源配置模式展望了未来我国财政货币政策协调研究的方向。

关键词：财政政策　货币政策　政策搭配　政府债务　通货膨胀

① 本文获得国家自然科学基金面上项目“中国式金融资源配置模式下的宏观调控政策体系研究”（项目编号：71373217）、国家社科基金重点项目“稳增长、调结构、转方式的理论和实践研究”（项目编号：14AZD018）、教育部“2012 年度博士研究生学术新人奖”项目、中央高校基本科研业务费项目“二元政治经济机制下企业技术创新的资本市场支持研究”（项目编号：2013221010）资助。

* 作者简介：王艺明，厦门大学经济学院财政系副主任、教授，厦门大学公共经济研究中心副主任。研究方向：宏观经济学、金融学、公共经济学。E - mail：wym@xmu.edu.cn。蔡昌达，厦门大学财政系博士研究生，研究方向：宏观经济学、投资理论与政策、公共经济学。

一　绪论

财政政策和货币政策作为宏观经济调控的最主要手段，一直以来都备受学界的关注。理论与现实一致表明，二者是相互依存的关系，一种政策的制定、实施以及最终的效果无法回避另一种政策的影响。特别地，全球化进程使得经济政策效应的不确定性变大，美国次贷危机和希腊债务危机最初都以人们意想不到的方式波及了全球各大经济体。因此，把财政与货币政策当局当成是两个单独的个体并不适当。即使不存在不同政策当局之间的目标冲突，为了实现这一共同目标，政策协调也是必要的（Bartolomeo and Giuli，2011），这也就从根本上决定了财政货币政策协调的重要性。

事实上，财政货币政策研究的内容和方法在不同历史时期会有明显的倾向，表现出明显的时代特征。比如，美国经济大萧条（1929—1933）以后凯恩斯主义的崛起和货币学派的挑战、1991 年欧洲经济与货币联盟（EMU）的建立以及2008 年世界经济危机等重要历史经济事件发生以后，学术界都会涌现出大量的相关文献对其进行剖析，研究的逻辑多为“是什么、为什么、会如何、怎么办”。这个特点也说明，财政货币政策分析较其他经济学研究而言，是特别注重现实效果的一个领域，并试图在最大可能上解释现实，这也决定了财政货币政策研究的初衷和指导方针。为此，本文拟从研究的经济环境设定、研究方法、财政货币政策交互关系（interdependence）以及研究结论四个方面对当前国内外研究成果进行系统总结。这对构建我国的财政货币政策最优协调框架无疑具有十分重要的借鉴意义。

二　最优政策搭配及其效应分析

（一）经济环境设定

纵观整个财政货币政策研究历程，不难发现这些文献的一个共同特点就是，着力于刻画财政货币政策工具或规则在不同经济环境设定下的特征和效应，包括：

1. 新古典经济到新凯恩斯主义特征的演变

早期的文献基本是在新古典经济框架下开展的，其核心假定为市场是完全的。这个时期所取得的一个重要突破就是，把 Ramsey（1927）的最优税制理论运用到了最优财政货币政策研究上来。一方面，如果把同一时间截面上的不同物品看成不同时间截面的同一种物品，那么 Ramsey 最优税制理论可应用于财政政策的动态分析（Kydland and Prescott，1977；Barro，1979；Turnovsky and Brock，1980）。另一方面，如果把每期代理人手中的现金余额当成另一种物品，那么 Ramsey 最优税制理论则可应用于财政货币政策研究，此时通货膨胀税即视为一般的消费税（Friedman，1969；Phelps，1973；Calvo，1978）。新古典经济框架下财政货币政策搭配研究的主要结论是，债务主要用于在时间维度上平滑税收扭曲，而在长期中，任何规模的债务都可以通过设定合适的初始债务规模来加以支撑。更重要的是，名义利率（接近）为零，即“弗里德曼规则”（freedman rule）成立。总的来说，新古典经济研究虽然能够较好地反映少数宏观经济变量的周期性特征，但对总量经济波动的解释能力不高、研究结论对各国政策实践的指导作用也十分有限①，这主要是由于完全竞争市场假设脱离了现实。此外，Ramsey 最优政策的现实可操作性也比较低。

鉴于此，研究主流逐步放松了完全竞争假设，开始引入非完全市场下的垄断竞争、名义刚性等特征（Adam，2011；Dixit and Lamberti-

① 正如 Persson 等（2006）所指出的，现实中还没有见到哪种政策使得名义利率为零。

ni，2003a；Linnemann and Schabert，2006；Marattin et al.，2011），但研究结论也因所引入的具体摩擦类型不同而有所差异。Schmitt - Grohé 和 Uribe（2004）在一个价格弹性的无资本垄断竞争生产经济中引入垄断租金，并在此基础上考察最优财政货币政策。研究认为，名义利率间接构成对垄断租金的课税，这是由于消费者为了消费手中必须持有法定货币，而持有期间是无息的。除非社会计划者直接对垄断租金课征100%税收（即利润全额上缴，显然这不会发生），那么名义利率总会为正，并且具有较大的波动性，以此间接对垄断租金进行课税。与 Schmitt - Grohé 和 Uribe（2004）不同，Siu（2004）刻画了一个具有名义刚性的经济，其通货膨胀具有状态依存性（state contingent）用以缓冲财政冲击。基于此，作者引入一个含有扭曲性税制、名义的非状态依存（non - state contingent）的债务以及粘性价格的货币经济，对其 Ramsey 均衡下的最优财政货币政策进行研究。此时，社会计划者面临缓冲财政冲击（收益）与通货膨胀因状态依存性而产生波动（成本）二者之间的权衡取舍。

不难看出，以上新凯恩斯主义文献的一个共同特点是，最优财政货币政策分析都是在高度特征化（highly stylized）的设定下开展的（Schmitt - Grohé and Uribe，2005），对新古典经济框架的偏离程度并不显著，一般只引入一种或少数几种摩擦。这种做法的一个好处就是，便于我们理解政策如何制定以消除特定摩擦所带来的扭曲性影响。但现在理论建模和数值求解技术的大幅飞跃已经允许我们在模型中引入更多贴近现实的摩擦类型，这不仅提高了模型的解释能力，也加强了研究结论的可靠性。

2. 政策的时间一致性（time consistency）

与相机抉择政策（discretionary policy）不同，具有政策的时间一致性要求政府事先公布政策目标并在后续执行中不违背这一政策①。政策的时间一致性在财政货币政策研究文献中占有十分重要的地位。Dixit（2001）认为，财政约束的设计应以保证合意的货币政策一致性

---

① 本文中，我们把具有政策一致性的政府称为方针承诺型（policy commitment）政府。

为前提。Dixit 和 Lambertini（2003a）发现，政策的时间一致性无法满足会导致财政政策过紧而货币政策过松。Eggertsson 和 Woodford（2004）论证了具有时间一致性的货币政策是最优的，同时也指出，最优财政政策也应该具有相同特征。Chari 和 Kehoe（2007）基于一般均衡模型分析指出，货币政策的时间不一致性会导致搭便车问题。Banerjee（2001）对欧盟的研究也有类似观点：如果一国的财政政策采取相机抉择型而其他国家采取方针承诺型，那么即使欧洲中央银行采取方针承诺型货币政策，通货膨胀率还是会偏高。

鉴于此，政策时间一致性的成立性及其对经济的影响成为诸多学者关注的焦点。Lucas 和 Stokey（1983）的研究表明，在实物交换经济中，只要政府债务期限结构足够完整，政府可以通过选择合适的税率和债券组合来最大化社会福利，从而使最优财政政策的时间一致性成立。在货币交换经济中，虽然存在最优货币发行量，最优税制必须考虑通货膨胀税，此时政策不再具有时间一致性。故需要建立制度机制来保证政策的时间一致性。Banerjee（2001）较为系统地考察了政策时间一致性变化所产生的影响。研究指出，在财政货币政策均为相机抉择型时，如果只有货币政策转变成方针承诺型（如欧盟），则产出、通胀以及公共支出都降低；如果只有财政政策转变成方针承诺型，则产出和通胀降低而公共支出增加。在财政货币政策均为方针承诺型时，如果只有货币政策转变成相机抉择型，则产出、通胀以及政府支出都升高；如果只有财政政策转变成相机抉择型，则产出和通胀提高而公共支出降低。与此不同，Dixit 和 Lambertini（2003a）的研究表明，在财政当局相机抉择下，货币当局选择承诺政策一致性与相机抉择的结果是一样的。Niemann 和 Pichler（2011）则分析了灾难性冲击下，相机抉择型政策与方针承诺型政策这两种制度环境下的最优财政货币政策差异。由于 Ramsey 政策的时间一致性要求政府通过债务来平滑冲击的不利影响（Schmitt - Grohé and Uribe，2004；Siu，2004），此时债务规模变动接近随机游走。而在相机决策型政策下，债务规模变大会增加通胀预期，进而提高名义利率并加重其扭曲。鉴于此，方针承诺型政府会把债务规模控制在稳态水平附近。

虽然关于 Ramsey 政策的研究都或明或暗地假定了政府是方针承诺型的（Barro，1979；Lucas and Stokey，1983；Schmitt - Grohé and Uribe，2005），但 Alvarez 等（2004）分析指出，财政货币政策具有时间一致性与弗里德曼规则最优这两个命题具有等价性，因此这个问题不大。Persson 等（2006）也认为，在非预期通胀下，合理运用债务管理，就能够实现 Ramsey 政策的时间一致性，进而拓展了时间一致性 Ramsey 政策的理论范围。但 Persson 等（2006）的一个潜在假设是，政府债务不会出现违约风险。Schmitt - Grohé 和 Uribe（2005）却认为，Ramsey 最优政策不具有时间一致性，这是由于社会计划者会因为关心个人福利水平，并且会为之改变之前的政策承诺。Blake 和 Zampolli（2011）也表示，相机抉择型的政府往往是更加贴近现实的假设。

3. 政策的不确定性

政策的最优性往往依赖于特定的财政货币区制，"事过境迁"后新的经济形势要求政策重新因应以实现最优。因此，最优政策具有不确定性。Bartolomeo 和 Giuli（2011）在模型中设定政策参数的概率分布来刻画这种不确定性。研究结果表明，"只要财政与货币政策当局有相同的政策目标，那么理想的产出与通胀水平总可以实现"（Dixit and Lambertini，2003b）这一观点在政策不确定性下不再成立。

近年来，政策区制转移吸引了一些学者的目光。传统的固定区制研究潜在假定了政策区制以及代理人对政策区制的预期都不会改变，这不太符合现实。Favero 和 Monacelli（2005）指出，如果要解释财政货币政策区制发生变化这一经验事实，就必须为区制变化提供理论模型。虽然如此，但由于求解技术和计算机发展等因素的限制，目前政策区制转移下的财政货币政策理论研究仍不多见。部分学者在给定一种政策区制的情况下，考察了另一种政策的效应。Jansen 等（2008）使用半参数方法研究了美国资产市场（股票、政府债券和公司债券市场）上财政与货币政策之间的相互作用关系。分析指出，货币政策对资产市场收益率的影响不仅取决于货币政策本身方向和力度，也和财政政策（扩张或紧缩）状态密切相关。换言之，财政政策区制决定了货币政策对资产市场收益率的影响。2008—2009 年以来，世界各国的政府债务规模攀升。在此背景下，Marattin 等（2011）在 DSGE 模型中根据福利标准研究了不同货币政策区制下，各种财政紧缩工具的合意性。

随着“马尔科夫转换”（markov switching）在经济体制结构变化建模方面取得巨大成功，另一部分学者将其引入财政货币政策的相关研究中。Chung 等（2007）研究了财政货币政策在不同区制之间转移对政策效应的影响。作者假定财政货币政策区制变化服从随机的马尔科夫过程（markov process），如果在上一区制内，利率（主动的货币政策）服从泰勒规则、税收（被动的财政政策）随债务规模扩大而增加，而在下一区制内，泰勒规则不再成立而税收外生。那么，此时存在唯一有界的非李嘉图均衡。此外，鉴于马尔科夫转移线性理性预期模型在拟合区制和模型参数不确定性方面的广泛应用需求，Blake 和 Zampolli（2011）提出了一种求解这类模型中最优二次控制问题的算法。给定政府是相机抉择型的，这种算法所得到的是纳什—斯塔伯格均衡，因而最优政策具有时间一致性。

4. 其他设定

Campbell 和 Mankiw（1989）、Mankiw（2000）等在模型中加入经验法则型消费者（Rule - of - Thumb Consumers，RTC）的做法引起了诸多学者的兴趣。RTC 是指那些因为无法进入金融市场而不能借贷的消费者。换言之，这些消费者面临着流动性约束（liquidity constraint），或者说市场是不完全的。许多基于结构方程模型的经验研究都证实了 RTC 的存在，并且 RTC 在所有消费者中所占的比例约在 26%—40%（Jacoviello，2004；Campbell and Mankiw，1989）。近年来，一般均衡分析结果认为，这个值在 35% 左右（Forni et al.，2009）。

一方面，RTC 在使理论研究更贴近现实的同时，也增加了实证模型对现实的解释能力。Galí 等（2007）指出，经验法则型消费者的存在解释了政府支出冲击下总量消费的波动特征。Bi 和 Kumhof（2011）也发现，这能够提高模型对财政政策短期效应的解释力。Muscatelli 等

(2006)、Motta 和 Tirelli（2012）等人则是在新凯恩斯动态一般均衡模型中纳入消费者流动性约束特征，重新考察了财政货币政策最优搭配的问题。另一方面，Bilbiie（2008）指出，在一个名义工资弹性、劳动供给缺乏弹性的模型中，只要 RTC 比例足够大，那么泰勒（利率）规则下的均衡结果将不再能够保证模型的确定性（model determinacy）。但 Motta 和 Tirelli（2012）指出，如果财政政策发挥好自动稳定器功能，那么这种有限资产市场参与（如 RTC）的负面影响会减轻。特别地，当财政政策盯住名义收入增长时，利率规则与完全市场参与下的最优结果十分接近。

除了流动性约束设定，财政货币政策研究了也引入了诸多其他特征，如开放经济（Banerjee，2001；Leitemo，2004；Ribe and Beeman，1986；Turnovsky，1979）、理性预期框架（Davig et al.，2011）、政治经济周期（Nordhaus，1975）以及小型开放经济国家组成的货币联盟（Galí and Monacelli，2008），等等。

（二）财政货币政策的研究方法

财政货币政策研究在最早期有使用过静态分析，如 Ribe 和 Beeman（1986）研究开放经济下财政赤字的效应以及 Feltenstein 和 Farhadian（1987）描述中国的货币行为特征时都使用了静态模型，但这类方法具有相对局限性，应用中也越来越少见。目前，财政货币政策研究的主流方法包括博弈模型和动态随机一般均衡模型。

1. 博弈模型

事实上，政策搭配问题可以看成是财政货币当局之间的动态博弈过程：负责财政政策制定的政府部门与负责货币政策制定与执行的央行有各自的收益集合与行为策略。博弈模型引入了行为经济学分析，其结论也比较有说服力，但模型求解的技术难度比较高，这在一定程度上约束了对其的广泛应用。

一部分学者研究了财政货币政策协调是非合作（竞争）博弈的情形。Alesina 和 Tabellini（1987）假定货币当局选择通货膨胀、财政当局选择税率，双方在产出、通货膨胀的合意水平方面一致，但各自赋予这两个目标的权重不同。在此基础上，作者研究了货币当局是否为方针承诺型对双方博弈的纳什均衡结果有何影响。Bartolomeo 和 Giuli（2011）模型也假定财政与货币政策当局是同时行动的（纳什均衡博弈）。另一学者考察了财政货币政策协调是合作博弈的可能性。Sargent 和 Wallace（1981）认为，财政与货币政策当局之间存在非合作博弈，财政和货币政策之间需要协调（合作）才能获得帕累托最优结果，而协调的关键在于博弈双方的行动顺序。在一国货币当局较财政当局更为保守时，Dixit 和 Lambertini（2003a）发现，政策的时间一致性无法满足会导致双方博弈的纳什均衡结果相对于最优状态表现为更高的通胀水平与更低的产出（如 1999—2000 年的欧盟以及 1974—1975 年的美国）。进一步分析指出，如果博弈不是同时行动，那么由财政当局主导会更好。

也有部分文献在同一个框架下系统研究了合作与非合作两种情形的结果，并进行了比较。Petit（1989）在二阶线性框架下构建了一个连续时间的随机微分方程组，并基于意大利经济特征对模型进行校准。那么，财政货币政策搭配问题成为这两个政策制定主体之间的博弈过程。此时，合作意味着，博弈参与者愿意采取一致的行动，使双方成本函数的某种线性组合最小化。通过计算非合作博弈的纳什均衡与斯塔伯格均衡解，研究指出，非合作博弈的结果不仅使博弈双方的收益降低（成本更高），而且经济体运行的平稳性与收敛速度等方面也不甚理想。在某些情况下，即使前者不足以促使双方进行合作，后者也能够使之达成。Nordhaus 等（1994）研究了政府与央行在合作与非合作情形下紧缩性财政政策（赤字削减）对通货膨胀、失业率以及潜在产出增长率的影响。在非合作情形下，财政货币政策协调表现为政府与央行之间的非零和博弈，纳什均衡结果是财政赤字和利率均高于合作情形。央行独立性越高，通货膨胀水平越低。紧缩性的财政（赤字削减）可能会降低消费并使消费者遭受永久性的福利损失。扩张性的货币政策难以刺激总需求或降低失业率。特别地，在非合作情形下，财政当局必须考虑短期内的财政巩固政策会在多大程度上被金融市场、汇率、国内外的货币政策以及私人部门消费所抵消。而在合作情形下，财政政策相对货币政策更具主导性。

值得一提的是，博弈论方法应用于财政货币政策分析中，目前其研究对象仍局限于高度特征化（highly stylized）的小型经济体（Schmitt - Grohé and Uribe，2005）。因此，未来在博弈模型中纳入更具有一般性的经济特征将会是一项十分具有挑战性的课题。

2. 动态随机一般均衡模型

相比于静态分析，动态分析因需要考虑个体对政策变化的反应而变得更加困难，但也正是这种特征使其模型从根本上保证了宏观经济分析与微观经济分析的一致性，避免了卢卡斯批判（Lucas Critique）。因此，一般均衡模型配合贝叶斯估计已经成为目前宏观经济领域的主流研究工具，特别是动态随机一般均衡（DSGE）模型，这类模型通常也沿用了一贯的福利分析方法（Judd，1985；Lucas，2000）来作为求解最优路径的标准。贝叶斯方法是估计新凯恩斯模型的天然工具（Muscatelli et al.，2004），因为这种方法能够捕获模型中不同政策效应之间的关键差异（Lubik and Schorfheide，2007）。

DSGE 模型在财政货币政策研究中的应用始于新凯恩斯主义框架的引入，这类文献强调各种名义刚性在外生冲击传导机制和经济稳定政策作用机理方面的重要作用及其对最优财政货币政策特征的影响（Chari and Kehoe，2007；Khan et al.，2003；Schmitt - Grohé and Uribe，2007）。代表性研究包括 Smets 和 Wouters（2004）关于 G - 7 国家财政货币政策协调的研究，Christiano 等（2005）和 Muscatelli 等（2004，2006）利用美国数据构建 DSGE 模型对财政货币政策之间的相互作用关系进行的分析，Motta 和 Tirelli（2012）在有限资产市场参与（limited asset market participation）和消费习惯（consumption habits）假设下对最优财政货币政策的考察，等等。研究结论在很大程度上取决于具体的研究目的和模型设定。

鉴于 DSGE 模型构建的灵活性比较大，有的学者提出一些办法来评估 DSGE 模型优劣。Schorfheide（2000）通过构建损失函数（loss function）来度量（对数线性化的）DSGE 模型对数据特征的匹配程度，进而对其优劣进行评估。这种方法相对于传统的评估指标（如 P 值）具有相对优势，能够用于对整个模型的优劣性评估、比较，而不是单个数值的统计推断分析。Diebold 等（1998）也使用了类似的方法对抽样分布下的 DSGE 模型预测能力进行分析。

（三）财政货币政策的交互关系

本小节旨在系统梳理当前研究中关于财政货币政策相互关系的研究观点或结论，具体分为以下几个方面。

1. 财政货币政策目标

多数学者认为，财政货币政策当局的目标至少是不完全相同的。Pindyck（1976）较早关注了政策制定者之间相互冲突的目标。在 Petit（1989）的模型中，政府和央行作为两个不同的独立主体分别进行财政（财政支出）与货币政策（货币供给增长率）调控。政府的目标首先是促进经济增长，而后是稳定物价水平；央行优先考虑控制通货膨胀，其次是国际收支平衡。而 Nordhaus 等（1994）也认为，在许多大型经济体中，财政货币政策是独立的，其各自的目标往往相互冲突。在多数发达国家，货币政策目标是稳定物价，而财政政策目标是降低失业率或者说促进经济增长。Fragetta 和 Kirsanova（2010）则进一步尖锐地指出，诸多研究假定了财政与货币当局是共同合作的，但这种假定往往是不现实的。事实上，相对于货币政策，财政政策可能更侧重于稳定债务规模；相对于财政政策，货币政策可能对通货膨胀更为保守。

与其他学者不同，Dixit 和 Lambertini（2003b）提出共生性（symbiosis）假设，即（整个货币联盟的单一）货币当局与（各成员国的）财政当局就理想的产出与通胀水平达成共识，此时，不需要财政政策协调、货币政策一致性承诺、货币政策相机抉择以及政策当局特定的行动顺利，也能实现这个最优产出与通胀状态（极乐点）。Leitemo（2004）在小国开放经济中，假定了财政与货币当局都盯住通货膨胀水平，然后研究双方博弈对利率与汇率的决定作用。

2. 财政货币政策（当局）独立性

财政货币政策当局的独立性在不同国家的情况不尽相同，如德国联邦银行与美联储相对独立于政府，而日本的中央银行则需要对财政部负责（Nordhaus et al.，1994）。一般来说，二者是难以完全独立的，特别是当财政赤字过大，需要利用通胀把政府债务货币化时，财政政策就会对货币政策起到制约作用（Sargent，1999）。

理论研究表明，财政政策在政策协调中更具有主动性和主导性。Currie（1978）指出，货币政策在长期中应该配合财政政策情势（fiscal stance），以确保宏观经济运行平稳。此后，Petit（1989）、Nordhaus 等（1994）、Dixit 和 Lambertini（2003a）、Leitemo（2004）以及 Kara（2008）等学者也有类似的观点或发现。一些研究进一步指出，财政政策容易干扰货币政策的独立性。Fragetta 和 Kirsanova（2010）总结后指出，事实上，财政政策调控的频率低于货币政策，并且制定过程要经过详细的论证，这也就导致货币当局难以根据财政政策因应。更现实的情况是，财政政策作为状态变量进入货币政策的函数。因此，财政主导（fiscal leadership）比较到位地描述了发达国家中的财政货币政策关系（Debelle and Fischer，1994）。鉴于此，诸多研究认为，拥有更加独立的央行在短期内更不容易实施扩张性政策，因而通货膨胀水平也更低（Alesina and Grilli，1992），而且这种独立性应该是从经济政策制定的角度来说的，因为央行的行政独立性并无法分离财政货币政策之间的相互作用关系（Sargent，1999）。

Jansen 等（2008）、Fragetta 和 Kirsanova（2010）是为数不多的关于财政与货币政策之间交互关系的实证研究。Jansen 等（2008）以变系数模型设定来拟合财政政策与货币政策之间的复杂的交互关系。研究发现，财政政策主要是作为货币政策的间接状态信息变量，而不是直接信息变量来影响资产市场的收益率。就其政策含义而言，当出现财政盈余时，货币政策变动对收益率的影响更为明显。而紧缩的货币政策与紧缩的财政政策结合在一起，则会对收益率产生较大的负面影响。Fragetta 和 Kirsanova（2010）在 Galí 和 Monacelli（2005，2008）模型的基础上纳入成员国政府预算约束，考察了英国、美国和瑞典三个国家中财政货币政策的交互关系。实证结果表明，英国和瑞典的财政与货币当局之间是财政主导的策略性博弈，而美国则表现为纳什均衡（非策略性）博弈。

3. 统一货币政策下的财政政策

1999 年 1 月 1 日，欧洲经济与货币联盟（EMU）正式建立，欧盟成员国内部实施统一的货币政策①。其后十多年间，欧盟的财政货币政策实践为财政货币政策理论研究提供了丰富的素材，学术界也涌现出一批以欧盟为研究对象的文献。

不同学者关于统一货币政策所产生的影响见解各不相同。Beetsma 和 Lans Bovenberg（1998）指出，在一个财政政策起主导作用的经济体中，如果政策制定者是仁慈的，那么货币政策统一将有利于降低通货膨胀、税收以及公共支出，并将其称为货币政策的自律效应（disciplining effect）。数值结果进一步揭示，随着货币联盟中的财政当局成员增加，这种自律效应能够增进福利水平。但 Aarle 等（2001）认为其中存在权衡取舍：欧盟的建立一方面消除了内部成员国之间的汇率转换成本与不确定性，使得欧洲的商品市场、劳动力市场以及金融市场因透明度与竞争性加强而提高了经济效率，但同时也失去汇率调整这一宏观调控手段，造成效率损失。此外，Aarle 等（2003）使用 SVAR 模型对欧元区财政货币政策变化的中短期效应进行估计。研究发现，欧盟不同成员国对同一财政货币政策冲击的反应各不相同。这意味着，财政货币政策改革在各个国家难以取得一致的效应。

目前，关于欧盟的财政货币政策研究争论的焦点主要还是集中在财政约束是否必要，如果有必要，当前的财政约束力度是否适宜。但正如 Muscatelli 等（2006）所指出的，在欧元区，关于财政活动应该做何种程度限制的探讨还没有一致的定论。首先，部分研究强调欧盟对成员国进行财政约束的必要性。Dixit（2001）认为，各成员国的财政自主权会影响欧洲中央银行的政策一致性，因而财政约束是必要

① 为了约束成员国的财政活动，欧盟颁布《稳定与增长公约》（*Stability and Growth Pact*）和《马斯特里赫特条约》（*The Maastricht Treaty*）。前者规定，欧元区各国政府的年度财政赤字不得超过 GDP 的 3%、公共债务不得超过 GDP 的 60%。一国财政赤字如果连续 3 年超过该国 GDP 的 3%，对该国的罚款最高可达到其 GDP 的 0.5%。后者则禁止成员国的年度财政赤字超过 GDP 的 3%，政府债务占 GDP 的比重必须控制在 60% 以下，也不准欧洲中央银行（European Central Bank，ECB）为成员国的赤字进行融资或提供经济救援，即使是在财政危机情况下（Dixit and Lambertini，2003b）。

的，但应以保证合意的货币政策一致性为前提。Beetsma 和 Lans Bovenberg（1999）指出，政府短视行为可能会导致债务规模偏离最优水平，而财政约束能够纠正这种偏倚，进而增进社会福利水平。其次，许多文献认为财政约束是多余的。Leith 和 Wren - Lewis（2000）指出，从稳定的角度来看，在统一货币政策下严格盯住债务规模意义不大。因此，欧盟严格限制各成员国举债规模也是没有必要的，适当约束即可。Dixit 和 Lambertini（2003b）研究指出，只要欧洲中央银行（European Central Bank，ECB）与各国财政当局就理想的产出与通胀水平达成共识，欧盟对成员国的财政约束可能是多余的。最后，还有一部分研究的观点较为折中。Chari 和 Kehoe（2007）指出，货币政策的时间不一致性会导致搭便车问题，如果货币联盟当局没有事先对其政策（通胀水平）做出承诺，那么各个成员国将竞相举债。结果就是货币联盟中的债务规模和通货膨胀水平都过高，此时对成员国的债务规模进行限制是有益的。但如果货币联盟中的货币政策具有时间一致性，那么这种限制不仅没有必要，而且还会增加额外的成本。Leitemo（2004）在小国开放经济中考察了财政与货币当局盯住通胀情形下，双方博弈对利率与汇率的决定作用。纳什均衡结果表明，财政与货币当局如果对产出缺口规模未能达成共识，那么博弈结果将导致过高的利率和汇率波动性，进而影响金融系统稳定性。此时，对财政活动进行约束是有益的。但如果财政当局能够先发行动并将其对货币政策的影响内部化，那么这种冲突所导致的不良后果就可以避免。

值得一提的是，部分文献注意到了财政货币政策之间的替代性与互补性。财政政策和货币政策的替代性是指，“松”财政政策促发了“紧”货币政策，而“紧”货币政策引发了“松”财政政策①（Melitz，1997；Von Hagen et al.，2002）。反之，财政政策和货币政策的替代性意味着“双送”或“双紧”的政策搭配。Muscatelli 等（2004）研究表明，20 世纪末 90 年代以来的需求冲击主导着经济波

① 受制于《稳定与增长公约》和《马斯特里赫特条约》等规定，一些国家为了满足加入欧盟的条件，财政当局采取了保守的财政政策，而货币当局则采取了宽松的货币政策。

动，这使得财政货币政策工具较之前表现出某种互补性趋势。进一步分析指出，财政货币政策之间是替代性还是互补性取决于经济体所受到的外生冲击类型和研究所采用的结构模型类型。Favero（2004）在 Muscatelli 等（2004）研究的基础上，实证检验了财政货币政策之间的互补性与替代性，发现了相同的结论。Schmitt – Grohé 和 Uribe（2005）也提出了类似观点，认为最优的稳定政策取决于导致总量波动的外生冲击数量与类型。

（四）研究结论

1. 财政政策重“工具”和货币政策重“规则”

综观财政货币政策文献，相关研究结论通常只提财政政策“工具”，而非“规则”型的财政政策（rules – based fiscal policy）。这是因为财政政策规则的识别十分困难，不仅财政指标数据难以获取（Perotti，2004），而且自动稳定器功能使识别相机抉择型的财政政策反应变得异常艰巨（Blanchard and Perotti，2002）。因此，财政政策规则的研究相对货币政策规则要落后。目前，仅有极个别学者研究财政政策规则。近年来，Bi 和 Kumhof（2011）提出了使财政盈余占 GDP 的比率盯住税收缺口这一简单的财政规则。假定政府使用转移支付对受流动性约束的家庭进行补贴。一般均衡分析指出，上述财政规则具有显著的自动稳定器效应，其带来的福利增加远高于最优化货币政策所对应的结果，这是由于政府通过转移支付方式抵消了不完全金融市场对受流动性约束家庭的不利影响。

关于财政政策工具，Turnovsky（1979）指出，当财政货币政策工具成本为零时，财政支出应使国内收入水平不变；当存在政策工具成本时，财政货币政策应成为滞后的调整规则（lagged adjustment rules）。Chari 等（1991）则指出，最优税收政策应该具有平滑性，这意味着政府应该在经济运行良好时积累财政盈余而在经济衰退时实施财政赤字，并且政府应该通过（名义）债务规模调控来吸收经济冲击。Eggertsson 和 Woodford（2004）认为，最优财政政策要求，在流动性陷阱下政府要通过增加税收来降低债务（或增加政府资产），这意味着未来的税收会降低。在简单的税收平滑规则下，前瞻性货币政策配合最优财政政策能够极大改善结果。Schmitt – Grohé 和 Uribe（2004）的拉姆齐配置的结果是，劳动所得税十分平滑，通胀波动性较大并且与垄断租金相关。Schmitt – Grohé 和 Uribe（2005）发现在最优财政政策下，税率不随产出与政府规模变化而改变，因而没有表现出周期性。此外，财政规则带二期滞后项，说明惯性较大。

关于货币政策规则，Currie（1978）认为，货币政策应该使实际利率稳定，以避免财政赤字可能引发的剧烈波动。Chari 等（1991）的研究表明，最优的货币政策即为弗里德曼规则。但 Schmitt – Grohé 和 Uribe（2004）在一个随机的、价格弹性的、无资本的垄断竞争生产经济中引入垄断租金，发现此时弗里德曼法则并非最优。Schmitt – Grohé 和 Uribe（2005）进一步研究指出，在最优货币政策下，利率规则是被动的（通货膨胀系数小于 1），不受产出波动影响，并且具有一定的惯性。Muscatelli 等（2006）的研究则暗示了，当货币政策采取标准的前瞻性通胀目标制（forward – looking inflation targeting）时，税收（自动稳定器）比政府支出更能够有效地与货币政策配合。但正如 Benigno 和 Woodford（2003）指出，在该分析框架下，货币当局的福利函数无法直接推导出，而只能通过假定来开展研究。

2. 政策主动性搭配与顺（反）周期性特征

根据 Branch 等（2008），主动性的货币政策是指单位通胀引起超过 1 单位的名义利率上升，或者说名义利率对通货膨胀超调。反之，则为被动性的货币政策。主动性的财政政策是指税收为债务不完全融资，被动性的财政政策则指税收为债务完全融资。

诸多研究表明，最优财政货币政策一般表现为一种政策相对主动而另一种政策相对被动的组合，而不是“双主动”或“双被动”搭配。一种观点认为，最优财政货币政策中，财政（货币）政策应该相对主动（被动）。Leith 和 Wren – Lewis（2000）研究表明，如果财政政策是被动的，在需求冲击下，为了维持稳定，需要让货币政策更为被动，如盯住名义利率。Davig 等（2011）认为，如果货币当局选择被动的货币政策，即通过通货膨胀来降低实际债务，这将会提高增加代理人的通货膨胀预期，进而为实施盯住价格水平的货币政策带来极大的困难，这也就要求政府大刀阔斧地实施紧缩性财政政策，即相对主动的财政政策。另一种观点认为，最优财政货币政策中，财政（货币）政策应该相对被动（主动）。Schmitt - Grohé 和 Uribe（2007）则认为，在简单、可执行的政策规则下，最优财政货币政策所能达到的福利水平与 Ramsey 政策一致，此时财政政策是相对被动的。Marattin 等（2011）在给定政府通过增税或减少政府支出来控制债务规模后指出，在主动型利率规则（货币政策）下，政府通过控制生产性支出来盯住债务规模（即被动性的财政政策）有利于提高福利水平。而其他财政紧缩政策工具，特别是资本利得税，会造成福利损失。

此外，部分学者探讨了最优财政货币政策的顺（反）周期性特征。Chari 等（1991）指出，最优财政政策应该具有反周期性，货币政策对技术冲击实施逆周期调控，而对政府消费实施顺周期调控。Galí 和 Monacelli（2008）也发现，随着名义刚性加强，最优财政政策的反周期力度也越大。Motta 和 Tirelli（2012）基于新凯恩斯主义框架的研究结果表明，反周期的财政政策一方面保证了与泰勒规则对应的理性预期均衡是唯一的，另一方面也使各总量经济指标相对于社会最优水平的波动较小。但是 Muscatelli 等（2004）的研究结果表明，由于财政货币政策的惯性特性（inertial nature），反周期的财政政策会降低福利水平。但 Muscatelli 等（2004）的财政货币政策相互作用机制仅限于总量需求渠道，并未考虑诸如扭曲性税收、私人消费与政府消费的替代性、税收楔子对价格的影响、工资设定、利率对赤字融资的影响等其他方面的可能路径。总的来看，似乎多数研究认为，反周期性的财政政策最优。

3. 财政货币政策搭配下的债务规模动态

债务作为协调财政政策和货币政策的枢纽，在财政货币政策搭配研究中很早就受到学者们的关注。Lucas 和 Stokey（1983）在实物交换经济背景下强调，政府债务期限结构完整性对于实现财政货币政策时间一致性的重要作用。反过来，货币政策的制定必须考虑政府偿债能力（Benigno and Woodford，2003）。Eggertsson 和 Woodford（2004）发现，对于一个名义政府债务规模更大、税收扭曲性更严重的经济体，财政货币政策最优搭配下的通货膨胀水平会更高，但与零政府债务规模与零稳态税收的情形相比，最优财政货币政策并没有显著差异。

目前，文献中关于债务规模的动态行为存在一些争论。Foley 等（1969）在消费者决策与政府偏好并存的简单混合经济（mixed economy）中研究发现，人均政府债务规模将收敛于特定值。此外，初始政府债务规模对该特定值以及人均消费（福利）边界没有影响。研究还发现，经济体的边际储蓄率越高，则长期中均衡的政府债务规模也越大。但是近年来，许多文献都指出，财政货币政策最优搭配下的债务规模变化应该是服从（近似）随机游走（Siu，2004；Schmitt - Grohé & Uribe，2005；Niemann and Pichler，2011）。Adam（2011）认为，在政府债务规模较高时，技术冲击等因素引起的税基变化会增加预算平衡风险，最优的债务规模削减速度并不一定是其初始值的单调函数，政府债务规模变化可能接近随机游走。研究还指出，最优政府债务规模趋于零，最优债务收敛速度随着支出缩减困难加大而变化。

三 研究总结与展望

综合以上研究，当前财政货币政策研究已经取得重要的研究进展，但同时也存在一些不足的地方：首先，理论模型设定高度特征化。不同学者根据研究需要采取不同的假定，例如，新古典经济和新凯恩斯主义的特征选择，政策时间一致性的成立，政策不确定性是否存在等。此外，诸如流动性约束、经济开放性、货币联盟成员国背景、理性预期框架、政治经济周期等假设也进一步扩大了选择集的维度，大幅拓展了最优财政货币政策研究的广度和深度。这些事实上都最终导致研究结论千差万别乃至相互矛盾。即使是同一个问题，不同研究之间的结果差异也可以很大，这些差异集中体现在最优财政政策重“工具”与货币政策重“规则”、最优政策的主动性搭配与顺（反）周期性特征以及最优政策下的主要宏观经济变量特征，特别是债务规模的变化。综上所述，能够得出具有普适性成果的研究很少。

其次，虽然关于最优财政货币政策的研究已经不少，但通常是在外生给定了一种政策的情形下，考察另一种政策的最优性（Barro and Gordon，1983；Chari and Kehoe，2007；Dornbusch，1997）。虽然也有部分研究采取“半内生化”的研究方法（Jansen et al.，2008），但相比之下，在同一个框架下内生化二者之间交互作用关系的文献还不多（Muscatelli et al.，2004；Schmitt - Grohé and Uribe，2004、2005；Siu，2004）。鉴于一般均衡模型在这方面的理论优势，未来在DSGE模型框架下通过把财政货币政策内生化来考虑最优政策问题将是一个十分有前景的研究方向。

最后，从本文所涉猎的文献来看，国外研究描述的经济体多为美国和欧盟，目前针对我国的最优财政货币政策协调的文献还不多见。欧盟的建立统一了成员国的货币政策，而各国政府仍保有相当程度的财政政策自主权，这种大范围的跨国财政货币政策实践在人类发展史上十分罕见，也自然吸引了许多学者的眼光。而美国作为目前世界上最发达的经济体之一，市场经济高度发达和数据可获得性等因素使其成为研究人员的关注焦点。部分研究也以一些特定国家为研究对象，如Kara（2008）和Çebi（2012）对土耳其的考察。但是，这种分析较为零散，特别是研究结论容易受本国某些特异性因素的影响，如政治骚动等。改革开放以来，中国式的经济增长举世瞩目，但“摸着石头过河”走出来的中国式增长道路并非一帆风顺。由于我国经历了由政府主导的计划经济，在实现经济市场化的改革进程中，政府干预以及由此产生的金融资源分配格局给我国经济发展留下深深的烙印，而这种中国特色的金融资源配置模式在传统的西方经济学理论中难以得到解释，在当前的研究中也鲜有体现。鉴于目前尚缺乏在新凯恩斯动态随机均衡模型框架下对最优财政和货币政策的研究，如何结合中国式的金融资源配置格局这一背景，运用一般均衡分析对此进行研究，是一项十分值得期待的课题，也是笔者接下来要努力的方向。

本文通过梳理该领域研究脉络，试图对当前财政货币政策研究框架做一个系统性描述，不仅是为了让更多人了解当前财政货币政策研究做了什么、是怎么做的，更希望为有志于此方面研究的学者抛砖引玉。同时，笔者希望本文的梳理框架能够有助于读者更好地把握该领域相关论文的可能创新（贡献）之处。值得一提的是，理论研究终究是要为实践服务。但正如 Lucas 和 Stokey（1983）所指出，通过理论模型得到的最优财政货币政策在现实中只能是近似最优。当然，随着模型中纳入越来越多的现实经济特征，理论研究对现实经济的拟合度会有所提高。但好的理论不一定是复杂的，简单的政策要优于复杂的、相机抉择的政策（Chari et al.，1991）。

参考文献：

[1] Aarle, Bas van, Harry Garretsen, and Cornelie van Moorsel, Internal and External Transmissions of Monetary and Fiscal Policies in the EMU, *Economic Systems*, Vol. 25, 2001, pp. 127 – 148.

[2] Aarle, Bas van, Harry Garretsen, and Niko Gobbin, Monetary and Fiscal Policy Transmission in the Euro – area: Evidence from a Structural VAR Analysis, *Journal of Economics and Business*, Vol. 55, 2003, pp. 609 – 638.

[3] Adam, Klaus, Government Debt and Optimal Monetary and Fiscal Policy, *European Economic Review*, Vol. 55, 2011, pp. 57 – 74.

[4] Alesina, Alberto, and Guido Tabellini, Rules and Discretion with Noncoordinated Monetary and Fiscal Policies, *Economic Inquiry*, Vol. 25, 1987, pp. 619 – 630.

[5] Alvarez, Fernando, Patrick J. Kehoe, and Pablo Andrés Neumeyer, The Time Consistency of Optimal Monetary and Fiscal Policies, *Econometrica*, Vol. 72, 2004, pp. 541 – 567.

[6] Banerjee, Gaurango, Rules and Discretion with Common Central Bank and Separate Fiscal Authorities, *Journal of Economics and Business*, Vol. 53, 2001, pp. 45 – 68.

[7] Barro Robert J., and David B. Gordon, A Positive Theory of Monetary Policy in a Natural – rate Model, *Journal of Political Economy*,

Vol. 91, 1983, pp. 589 - 610.

[8] Barro R. J., On the Determination of the Public Debt, *Journal of Political Economy*, Vol. 87, 1979, pp. 940 - 971.

[9] Bartolomeo, Giovanni Di, and Francesco Giuli, Fiscal and Monetary Interaction under Monetary Policy Uncertainty, *European Journal of Political Economy*, Vol. 27, 2011, pp. 369 - 375.

[10] Beetsma, Roel M. W. J., and A. Lans Bovenberg, Does Monetary Unification Lead to Excessive Debt Accumulation? *Journal of Public Economics*, Vol. 74, 1999, pp. 299 - 325.

[11] Beetsma, Roel M. W. J., and A. Lans Bovenberg, Monetary Union without Fiscal Coordination May Discipline Policymakers, *Journal of International Economics*, Vol. 45, 1998, pp. 239 - 258.

[12] Benigno P., and Michael Woodford, Optimal Monetary and Fiscal Policy: A Linear - quadratic Approach, *NBER Macroeconomics Annual*, Vol. 18, 2003, pp. 271 - 333.

[13] Bi, Huixin, and Michael Kumhof, Jointly Optimal Monetary and Fiscal Policy Rules under Liquidity Constraints, *Journal of Macroeconomics*, Vol. 33, 2011, pp. 373 - 389.

[14] Bilbiie F. O., Limited Asset Markets Participation, Monetary Policy and (Inverted) Aggregate Demand Logic, *Journal of Economic Theory*, Vol. 140, 2008, pp. 162 - 196.

[15] Blake, Andrew P., and Fabrizio Zampolli, Optimal Policy in Markov - switching Rational Expectations Models, *Journal of Economic Dynamics and Control*, Vol. 35, 2011, pp. 1626 - 1651.

[16] Blanchard, Olivier, and Roberto Perotti, An Empirical Characterization of the Dynamic Effects of Changes in Government Spending and Taxes on Output, *Quarterly Journal of Economics*, Vol. 117, 2002, pp. 1329 - 1368.

[17] Branch, William A., Troy Davig, and Bruce McGough, Monetary - fiscal Policy Interactions under Implementable Monetary Policy

Rules, *Journal of Money*, *Credit and Banking*, Vol. 40, 2008, pp. 1095 - 1102.

[18] Calvo G. A. , On the Time Consistency of Optimal Policy in a Monetary Economy, *Econometrica*, Vol. 46, 1978, pp. 1411 - 1428.

[19] Campbell J. Y. , and N. G. Mankiw, Consumption, Income, and Interest Rates: Reinterpreting the Time - series Evidence, *NBER Macroeconomics Annual*, Vol. 4, 1989, pp. 185 - 216.

[20] Chari V. V. , and Patrick J. Kehoe, On the Need for Fiscal Constraints in a Monetary Union, Journal of Monetary Economics, Vol. 54, 2007, pp. 2399 - 2408.

[21] Chari V. V. , Lawrence J. Christiano, and Patrick J. Kehoe, Optimal Fiscal and Monetary Policy Some Recent Results, *Journal of Money*, *Credit and Banking*, Vol. 23, 1991, pp. 519 - 539.

[22] Christiano L. J. , M. Eichenbaum, and C. I. Evans, Nominal Rigidities and the Dynamic Efforts of a Shock to Monetary Policy, *Journal of Political Economy*, Vol. 113, 2005, pp. 1 - 44.

[23] Chung, Hess, Troy Davig, and Eric M. Leeper, Monetary and Fiscal Policy Switching, *Journal of Money*, *Credit and Banking*, Vol. 39, 2007, pp. 809 - 842.

[24] Currie, David, *Monetary and Fiscal Policy and the Crowding - out Issue*, London University, Queen Mary College, 1978.

[25] Davig, Troy, Eric M. Leeper, and Todd B. Walker, Inflation and the Fiscal Limit, *European Economic Review*, Vol. 55, 2011, pp. 31 - 47.

[26] Debelle G. , and S. Fischer, How Independent Should a Central Bank Be? Federal Reserve Bank of Boston, Conference Proceedings and Papers, Conference Series No. 38, 1994.

[27] Dixit, Avinash, and Luisa Lambertini, Interactions of Commitment and Discretion in Monetary and Fiscal Policies, *American Economic Review*, Vol. 93, 2003a, pp. 1522 - 1542.

[28] Dixit, Avinash, and Luisa Lambertini, Symbiosis of Monetary and Fiscal Policies in a Monetary Union, *Journal of International Economics*, Vol. 60, 2003b, pp. 235 -247.

[29] Dixit, Avinash, Games of Monetary and Fiscal Interactions in the EMU, *European Economic Review*, Vol. 45, 2001, pp. 589 -613.

[30] Dornbusch, Rudiger, Fiscal Aspects of Monetary Integration, *American Economic Review*, Vol. 87, 1997, pp. 221 -223.

[31] Eggertsson, Gauti B., and Michael Woodford, Optimal Monetary and Fiscal Policy in a Liquidity Trap, *NBER International Seminar on Macroeconomics*, 2004, pp. 75 -144.

[32] Favero, Carlo A., and Tommaso Monacelli, Fiscal Policy Rules and Regime (in) Stability: Evidence from the U. S., IGIER Working Paper No. 282, 2005.

[33] Favero, Carlo A., Comments on Fiscal and Monetary Policy Interactions Empirical Evidence and Optimal Policy Using a Structural New -Keynesian Model, *Journal of Macroeconomics*, Vol. 26, 2004, pp. 281 -285.

[34] Feltenstein, Andrew, and Ziba Farhadian, Fiscal Policy, Monetary Targets, and the Price Level in a Centrally Planned Economy: An Application to the Case of China, *Journal of Money, Credit and Banking*, Vol. 19, 1987, pp. 137 -156.

[35] Foley, Duncan K., Karl Shell, and Miguel Sidrauski, Optimal Fiscal and Monetary Policy and Economic Growth, *Journal of Political Economy*, Vol. 77, 1969, pp. 698 -719.

[36] Forni L., L. Monteforte, and L. Sessa, The General Equilibrium Effects of Fiscal Policy: Estimates for the Euro Area, *Journal of Public Economics*, Vol. 93, 2009, pp. 559 -585.

[37] Fragetta, Matteo, and Tatiana Kirsanova, Strategic Monetary and Fiscal Policy Interactions: An Empirical Investigation, *European Economic Review*, Vol. 54, 2010, pp. 855 -879.

[38] Friedman, Milton, *The Optimum Quantity of Money*, *The Optimum Quantity of Money and Other Essays*, Chicago: Aldine, 1969, pp. 1 – 50.

[39] Galí J., and T. Monacelli, Monetary Policy and Exchange Rate Volatility in a Small Open Economy, *Review of Economic Studies*, Vol. 72, 2005, pp. 707 – 734.

[40] Galí J., and T. Monacelli, Optimal Monetary and Fiscal Policy in a Currency Union, *Journal of International Economics*, Vol. 76, 2008, pp. 116 – 132.

[41] Galí J., J. D. López – Salido, and J. Vallés, Understanding the Effects of Government Spending on Consumption, *Journal of the European Economic Association*, Vol. 5, 2007, pp. 227 – 270.

[42] Jacoviello M., Consumption, House Prices, and Collateral Constraints: A Structural Econometric Analysis, *Journal of Housing Economics*, Vol. 13, 2004, pp. 304 – 320.

[43] Jansen, Dennis W., Qi Li, Zijun Wang, and Jian Yang, Fiscal Policy and Asset Markets: A Semiparametric Analysis, *Journal of Econometrics*, Vol. 147, 2008, pp. 141 – 150.

[44] Judd, Kenneth L., Short – run Analysis of Fiscal Policy in a Perfect Foresight Model, *Journal of Political Economy*, Vol. 93, 1985, pp. 298 – 319.

[45] Kara A. H., Turkish Experience with Implicit Inflation Targeting, Central Bank Review, Research and Monetary Policy Department, Central Bank of the Republic of Turkey, Vol. 8, 2008, pp. 1 – 16.

[46] Khan, Aubhik, Robert G. King, and Alexander L. Wolman, Optimal Monetary Policy, *Review of Economic Studies*, Vol. 70, 2003, pp. 825 – 860.

[47] Kydland, Finn E., and Edward C. Prescott, Rules Rather than Discretion: The Inconsistency of Optimal Plans, *Journal of Political Economy*, Vol. 85, 1977, pp. 473 – 493.

[48] Leitemo, Kai, A Game between the Fiscal and the Monetary Authorities under Inflation Targeting, *European Journal of Political Economy*, Vol. 20, 2004, pp. 709 – 724.

[49] Linnemann L., and A. Schabert, Productive Government Expenditure in Monetary Business Cycle Models, *Scottish Journal of Political Economy*, Vol. 53, 2006, pp. 28 – 46.

[50] Lubik T. A., and F. Schorfheide, Do Central Banks Respond to Exchange Rate Movements? A Structural Investigation, *Journal of Monetary Economics*, Vol. 54, 2007, pp. 1069 – 1087.

[51] Lucas R. E., Inflation and Welfare, *Econometrica*, Vol. 68, 2000, pp. 247 – 274.

[52] Lucas, Robert Jr., and Nancy L. Stokey, Optimal Fiscal and Monetary Policy in an Economy without Capital, *Journal of Monetary Economics*, Vol. 12, 1983, pp. 55 – 93.

[53] Mankiw N. G., The Savers – spenders Theory of Fiscal Policy, *American Economic Review*, Vol. 90, 2000, pp. 120 – 125.

[54] Marattin, Luigi, Massimiliano Marzob, and Paolo Zagaglia, A Welfare Perspective on the Fiscal – monetary Policy Mix: The Role of Alternative Fiscal Instruments, *Journal of Policy Modeling*, Vol. 33, 2011, pp. 920 – 952.

[55] Melitz, Jacques, Some Cross – country Evidence about Debt, Deficits and the Behaviour of Monetary and Fiscal Authorities, CEPR Discussion Papers No. 1653, 1997.

[56] Motta, Giorgio, and Patrizio Tirelli, Optimal Simple Monetary and Fiscal Rules under Limited Asset Market Participation, *Journal of Money, Credit and Banking*, Vol. 44, 2012, pp. 1351 – 1374.

[57] Muscatelli, Anton, Patrizio Tirelli, and Carmine Trecroci, Fiscal and Monetary Policy Interactions in a New Keynesian Model with Liquidity Constraints, 2006, Available at SSRN: http://ssrn.com/abstract = 88008.

[58] Muscatelli, V. Anton, Patrizio Tirelli, and Carmine Trecroci, Fiscal and Monetary Policy Interactions: Empirical Evidence and Optimal Policy Using a Structural New – Keynesian Model, *Journal of Macroeconomics*, Vol. 26, 2004, pp. 257 – 280.

[59] Niemann, Stefan, and Paul Pichler, Optimal Fiscal and Monetary Policies in the Face of Rare Disasters, *European Economic Review*, Vol. 55, 2011, pp. 75 – 92.

[60] Nordhaus, William D., Charles L. Schultze, and Stanley Fischer, Policy Games Coordination and Independence in Monetary and Fiscal Policies, *Brookings Papers on Economic Activity*, Vol. 25, 1994, pp. 139 – 216.

[61] Nordhaus, William D., The Political Business Cycle, *Review of Economic Studies*, Vol. 42, 1975, pp. 169 – 190.

[62] Perotti, Roberto, Estimating the Effects of Fiscal policy in OECD Countries, IGIER Working Papers No. 276, 2004.

[63] Persson, Mats, Torsten Persson, and Lars E. O. Svensson, Time Consistency of Fiscal and Monetary Policy: A Solution, *Econometrica*, Vol. 74, 2006, pp. 193 – 212.

[64] Petit, Maria L., Fiscal and Monetary Policy Coordination a Differential Game Approach, *Journal of Applied Econometrics*, Vol. 4, 1989, pp. 161 – 179.

[65] Phelps, Edmund S., Inflation in the Theory of Public Finance, *Swedish Journal of Economics*, Vol. 75, 1973, pp. 67 – 82.

[66] Pigou A. C., *A Study in Public Finance*, Third edition (Macmillan, London), 1947.

[67] Pindyck R. S., The Cost of Conflicting Objectives in Policy Formulation, *Annals of Economic and Social Measurement*, Vol. 5, 1976, pp. 239 – 248.

[68] Ramsey F. P., A Contribution of the Theory of Taxation, *Economic Journal*, Vol. 37, 1927, pp. 47 – 61.

[69] Ribe, Frederick C. , and William J. Beeman, The Monetary – fiscal Mix and Long – run Growth in an Open Economy, *Papers and Proceedings of the Ninety – Eighth Annual Meeting of the American Economic Association*, Vol. 76, 1986, pp. 209 – 212.

[70] Sargent T. , and N. Wallace, Some Unpleasant Monetarist Arithmetic, *Federal Reserve Bank of Minneapolis Quarterly Review*, Vol. 5, 1981, pp. 1 – 17.

[71] Sargent T. J. , A Primer on Monetary and Fiscal Policy, *Journal of Banking and Finance*, Vol. 23, 1999, pp. 1463 – 1482.

[72] Schmitt – Grohé, Stephanie, and Martín Uribe, Optimal Fiscal and Monetary Policy in a Medium – scale Macroeconomic Model, *NBER Macroeconomics Annual*, Vol. 20, 2005, pp. 383 – 425.

[73] Schmitt – Grohé, Stephanie, and Martín Uribe, Optimal Fiscal and Monetary Policy under Imperfect Competition, *Journal of Macroeconomics*, Vol. 26, 2004, pp. 183 – 209.

[74] Schmitt – Grohé, Stephanie, and Martín Uribe, Optimal Simple and Implementable Monetary and Fiscal Rules, *Journal of Monetary Economics*, Vol. 54, 2007, pp. 1702 – 1725.

[75] Schorfheide, Frank, Loss Function – based Evaluation of DSGE Models, *Journal of Applied Econometrics*, Vol. 15, 2000, pp. 645 – 670.

[76] Siu, Henry E. , Optimal Fiscal and Monetary Policy with Sticky Prices, *Journal of Monetary Economics*, Vol. 51, 2004, pp. 575 – 607.

[77] Smets F. , and R. Wouters, Forecasting with a Bayesian DSGE Model: An Application to the Euro Area, European Central Bank Working Paper No. 389, 2004.

[78] Turnovsky, Stephen J. , and William A. Brock, Time Consistency and Optimal Government Policies in Perfect Foresight Equilibrium, *Journal of Public Economics*, Vol. 13, 1980, pp. 183 – 212.

[79] Turnovsky, Stephen J., Optimal Monetary and Fiscal Policies in an Open Dynamic Economy, *Scandinavian Journal of Economics*, Vol. 81, 1979, pp. 400 – 414.

[80] Van Aarle, Bas, Harry Garretsen, and Cornelie van Moorsel, Internal and External Transmissions of Monetary and Fiscal Policies in the EMU, *Economic Systems*, Vol. 25, 2001, pp. 127 – 148.

[81] Van Aarle, Bas, Harry Garretsen, and Niko Gobbin, Monetary and Fiscal Policy Transmission in the Euro – area: Evidence from a Structural VAR Analysis, *Journal of Economics and Business*, Vol. 55, 2003, pp. 609 – 638.

[82] Von Hagen, Jurgen, Andrew Hughes Hallett, and Rolf Strauch, Budgetary Consolidation in Europe: Quality, Economic Conditions, and Persistence, *Journal of the Japanese and International Economies*, Vol. 16, 2002, pp. 512 – 535.

[83] Çebi, Cem, The Interaction between Monetary and Fiscal Policies in Turkey an Estimated New Keynesian DSGE Model, *Economic Modelling*, Vol. 29, 2012, pp. 1258 – 1267.

现代财政理论中的激励相容思想

毛程连　吉　黎*

（对外经济贸易大学国际经济贸易学院　100029）

摘　要：机制设计理论中的激励相容是指好的制度的安排要使追求个人利益与集体利益相一致，也就是个人的收益与其贡献相匹配。我们发现在福利性支出、公共品和混合品供给、税收受益原则、公债原理和政府间财政关系等理论的构建中，都是以激励相容原理作为其理论基础和判别标准的，因此这是隐含在现代财政理论中的基础思想之一。奉行个人贡献与个人受益相结合的原则，才能实现效率和公平的最优，并保证良好财政制度的可持续性。

关键词：激励相容　财政基础理论　受益　贡献

哈维茨在他创立的机制设计理论中，提出了“激励相容”（Hurwicz，1972）。指出在市场经济中，每个理性经济人都会以个人的利益最大化为目标而行动。如果能有一种制度安排，使每个人追求利益最大化的行为与集体利益最大化的目标相一致，那么这种制度就是“激励相容”的。激励的含义是机制设计者为了实现自己的目标，采取诱使具有私人信息的个人按其自利性要求做出行动的措施，并使私人的行动符合机制设计者的目标。

现代财政学又称“公共经济学”，研究的是如何通过政府制度的作用，实现全民利益最大化的目标（毛程连，朱红琼，2009）。满足

---

* 作者简介：毛程连，对外经济贸易大学国际经济贸易学院教授，博士生导师，E－mail：mclhdfxk@ hotmail. com。吉黎，对外经济贸易大学国际经济贸易学院博士生。

全民利益最大化这个集体目标的过程中，要兼顾公平与效率，保持个人的积极性，使个人的利益也得到最大化。这种制度安排就是奉行个人贡献与个人受益相一致的原则，比如每个人所缴纳的税额应该与其从公共品的供给中得到的收益相一致，没有外部性存在。此时，个人效率与集体效率将会同时达到最优，并且符合规则公平，即“激励相容”。

激励相容是现代财政理论的重要基础，是贯穿现代财政理论的一条主线。政府获取的财政收入最终都是由个人提供的，馅饼不会从天上掉下来，如果没有每个人的贡献，那么财政就会变为无源之水、无本之木。如何保持个人贡献的积极性，就需要激励相容机制，使个人利益也得到与其贡献相适应的满足。如果存在着激励不相容的状态，当一部分人的收益小于其贡献，就会挫伤这部分人的劳动积极性；当一部分人的收益大于其贡献，就会侵害其他人的利益，并导致自身怠惰的恶性循环，从而无法达到整体利益的最优化。长期来看，这两种情况都会使得可持续发展无法维持。因此，只有当每个个体在公共经济系统中所做出的贡献与他从公共服务中所得到的收益相匹配时，才是激励相容的，才能达到最优的效率和公平状态。所以我们在进行现代财政理论探讨和分析现实中的财政实践经验时，必须以激励相容机制为基石，紧紧把握个人贡献与个人受益相一致这一判别标准。

一 激励相容与财政支出

（一）福利性支出

福利性支出是现代财政支出的一项重要内容，尤其是随着经济发展水平的提高，居民对于各种文化教育、公共卫生、公共娱乐、市政建设、住宅津贴等社会福利的要求也越来越高，政府用于提高居民福利水平的支出将会越来越多。尤其是在人口老龄化的冲击下，庞大的养老保险支出对公共财政造成了巨大的压力，关于养老金缺口的讨论得到了社会的广泛关注。

由于个体存在消费上的非理性，在整个生命周期中年轻时可能会进行过多的消费，而没有为自己年老、失业、患病等困境积累足够的资金，这就需要社会保障制度来强迫所有个体在年轻时进行储蓄。根据激励相容的原理，每个人在年老时获得的退休金应该与他年轻时所积累的基金相适应。如果一个人年轻时过度消费，没有为年老时期的支出积累足够的储蓄，在年老时为了达到一定的生活标准，获得的退休金必然要使用其他人的储蓄，长此以往进行储蓄的人就会越来越少，相关制度的可持续性就会受到威胁。在人口老龄化严重或经济长期衰退或经济严重衰退的情况下，社保制度将不可持续。

现收现付制的特点是将所有正在工作的人的社会保险费作为资金，全部支付给同一时期里另一部分接受社会保障给付的人。这种制度下，上一代的养老金需要下一代的缴费筹集，每个人所获得的养老金与其自己年轻时的储蓄没有关系，每个人都没有为自己的未来进行储蓄的积极性。而且在老龄化社会里，老年人越来越多，青年人越来越少，青年一代对老年人承担的责任较大，需要缴纳的保险费率过高，会严重影响经济效率，个人和集体都没有达到利益的最大化，明显不符合激励相容原则。完全积累制则是寻求今天基金的积累与未来的支付相适应，用于支付社会保险的资金为投保人在整个投保期间缴纳的保险税和保险基金的投资收入。这种积累制，不发生代际间的收入转移，不会扭曲个人消费行为的选择。新加坡与智利采取的公积金制度就是强制储蓄型模式，以强制储蓄为核心，政府强制雇主、雇员为雇员储蓄社会保障费用，以满足雇员个人各种社会保障项目的支付需要。强调自食其力、自力更生、自我保障、统一的个人储蓄而不是分散的个人储蓄。资金来源是职工工资收入的一部分，它是按政府规定的强制征收储蓄的，支取方面不存在随意性，强化了自我保护意识，避免了代际转嫁带来的社会问题和人口老龄化所引起的支付危机。在养老制度的安排上，唯有奉行激励相容的原则，个人消费要由个人储蓄支撑，个人的养老金所得要与基金积累相适应，才是唯一一条长期可持续之道。归根结底，养老资金的供给只能来自于我们社会中每个个人的创造，而不可能是天外之物。

（二）公共品与混合品供给

公共品理论是现代财政学研究的基础理论，公共品理论论述了政府制度和市场制度各自的职责范围所在及其运行的分界线。公共品的非竞争性特征和非排斥性特征决定了政府机制的介入才是解决问题的唯一途径，政府机制更适宜于从事公共品的配置，而市场机制则更适宜于从事私人品的配置。如果公共品采取市场提供的方式，那么该公共品被提供的水平就会低于最优规模。因为增加社会中其他成员的消费，并不会使购买该物品消费者的消费减少。由于非排他性的存在，最初的消费者很快就会意识到既然别人不付出任何代价就可以享受到他所购买的消费品，那么为什么不让他人来购买而自己免费享受？当这种“搭便车”策略成为主导型的策略时，就不会有任何数量的公共品被提供出来（毛程连，2006）。个人追求自身利益最大化的行为无法达到对公共品的帕累托最优配置，此时个人最大化的利益目标就与集体最大化的利益目标相违背，这就是一种“激励不相容”的状态。当社会边际效益等于社会边际成本、个人边际效益等于个人边际成本时，公共产品提供的数量达到最佳，由此，在每一个人利益最大化的同时，社会利益也实现了最大化。分析到这里，我们可以清楚地看到公共品的最优规模供给原理正是蕴含了激励相容的机制。

针对拥挤性的公共物品，其非竞争性的属性会逐渐消失，甚至会因为拥挤带来负的外部性。比如对于桥梁来说（蒋洪、朱萍，2011），当车流量超过了拥挤点时，随着车流量增加，桥会越来越拥挤，给人们的出行带来诸多不便，边际外部成本大于零，边际社会成本越来越大于边际个人成本。消费者只考虑自己的行车利益大于边际成本，就会源源不断地加入车流，达到个人行车边际成本等于边际效益时，社会的边际成本已经远远大于边际效益，从而造成了桥梁消费的严重过度。如何使桥梁消费处于边际社会成本等于边际效益的效率状态？我们知道，拥挤性公共物品属于混合品，兼具纯公共品和私人品的特征，不能简单地使用政府收税的方式来提供，应该采用收税加收费相结合的方法，即市场提供与公共提供相结合的方式，由消费者承担自己行为带来的外部成本。

二　激励相容与财政收入

（一）税收的受益原则

合理的税收安排应该是存在正向激励效应的，即税制合理设计对于经济效率和社会公平是起到促进作用的。这里我们必须提到税收的受益原则，一般认为它体现了效率原则，但同时它也反映了公平原则。因为很显然，如果能以受益为根据征纳税收，那么规则公平就得到了良好的体现。

该原则认为每个纳税人所缴纳的税收应该与他从公共部门提供的公共品中所获得的收益相一致。受益原则实质上将纳税人缴纳税款与政府提供公共品看成是一种交易行为，税收则为公共品的价格，每个人就如同对待私人品一样根据自己的偏好来评价政府提供的公共品，并按边际效应支付，我们知道这将是完全激励相容的。尽管受益原则要求政府能够有效掌握每个人偏好方面的信息，而这一点在现实生活中很难做到，但受益原则仍然具有深远的理论意义。受益原则表明了税收普遍征纳性的正当合理，如同私人品一样，谁使用谁付钱，是一个较为合理的效率与公平标准。反之，如果不这样做，如同私人品的使用与提供一样，我们将会碰到两个问题。

首先，如果不付钱或者少付钱而使用，那么我们毫无疑问会看到对所使用对象的不爱惜或滥用。具体在公共品上，如果有人是“搭便车”使用了公共品，那么对公共品无节制的要求和对公共品使用的不爱惜这两种情况均会必然地发生。

其次，有人“搭便车”使用了公共品的话，那就意味着社会中其他一些纳税人比之于其受益，承担了超额的负担，这就会引发社会纳税成本的上升，因为这些纳税者显然将不具备足够的纳税动机。当纳税人获得的公共服务与其缴纳的税收相对等，纳税人才有足够的动机去如实纳税。

在税制设计中，无疑应包含有再分配的内容。但受益原则表明，税制设计不应仅仅只包含再分配的考虑，效率和规则公平的考虑其实应是更为重要的。

（二）公债理论

现代财政理论关于公债的讨论主要是围绕着三个问题来进行：

首先，公债应该用于公共品领域还是私人品领域？

毫无疑问，公债应该用于公共品领域。如果公债投资于私人品的生产流通领域，显然是与政府职能的转变和公共财政的要求有着矛盾的。用于私人品的公债如果以私人投资来替代的话，经济效率会更高，因此使用公债投资私人品会带来效率的损失。

其次，如果公债取得的收入投资于公共品，那么还本付息问题如何来解决？

公债的还本付息根本上是由税收来偿还的，符合公共财政要求的公债偿还应该是通过公债的筹集，投资形成有效的公共产品供应，并进而带动公共产品与私人产品之间形成动态优化的配置关系，然后带来国民经济的高质量增长。这样政府才能从经济增长中得到更多的税收，从而使公债的还本付息得以顺利进行。如果是简单的依靠投资后产生项目自身的商业收益，就无法说明公债投资必须由政府进行的充分理由了（毛程连，2004）。

最后，既然公债偿还要靠税收实现，为什么不直接以税收的方式筹集资金？

到底是采用公债还是税收的筹集方式来供给公共项目的资金之需，主要是基于负担和受益相对称的激励相容原则。如果一项公共项目的建成竣工时间为10年，项目的收益期为10年，那么现时以税收方式筹集的资金，就会产生现时负担与将来受益的脱节。现在负担了税收的人将来有可能不能或者不完全能得到与他的成本相对应的效用，而将来真正从这些公共项目中得益的人则有可能并没有负担或者较少地负担了成本，这就违背了激励相容原则，使效率和公平都受到一定程度的损害。恰当的筹资方式是应该发行十年期或更长的国债，通过此种方式将税收负担发生的时间，也就是通过税收最终偿还公债的时间转移到十年或更后的时期，即受益实际发生的时期，以实现负担与收益的对称。

对以上三个问题的回答，就能总结出公债问题的基本原理，筹集公债应该投资于公共品领域，主要是负责资本性开支，公债的偿还需要靠税收来还本付息，适当安排还本付息的期限，使得受益与负担相适应。从规范的意义上来说，公债之所以存在的价值就在于解决了资本性开支中因代际负担转移问题而引发的激励不相容。

三　激励相容与政府间财政关系

财政联邦制在处理财政关系时提供了一个规范的制度，各级政府为共同履行公共经济职能，在财政职能和收支上有一定的独立性和自主性，实质就是财政分权理论。中央给予地方政府一定的税收权利和支出责任范围，并允许地方政府自主决定其预算支出规模和结构。地方政府更能了解居民的偏好，掌握居民对公共品需求的信息，因此能够比中央政府更有效率地提供地方性的公共服务。财政分权实际上是对地方政府本身的一种激励机制，地方政府间的横向竞争鼓励它们更关心本地区的经济发展，提高经济效率。由于地方政府财政支出和收入上拥有一定的自主权，地方财政收入与经济水平挂钩，这会促进地方政府加大基础设施建设，繁荣本地区经济。居民“用脚投票”的权利使得地方政府更加注重对教育、医疗等公共服务的提供，从而在相当程度上形成地方政府与企业、居民利益的协调统一，这就是财政分权体制中蕴含的激励相容性。大量研究证明了我国改革开放以来财政分权提高了地方政府发展经济的积极性，激励了地方政府之间的横向竞争，促进了我国经济的高速增长。

财政分权的效率性体现在各级政府事权与财力的统一，这符合经济学中的成本与收益相匹配原则，各级政府使用居民的税收为全体居民提供最合意的公共品。在确定了各级政府的支出范围、职能范围后，本着事权与财力对等的原则，明确收入在各级政府之间的分配，保证各级政府取得与其支出责任相匹配的财政收入。这就是分税制，按税种划分中央和地方收入来源，同时配套实施政府间转移支付制度的一种财政管理体制。通过划分税权，将税收按照税种划分为中央税、地方税、共享税等。各级政府的事权有多大，就要求有相应的保障，有相对稳定的充足的财源。如果地方政府财政收入的上缴与实际所得不对称，财政收入不足以应付相应的支出责任，地方政府的积极性就会下降，这种机制就不能有效地激励地方政府。与此相反，如果地方政府聚集了大量的财源，超过了应承担的地方公共品的职责，就会削弱中央政府的作用，这也不是最优状态。美国一直实行的是比较彻底的分税制，在联邦预算中，税收是财政收入的主要来源，90%以上的联邦财政收入来自联邦税收收入。为保证各级政府有一定的财力，能够提供其事权范围内的服务，每级政府都有一个主体税种作为它的主要财源。因此，美国的分税制是联邦、州和地方政府都有与其事权相对应的主体税种的三级税收体系。美国分税制的一个重要特点就是三级政府都有独立的税收立法权和税收征管权，不管是哪级政府的收支，都有相应的法律或法院的判决为依据。地方政府应该对税种是否征收、如何征收、法定税率等具有一定的决策权，这样才能保证地方政府对本地的征税活动具有充分的自主权。

给予地方政府其所辖税种中的充分权利，运作该税种可能的受益与受损都由地方政府来充分承担，鲜明地体现了规则公平与激励相容的原则。

在划分各级政府的财政收入时，不同地区的财政能力水平存在差异而使某些地区收支之间存在缺口。为弥补财政实力薄弱地区的财力缺口，均衡地区间财力差距，实现地区间基本服务均等化，政府间的转移支付应运而生。但需要强调的是，相对于分税制，转移支付应是一种辅助性的制度安排，从根本上说，它应以不破坏激励相容机制为前提。所以，作为主要的转移支付手段应该是有条件的转移支付，中央政府为了特定的政策目标，向地方政府提供资金，要求专款专用，并且地方要用配套的资金支持。这种拨款有利于增加地方财力，提高对指定项目的投资积极性。对于像教育、医疗卫生、社会保障这种非生产性支出，地方政府一般缺乏动力提供，由中央政府指定转移支付的用途，激励地方政府投资于居民需要的公共服务。我们可以看到，转移支付相当于中央政府向有财力缺口的地方政府转移了一笔收入，增加了地方财力。但是转移支付机制设计的最终的目的是为了激励地方政府增强地区发展的能力，自身达到财力的充裕，具备自己“造血”的功能，而不是仅仅依靠中央政府的“输血”。

在一个经济系统内，每一个个体所做的每一件事都会涉及收益与成本问题，只要收益与成本不对等、不匹配，就会有不同的激励反应。个人利益与社会集体的利益不可能天生就完全一致，一些情况下甚至是南辕北辙的。而公共经济学的研究就是要通过政府制度的安排，将个人利益与社会利益统筹起来，将自利、互利和社会利益有机地结合起来，这就与机制设计中的激励相容理论不谋而合。通过分析，我们发现在福利性支出、公共品供给、税收受益原则、公债理论和政府间财政关系这些现代财政的基础理论中，都已经蕴含了丰富的激励相容思想。激励相容思想是贯穿现代财政学的一条重要脉络，也是体现现代财政学理论前沿发展的一条重要脉络。而实现激励相容机制的原则就是收益与成本相一致，只有这样才能同时兼顾效率与公平。在注重财政的再分配功能的同时，我们同样需要强调财政中的“个人责任”，因为你不贡献他不贡献，都想“搭便车”、坐享其成的话，财政运行的活水又最终从何而来？

参考文献：

[1] Hurwicz, H.,“On Informationally Decentralized Systems”, Decision and Organization（Radner, R. and C. B. McGuire, Eds.）, Volume in Honor of J. Marschak, North – Holland, 1972, pp. 297 – 336.

[2] Hurwicz, H., “On Informationally Decentralized Systems”, Decision and Organization（Radner, R. and C. B. McGuire, Eds.）, Volume in Honor of J. Marschak, North – Holland, 1972, pp. 297 – 336.

[3] 蒋洪、朱萍：《公共经济学》，上海财经大学出版社 2011 年版，

第 57 页。
[4] 蒋洪、朱萍:《公共经济学》，上海财经大学出版社 2011 年第 2 版。
[5] 毛程连:《关于国债理论问题的新探讨》，《财政研究》2004 年第 2 期。
[6] 毛程连:《中高级公共经济学》，复旦大学出版社 2006 年版，第 107 页。
[7] 毛程连:《中高级公共经济学》，复旦大学出版社 2006 年第 1 版。
[8] 毛程连、朱红琼:《财政学》，复旦大学出版社 2009 年版，第 13 页。
[9] 毛程连、朱红琼:《财政学》，复旦大学出版社 2009 年第 1 版。

“中国经济增长之谜”的政治经济学

——理论演进与争议

谢贞发[*]

（厦门大学经济学院 361005）

摘 要：文章系统梳理了“中国经济增长之谜”的主流理论解释及争议。当前解析“中国经济增长之谜”的两个主流理论是：中国特色市场保护型联邦主义和基于经济增长的晋升锦标赛理论。前者认为中国改革开放后形成的分权型联邦主义满足市场保护型联邦主义的基本特征，因而促进了经济增长；后者认为中国改革开放后形成的以GDP增长等作为主要考核指标的官员晋升锦标赛机制是推动中国经济持续增长的根本动力。但是，这两个理论都受到日益增长的理论挑战，一些学者质疑这些理论的逻辑及与中国事实的拟合性，并提出了对应的反事实例证。部分学者试图提出其他替代性理论解释，如“市场保护型权威主义”、“中央不同派别的竞争和地方联系”、“不断变化的博弈规则下地方追求财政收入的激励”等。理顺这些理论演进的逻辑及争议的焦点，可以得到一些有益的启示和反思，有利于推进理论的进一步发展。

关键词：“中国经济增长之谜” 政治经济学 争议

---

* 作者简介：谢贞发，厦门大学经济学院财政系副教授。研究方向：公共经济学。E－mail：xzf@ xmu. edu. cn。

一　引言

中国改革开放后持续几十年的经济快速增长因缺乏产权保护和良好的法治而被国际学术界称为“中国经济增长之谜”（Xu，2011）。中国如何在这样一个看似落后的体制中实现经济快速增长，成为许多学者试图解开的“黑匣子”。周黎安（2007）认为，“中国经济增长之谜”的特殊性在于其“非常规”的性质：经济增长理论所强调的若干增长条件，如自然资源禀赋、物质和人力资本积累以及技术创新能力，中国与其他国家相比并无独特之处，甚至处于低水平阶段，如人均资源禀赋、技术创新水平。因此，诸多学者都试图识别出“中国经济增长之谜”背后更为根本性的因素及其政治经济学逻辑。

研究“中国经济增长之谜”，无论是理论还是实践，都具有重大的意义。一是因为中国是一个典型的地域和人口意义上的“大国”，它的经济增长不仅影响了本国人民的福祉，也显著影响了世界经济；二是中国作为典型的发展中和转轨国家，以及显著不同于东欧和苏联的转轨路径，使得其经济增长的成功对其他发展中和转轨国家具有特别重要的比较借鉴意义；三是中国的改革与经济增长是正在发生的事实，它为验证理论的真伪提供了很好的“自然实验”，有助于推动相关理论的发展。

在当前解析“中国经济增长之谜”的诸多理论中，有两个理论是最具影响力的：一是中国特色市场保护型联邦主义，它认为中国经济增长的谜底在于中国改革开放后形成的分权型联邦主义满足市场保护型联邦主义的基本特征，因而促进了经济增长，它们还提供了诸多经验事实的证据；二是基于经济增长的晋升锦标赛理论，该理论认为“中国经济增长之谜”的谜底在于中国建立了以GDP增长等作为主要考核指标的官员晋升锦标赛机制，这诱发了地方政府“为增长而竞争”的行为，从而推动了中国经济的持续增长，这一理论日益受到学术界和社会公众的认可，也涌现出越来越多的实证证据。但是，这两个理论都受到日益增长的理论挑战，一些学者质疑这些理论的逻辑及与中国事实的拟合性，并提出了对应的反事实例证。部分学者试图提出其他替代性理论来解析"中国经济增长之谜"，如"市场保护型权威主义""中央不同派别的竞争和地方联系""不断变化的博弈规则下地方追求财政收入的激励"。尽管它们往往由于理论性不足及经验证据有限而影响力较弱，但它们对我们反思现有主流理论提供了重要的视角。

本文主要是对这些解析"中国经济增长之谜"的理论进行系统的梳理，试图理顺这些理论演进的逻辑及争议的焦点，以更深刻地理解"中国经济增长之谜"，更深入地理解中国经济增长背后的政府行为机制，为进一步的理论发展奠定基础。

本文后面的内容安排如下：第二部分是梳理中国特色市场保护型联邦主义理论的基本内容及事实证据，并按理论演进和事实证据的次序梳理对应的批判性文献；第三部分是梳理基于经济增长的晋升锦标赛理论和争议；第四部分是梳理其他三个替代性理论；第五部分是启示及反思。

二　中国特色市场保护型联邦主义

在解释"中国经济增长之谜"的诸多理论中，中国特色市场保护型联邦主义，简称"中国特色联邦主义"（federalism，Chinese style），是出现较早且最系统的理论，它的主要贡献者是钱颖一、Weingast等。他们将从英美早期经济增长的历史经验中总结出的"市场保护型联邦主义"（market - preserving federalism）分析框架应用于解释中国改革开放后的经济增长现实，并利用中国的经验事实进行了多角度的论证。当然，这一理论从其产生之日起就一直受到学术界的批判。

（一）市场保护型联邦主义

Weingast（1995）认为，经济体系的基本政治困境是：一个能够保护产权和执行契约的足够强大的政府同时也强大到会剥夺居民的财富。因此，繁荣的市场不仅需要产权和契约规则的合理体系，也需要一个限制政府剥夺财富能力的可靠政治基础。他在考察18世纪的英国和19世纪到20世纪早期的美国显著经济增长历史时发现，法治、横向分权（如行政、司法和立法的分立）和民主是几个可选的机制，但它们都是不完全的，而中央与地方政府之间的纵向合适分权提供了保护市场的有效且有限政府的重要制度基础。这种分权就是“市场保护型联邦主义”。

虽然联邦主义的基础特征是分权，但并不是所有的分权都是市场保护型的，Weingast等（Weingast，1995；Montinola et al.，1995；Qian and Weingast，1996）在Riker（1964）界定的联邦主义两个特征[①]基础上增加了三个条件，形成了“市场保护型联邦主义”的五个条件：F1，一个有明确权力范围的等级制政府；F2，地方政府在其管辖区域内拥有对经济的主要管理责任；F3，中央政府有权力监督并确保共同市场；F4，所有层级政府都面临硬预算约束；F5，权力和责任的配置是制度化的。

从理论上来说，仅仅根据历史经验作出总结，而没有坚实的理论逻辑支撑是明显不够的。因此，他们汲取了早期财政联邦主义的思想[②]和企业组织激励理论的新发展，强调了分权作为约束政府、保护市场的承诺机制的重要作用。一方面，市场保护型联邦主义所形成的信息和权力的分权以及地区间的竞争（tiebout）提供了解决“政府掠夺”问题（North，1990）和“软预算约束”（Kornai，1986）问题的可信承诺（Qian and Weingast，1997）。另一方面，市场保护型联邦主义的自我实施性（self－enforcing）特征，意味着政府官员有激励遵守

---

① Riker（1964）认为，一个政治体系是联邦的，如果它具有两个特征：F1，一个等级制政府，即至少“两个层级政府统治着相同的土地和人民”，每个都有一个划定的权力范围，所以每个层级政府在它自己的、清晰界定的政治权力范围内是自治的；F2，每个政府的自治权都是制度化的，以一种使得联邦主义的限制能自我实施的方式，因此，联邦主义的实质是它提供了一个可持续的政治分权体系。

② 早期财政联邦主义理论是由Hayek（1945）、Tiebout（1956）及Oates（1972）等发展起来的，主要是从经济效率角度探讨多层级政府存在的合理性以及各级政府的事权财权划分和转移支付关系。

规则，保障了体制的可持续性，从而产生限制政府的可信承诺（Weingast，1995；Qian and Weingast，1997；De Figueiredo and Weingast，2005[①]）。

（二）中国特色联邦主义

“中国特色联邦主义”的特殊性主要体现在其显著区别于西方联邦主义的政治经济体制上（Montinola et al.，1995）。第一，后者实际上总是将联邦主义根植于一个明确的产权保护的体系中；第二，西方联邦主义通常有强大的、明确的宪政基础；第三，后者几乎总是与政治自由、代表和民主相联系。这些因素没有哪个出现在中国。然而，由市场保护型联邦主义的五个条件可知，市场保护型联邦主义不依赖于这些因素，而是依赖于政府层级间的政治关系。对照五个条件，1978 年之后的政府分权改革所形成的中国特色联邦主义明显满足 F1 和 F2，部分满足 F3、F4 和 F5。因此，中国特色联邦主义分享了西方联邦主义的许多共同点，这为保护市场提供了重要的制度基础。当然，与五个条件相比，中国特色联邦主义还存在明显问题：第一，不完美的共同市场（F3）；第二，乡镇以上政府的软预算约束问题（F4）；第三，缺乏一个中央与地方政府之间的制度化的权力平衡的、以规则为基础的分权（F5）。

为了验证“中国特色联邦主义”假说的合理性，钱颖一等还通过分析中国的一些经验事实提供了更为具体的论证。

（1）经济分权与“M 型”经济下的地区竞争激励约束了地方政府行为（Qian and Xu，1993；Maskin et al.，2000）。不同于东欧及苏联的基于功能或专业化原则的单一型（“U 型”）经济，中国从 1958 年起就是一种主要基于地域原则的多层级多地区的（“M 型”）经济。M 型经济结构在改革期间进一步被按地区分权，为地区政府增加了自治和激励，更有效地促进了标尺竞争（相对绩效评估），这为实施地

① De Figueiredo 和 Weingast（2005）专门研究了以美国为代表的自下而上的联邦主义的可持续性问题，设计了一个两阶段的自我实施联邦主义博弈模型，证明了地方政府通过协调行动约束联邦政府，在制度设计阶段选择赋予联邦政府最优数量的制度权力解决了稳定性困境。

区实验、非国有企业的发展和市场的出现提供了灵活性。

（2）政治分权与“M 型”经济结构有利于地方改革实验（Qian and Weingast, 1996; Cao et al., 1999）。在许多中国的主要改革努力中，改革开始于一些地方的局部制度实验，然后成功经验被一些省份在中等规模上学习和效仿，更进一步，它们被中央政府作为一项全国性政策推广。

（3）分权有助于硬化地方政府和国有、集体企业的预算约束（Montinola et al., 1995; Che and Qian, 1998; Cao et al., 1999）。一是乡镇企业的异军突起凸显了社区政府在不完全的政府与市场的制度环境下对乡镇企业治理的重要作用，而且乡镇企业的成功原因之一是它比国有企业面临着更硬的预算约束。二是中国特色联邦主义为 1995 年以后地方政府实施国有企业民营化改革提供了主要的政治激励：税制、财政、货币和银行政策的新改革后更硬的预算约束与增加的市场竞争一起改变了地方政府保留国有企业的成本收益。

（4）分权创造的对中央权力的政治制衡有利于分权的稳定性（Montinola et al., 1995; Qian and Weingast, 1996）。中国分权改革不断积累的一些因素提高了权力再集中和经济收缩的成本，有助于维持改革的稳定性。特别的，分权后日益强大的地方政府（主要是省级政府）形成了对中央政府的政治制衡，有利于市场化改革的持续性。

（5）财政激励赋予了地方官员促进经济增长的强激励（Jin et al.,2005）。在“财政包干制”时期，事前合同与事后执行间的差别是相对小的，表明财政合同是可信的；比 20 世纪 70 年代、80 年代和 90 年代省级政府的预算收入与它的支出间的关联度高得多，显示改革后省级政府面临强得多的事后财政激励，而且这一强相关性在 1994 年分税制改革之后仍然保持；以省级政府在预算收入中的合同边际留成率来衡量，更强的事前财政激励是与非国有部门的更快发展以及国有部门的更多改革相关联的。

（三）对中国特色联邦主义的批判

中国特色联邦主义假说在理论界产生了很大的反响，也引起了许多学者的反思与批判。综合来看，对中国特色联邦主义的批判主要集中于两个层面：一是对市场保护型联邦主义理论的批判；二是对中国特色联邦主义反事实的批判。

对市场保护型联邦主义的批判实质上也就是对中国特色联邦主义理论基础的批判。Rodden 和 Rose – Ackerman（1997）并不怀疑 Weingast 等人模型的逻辑，但认为“市场保护型联邦主义”的条件太理想化，现实中很难满足。杨其静和聂辉华（2008）[①] 综述了“市场保护型联邦主义”的众多批判文献，指出该理论框架缺陷的根源在于借助新古典经济学的竞争理论和经典代理理论，且简单地将政府组织类比为企业。这就导致“市场保护型联邦主义”缺乏地方政府关于制度供给的政治微观基础；难以全面地理解中央政府在整个国家政治经济生活中的作用；忽视了分权有效的必要条件；难以分析分权的负效应，进而无法分析最优的政府间分权、政府层级和分权路径等重大问题。因此，市场保护型联邦主义还远没有解决何种制度安排下政治官员们才有积极性执行保护市场的承诺。

针对中国特色联邦主义所列示的主要经验事实，以 Cai 和 Treisman 等为代表的学者们进行了反事实性的批判。

（1）Tibout 竞争在中国适用性的质疑。第一，Tiebout 竞争要求商品和要素的充分流动性，但当改革开始时，中国各地区在没有要素流动的情况下激烈竞争，要素逐渐变得更为流动是作为改革的一个结果，而不是作为改革的一个起点（Xu，2011）。例如，中国的劳动力仅仅在 20 世纪 90 年代中期才变得部分流动性。而且，资本甚至比劳动力更不流动，在今天资本市场的分割仍然是一个问题。第二，Tiebout 竞争是同质地区间的竞争，但中国地区间是充分异质的（在自然资源、地理区位、内在人力资本或基础设施上），则禀赋差的地区由于难以从资本流动中获益，从而可能产生比资本不流动时更少商业友好政策或者更多腐败的结果（Cai and Treisman，2005）。

（2）地区竞争的“竞次”（race to the bottom）结果日益显现（Cai and Treisman，2006；王永钦等，2007）。分权后地方政府的自由

① 相关具体文献，可以参阅杨其静和聂辉华（2008）一文。

裁量权有正的和负的效应，从现有证据还无法确定哪个占优。从目前的情况来看，负面效应正日益积累和凸显，并且集中表现在三个方面：①城乡和地区间收入差距的持续扩大；②地区之间的市场分割；③公共事业的公平缺失。

（3）中国特色联邦主义的竞争利益极大地依赖于政治集权。Blanchard 和 Shleifer（2001）在对中国和俄罗斯转轨经济的比较分析中发现，两个国家地方政府对新企业的成长起着截然相反的作用：中国地方政府对新企业的成长起着很大的促进作用，而俄罗斯地方政府却通过税制、管制及腐败阻碍了它们的成长。他们认为，这个差别主要归因于中国存在的一定程度上的政治集权，而俄罗斯则没有，他们进而认为，“中国特色联邦主义”的竞争利益极大地依赖于政治集权。

（4）“M 型”结构优于“U 型”结构不能说明分权比集权更为有利（Cai and Treisman，2006）。“M 型”经济中所声称的收益（企业间竞争、多选择的供给者、更低风险的地方试验）在政治集权的市场经济和在政治分权的市场经济中都是有帮助的。标尺竞争可以被用于评估地方代理人的绩效，无论委托人是地方选民还是中央领导人。

（5）重塑中国经济的关键改革实验开始于分权改革之前（Cai and Treisman，2006）。中国相当大的管理分权和财政分权发生于 20 世纪 80 年代中期，而经常被学者提及的重塑中国经济的关键改革实验代表（家庭联产承包制、经济特区、国有企业的利润留存制）开始于 20 世纪 70 年代末期和 80 年代早期。事实上，中国的权力集中有助于加速那些被证实成功的政策在地区范围上的扩散。

（6）分权难以硬化国有企业、地方政府的预算约束（Cai and Treisman，2006；杨其静、聂辉华，2008）。财政分权没有硬化国有企业的预算约束。事实上，制造损失的企业在分权时期多倍增长、快速增加，国有银行实际上救助它们而走向破产。预算约束仅仅在中央财政和货币政策收紧之后才硬化。不同于普通的企业，除了地方财政资源之外地方政府还有许多其他行政资源可供支配，预算外和制度外财政的普遍和长期存在就是重要的例证。

（7）中国特色联邦主义缺乏制度稳定性（Cai and Treisman，

2006；周黎安，2007；Xu，2011）。在中国的宪法和一般的中央政府政策中，无论是在法律上还是事实上，中央政府都保留了对地区的自由裁量权。中央和地方的分权只能属于行政管理性质的向下授权，下放权力随时可以收回。事实上，自分权改革以来，中央和地方的管理权限的划分一直处于调整和变动之中。财政分权方面的情况也很类似，中央在财政包干制下经常单方面修改合同，甚至将财政包干制转为更为中央财政集权的分税制。另外，省级政府过去不是，现在也仍然不是对中央权力的一个可靠制衡，因为中央政府可以利用人事控制权制约省级政府领导，从而使得地方政府的政治制衡不具有实质上的约束作用。

（8）财政分权难以解释绩效提升（Cai and Treisman，2006；陶然等，2009）。虽然财政包干制阶段的边际留成率的增加赋予了地方政府有益的激励效应，但预算收入占 GDP 比例及可分享财政收入比例的快速下降抵消了该效应。同时，中央在财政承包制下经常单方面修改财政承包合同，缺乏中国特色联邦主义理论所要求的“有效承诺效应”。另外，它也难以解释 1994 年分税制取代财政包干制后的财政再集权下的经济增长。

三　基于经济增长的晋升锦标赛理论

继“中国特色联邦主义”理论之后，解释“中国经济增长之谜”的最有影响力的理论是周黎安等提出的“以 GDP 增长为基础的晋升锦标赛理论”。该理论不仅在学术界得到了越来越多的认同，而且在大众媒体上也几乎成为“常识”（陶然等，2010）。但对该理论的反思也已经开始。

（一）基于经济增长的晋升锦标赛理论

该理论是在对“中国特色联邦主义”假说缺陷认识的基础上形成的。周黎安（2007）认为，中国特色联邦主义难以解释为什么 20 世纪 80 年代以来行政与财政分权一直处在变化之中，而地方官员推动区域经济增长的激励却没有改变，这说明在地方政府的行为背后还有一种超越了行政与财政分权的、更基本的激励力量存在；另外，中国特色联邦主义也没有解释中国市场经济发展中所面临的许多严峻的问题与障碍。因此，他认为需要新的关于中国经济增长的政治经济学解释，并认为从20世纪80年代开始的地方官员之间围绕GDP增长而进行的“晋升锦标赛”模式是理解政府激励与增长的关键线索之一。

晋升锦标赛是一种行政治理的模式，是指上级政府对多个下级政府部门的行政长官设计的一种晋升竞赛，竞赛优胜者将获得晋升，而竞赛标准由上级政府决定，它既可以是GDP增长率，也可以是其他可度量的指标。这里涉及的地方官员主要是各级地方政府的行政首长。需要注意的是，晋升锦标赛作为一种激励和治理手段绝非改革开放以来的发明，在改革前的毛泽东时代就常被使用，如大跃进时期各省市竞相就粮食产量大放“卫星”，也可以看作是一种晋升锦标赛的现象。而改革开放以来晋升锦标赛的最实质性的变化是考核标准的变化，地方首长在任期内的经济绩效取代了过去一味强调的政治挂帅，形成了以GDP增长为基础的晋升锦标赛模式。

晋升锦标赛发挥效力需要几个技术前提：一是上级政府的人事权力必须是集中的；二是存在可衡量的、客观的竞赛指标；三是“竞赛成绩”是相对可分离和可比较的；四是参赛的政府官员能够在相当程度上控制和影响最终考核的绩效；五是参与人之间不容易形成合谋。改革开放后中国政府体制和经济结构的独特性质满足了上述条件：行政和人事方面的集权；以GDP增长为基础的考核指标；M型经济结构的可比性；行政和经济分权后地方官员对地方经济发展具有巨大的影响力和控制力；政治晋升的巨大利益差异使得合谋不是一个现实的威胁。

周黎安认为政府治理的核心是“把政府官员的激励搞对”，而中国自改革开放以来推行的以经济增长为基础的晋升锦标赛治理模式“搞对了地方政府官员的经济增长激励”，成为中国经济增长奇迹的重要根源。晋升锦标赛的最大收益之一是在地方政府之间引入了竞争机制，地方政府间激烈的行政竞争推动了地区间的经济竞争，提供了中国特色的产权保护和其他有助于企业发展的政府服务。晋升锦标赛与中国行政权力的高度集中[①]还有利于克服"政治公有地悲剧"问题（Shelifer and Vishny，1993）和政府被利益集团"捕获"问题（Stigler，1971）。因此，以 GDP 增长为基础的强激励的晋升锦标赛是对地方官员手中不受监督和制约的自由处置权的一种强制引导。虽然带来努力扭曲、政绩工程等问题，但至少换来了相当水平的经济增长，这比弱激励下政府的不作为甚至偷懒、腐败要好。

与中国特色联邦主义的承诺机制相比，晋升竞标赛的承诺机制更为可信。一是晋升锦标赛的奖励承诺比行政和财政分权更为可信，因为其指标比较透明且提拔竞赛优胜者并不花费委托人的额外资源；二是晋升锦标赛还会内生地生产出一种维持这种激励制度的积极因素：随着越来越多的来自经济发展迅速和市场化程度高的省级领导人晋升到中央决策部门，在当前党的集体决策体制下，他们的偏好和利益决定了中国改革开放的基本政策的稳定性和承诺的可信度。另外，中国特色的晋升锦标赛模式所形成的中央政府对绩效观的隐性承诺，为地方政策实验、创新提供了内在激励。

但是晋升锦标赛也是一把"双刃剑"，它的强激励本身也内生出一系列的负面作用。比如行政竞争的零和博弈的特性导致区域间恶性经济竞争（周黎安，2004）；在政府职能呈现多维度和多任务特征时，以 GDP 指标代替居民偏好的晋升锦标赛促使地方官员只关心可测度的经济绩效，而忽略了许多长期的影响；晋升锦标赛使得地方官员既是地区间晋升博弈的运动员，同时政府职能要求他们又必须是辖区内市场经济的裁判员，这两者存在内在的角色冲突，使得"建设型"财政体制向"公共财政"体制转型困难重重。另外，通过晋升激励支撑的对企业的扶持和产权保护肯定不如通过健全的司法保护更透明、更持久。诸如此类的问题随着中国经济的日益发展和市场经济的进一步完善而显得日趋严重。

为了给"以 GDP 增长为基础的晋升锦标赛"理论提供佐证，Li

① 地方政府的行政权力主要集中于各级党委，尤其是党委一把手。

和 Zhou（2005）运用中国改革开放以来省级水平的数据系统地验证了地方官员晋升与地方经济绩效的显著关联，为地方官员晋升激励的存在提供了一定的经验证据。他们发现，省级官员的升迁概率与省区 GDP 的增长率呈显著的正相关关系；而且，中央在考核地方官员的绩效时理性地运用相对绩效评估的方法来减少绩效考核的误差，增加了其可能的激励效果。

（二）以 GDP 增长为基础的晋升锦标赛理论的反思

陶然等（2009，2010）对“以 GDP 增长为基础的晋升锦标赛理论”提出了逻辑上的多维度质疑，并利用省级官员晋升数据进行了实证重估。

虽然陶然等质疑该理论，但他们并不是挑战“中国转轨时期地方政府官员存在强政治晋升激励”的观点，而是认为“以 GDP 为基础的晋升锦标赛理论”在解释转轨期中国经济增长上存在难以克服的逻辑和实证问题。第一，下级官员的政治升迁与可衡量的、客观的竞赛指标（GDP 增长）挂钩，会使得上级领导在很大程度上丧失其对官员任命上的最终控制权，这与集权政治体系的运作机制难以兼容。第二，地方官员有积极性扭曲 GDP 增长率指标，这种可能性的存在使得上级政府不可能以此作为政治提拔的主要依据。第三，从实际来看，没有充分证据表明省级主要领导对本地经济增长可以发挥重大影响，因此，该理论在实证分析上将省级主要官员提拔情况和省级经济增长进行回归后就进行推论，可能存在严重的政府层级设定偏误。第四，即使发现一个地区的经济增长与其主要领导官员的提拔密切相关，但如果无法有效处理集权体制下上级对下级官员布局所产生的内生性问题（如集权体制下具有特定政治网络优势的官员可能被安排去特定地区任职并得到提拔），那么就不能简单推断这些官员的提拔是基于其所带来的本地经济增长。第五，锦标赛理论还存在一个技术性问题，即 1993 年之前分省份 GDP 指标是后来推算出来的，而锦标赛的实证研究没有处理这个问题。

为了验证改革开放后中国是否存在一个“以 GDP 为基础的政绩考核体系”，陶然等（2010）通过考察转轨期中国政绩考核体系的产生和演变后发现，从正式体制上说，改革开放以后的中国并不存在一个从中央到省、从省到地市、从地市到县乃至乡级的层层放大的、将政治提拔和经济增长，或主要经济指标直接挂钩的考核体系。针对 Li 和 Zhou（2005）的实证问题，陶然等（2010）也利用改革开放以来省级面板数据，对省级官员晋升数据进行实证重估，发现没有很强的实证证据表明在省这一级别 GDP 增长率对中国地方官员的政治提拔具有显著影响。

四　其他三个替代性理论

除了上述两个理论外，现有文献还初步形成了另外三个解释“中国经济增长之谜”的理论，虽然它们的系统性和影响力远低于上述两个理论，但梳理这些理论将有利于我们更综合地理解中国经济增长的政治经济学逻辑。

（一）市场保护型权威主义

针对中国不同于联邦制的政治体制，与“市场保护型联邦主义”相对应，Li 和 Lian（1999）提出了“市场保护型权威主义”（market - preserving authoritarianism）。权威主义强调的不是政治参与，而是政治服从。

一个发展中或工业化经济中的权威主义是市场保护型的，也要满足一定的条件。M1，受不断变化的国际（如国际条约和开放政策）和国内竞争约束，使得保护市场促进赶超是中央政府的利益所在；M2，向政治的、经济的决策主体进行足够的分权（包括权力、信息和资源），并以制度化形式确定，形成对中央政府的约束，以保证基于市场的赶超政策更可信；M3，中央政府能够以有效的激励机制，检查、协调和执行机制约束政治和市场的分权主体，以平衡自治和控制的关系。其中 M1 确保了激励，M2 和 M3 则一起确保了政府保护市场实现赶超的能力。

在中国“市场保护型权威主义”理论中，保护市场的可信承诺来源于两个方面：一是经济分权和自治，二是政治控制和协调。

（二）中央不同派别的竞争和地方联系

Cai 和 Treisman（2006）在系统批判“中国特色联邦主义”理论后认为，在中国改革故事中地方参与者当然重要，但驱动力不是来自地方官员的政治压力、自发创新或引资竞争，而是意识形态上不同的中央政治派别之间的竞争以及地方联系。来自改革者和反对改革者的基层创新，目的都是为了赢得发起者的支持和来自相关派别领导人的提拔。总之，这是一种在一个集权的、多层级体制中的纵向队伍的竞争。

Cai 和 Treisman（2006）认为，该观点实际上是与中国政治学的许多传统理解相一致，能够解释改革时期的变化模式，它随着派系权力平衡的变化而起伏波动，而不是随着分权的变化而变化。它也能解释为什么 20 世纪 90 年代尽管向着再集权的变化，而改革仍然继续、经济绩效并没有恶化的现象。

（三）不断变化的博弈规则下地方追求财政收入的激励

陶然等（2009，2010）在批判“中国特色联邦主义”和“以 GDP 为基础的晋升锦标赛理论”后认为，在理解中国转轨期高度增长的政治经济学背景上，一个简单但统一的分析框架是不断变化的博弈规则（包括中央—地方关系和地方政府—企业关系）下地方政府追求财政收入的激励。

在 20 世纪 90 年代中期之前，拉动中国经济增长的主体是地方政府所有的国有企业和乡镇企业，而这一时期中国经济增长的主要原因是改革后计划体制下长久压抑的消费品需求，此时能够通过既有的以及大量新建的地方国企和乡镇企业发展来满足。由于作为所有者可以分享企业利益，地方政府必然有很强激励去支持本地企业的发展，同时可以通过控制企业现金流来较容易地将资金从预算内转移到预算外乃至体制外，所以即使在“财政承包制”下中央不断变化规则试图抢夺资源的情况下，地方政府仍有积极性发展本地经济。但到了 20 世纪 90 年代中期之后，由于市场竞争的加剧，地方国企和乡镇企业相继改制，而同时中央通过分税制显著上收了财权，地方政府不仅无法从改制的国有、乡镇企业继续获取稳定财源，反而面临企业改制带来的更大支出（如社保）压力，于是开始逐渐热衷于吸引私人投资来着力培养新的地方税基。这使得地方政府在经济发展中所扮演的角色逐渐从地方国企、乡镇企业的所有者过渡为本地企业的征税者。国内产品、资本、劳动力市场一体化进程加快和要素流动性的增加，大大强化了地方政府为扩大地方税基而争夺外来投资的激烈的地区竞争。

他们认为，这一分析框架可以解释中国转轨期地区竞争模式的变化：20 世纪 90 年代中期之前是以地方政府所有企业为发展主体、地区保护主义为地区竞争主要形式的增长模式；1994 年财政集权后则是以非地方政府所有企业为发展主体，以补贴性用地和降低环保与劳工保护标准来吸引制造业投资为主要特征的地区间"竞次"式发展模式。

五　启示与反思

为了打开"中国经济增长之谜"的"黑匣子"，诸多学者基于中国事实提出了诸多理论解释，为揭开"中国经济增长之谜"提供了多维度的视角，并深化了对中国改革开放后中国经济增长的政治经济学逻辑的理解。虽然各理论都有自身的缺陷，也面临着诸多质疑与挑战，但综合来看，我们可以从这些理论逻辑严谨及争议中得到一些对经济增长至关重要的启示。

启示一：有限且有效的政府的重要性。Weingast（1995）总结的两难政治困境让我们意识到约束政府保护市场对经济增长的重要作用。市场经济的发展要求约束政府行为，需要有限的政府；同时，市场经济的发展又需要政府弥补市场失灵，需要有效的政府。简言之，就是要求政府既不"越位"也不"缺位"，这是保护市场的政府的核心要求。

启示二：做对激励的重要性。现有研究发现，中国经济增长成功的经验不在于"做对了价格"，而在于"做对了激励"（王永钦等，

2007）。这个激励包括经济激励与政治激励。中国特色联邦主义理论强调了经济分权尤其是财政分权产生的经济激励的重要性，基于经济增长的晋升锦标赛理论则强调了政治集权下以经济增长为基础的政治晋升激励，它们是目前学术界所识别出来的最重要的地方政府经济增长激励。当然，这些激励也存在明显的副作用，且这种副作用随着经济社会发展日益凸显。

启示三：分权与集权协调作用的重要性。诸多理论都强调了分权对约束政府保护市场的重要作用，但理论的争议也凸显了集权的重要作用，尤其是在中国这样的权威体制中。事实上，学者们总结的“中国式分权”的基本特征即是政治集权与经济分权的结合（Xu，2011），它本身就是分权与集权的融合。片面强调其中一个维度的作用可能都不恰当，只有分权与集权的协调作用及相互制约才是更为关键的。正如张军（2005）所指出的，中国成功地解决了经济分权和政治集中的平衡。

启示四：竞争的重要性。在中国经济增长的逻辑中，诸多学者都强调了竞争的作用，它不仅包括市场微观主体之间的竞争，更重要的是政府之间的竞争；而且不仅是地方政府间的竞争，还包括中央层面的竞争。政府间竞争是实现约束政府、保护市场作用的重要承诺机制，即使在竞争可能产生副作用的情况下。

启示五：制度稳定性的重要性。诸多理论都认识到承诺机制的有效性对经济增长的长期重要性，从而都强调了制度稳定性的作用，因为它是保持经济持续快速增长的必要条件。中国式分权下形成的政府竞争机制是制度稳定性的重要来源，但这种机制的长期有效性还需要实践检验。

从现有理论的演进和争议来看，我们发现，虽然主流理论形成了一个自洽的理论解释，而且也有经验事实和实证证据的支撑，但同时它们又都会受到其他学者的质疑，也有相应的反事实例证。因此，到目前为止，还没有一个理论是被学术界普遍接受的定理式结论，这既因为每个理论自身可能存在的缺陷，也因为“中国经济增长之谜”的复杂性。我们认为，揭开“中国经济增长之谜”的谜底，理论界还有几个重要问题值得认真反思。

反思一：“中国经验”是中国特色还是具有世界普遍意义？这个问题就是“中国经验”的外部有效性问题。从现有理论演进和争议来看，理论界已经发现，以经济分权与政治集权为特色的中国式分权对中国经济增长起着至关重要的作用。问题是，中国式分权是否是中国经济增长的充要条件？如果是，它是否具有推广意义呢？现实中，任何一个国家都是某种形式上的集权与分权的结合，那中国的成功是否意味着“中国式分权”才是分权与集权契合的最好模式呢？这个问题还需要理论界做出更为可信的解析和检验。

反思二：中国故事中的主流理论是否存在忽视或低估中央政府动态作用的风险？中国改革开放以来经济增长的成功，许多研究将其主要归因于地方政府发展经济的活力被激发了，地方政府“为增长而竞争”（张军，2005）成为学术界普遍接受的定理式结论，而中央政府的作用主要是建立了以 GDP 增长为主要导向的晋升锦标赛机制（周黎安，2004，2007），从而中央政府的作用被外生给定了，研究的重心也就转向了以地方政府竞争为核心的方向上。这已经成为研究中国经济增长问题的基本路径。但是，仔细研究中国经济增长变化的轨迹，我们可以发现，忽视或低估中央政府在整个博弈过程中的动态作用的故事是不完整的。在中央与地方政府的博弈中，中央政府不只是一个简单的制度设定者以及规则的监管者，它还是一个积极的参与者，它不断动态地修改规则，从而使得整个博弈变得异常复杂，不是简单的同时行动的纳什博弈或中央政府先行动的斯塔克伯格博弈所能清晰刻画的。陶然等（2009）就曾指出，在理解中国转轨期高速增长的政治学背景上，一个简单但统一的分析框架是不断变化的博弈规则（包括中央—地方财政关系和地方政府—企业关系）下地方追求财政收入的激励。因此，要更真实和完整地认识“中国经济增长之谜”，需要充分考量中央政府的动态作用。

反思三：中国式分权所带来的负面作用是否可能存在最终侵蚀中国经济增长成果的风险？现有研究已开始从重点关注中国经济成功转向关注其带来的负面效应。这一方面是因为理论研究的深入和全面，另一方面是因为中国经济增长伴随着负面效应的日益累积的现实。王永钦等（2007）总结了中国式分权的负面激励所导致的三方面影响正在日益凸显：城乡和地区间收入差距的持续扩大；地区之间的市场分割；公共事业的公平缺失等。因此，现在的问题是，中国式分权的负面激励是否会完全冲抵其正面激励呢？如何维持其正面激励的前提下，修正其负面激励呢？这是当前理论界需要解决的重大问题。

反思四：如何实现中国经济持续增长的制度稳定性问题？现有理论都特别关心中国经济增长的制度稳定性问题，因为它是保障经济持续增长的重要承诺机制。但从现有理论演进和争议来看，学者们对此并没有很强的信心。因为在中国这样的权威体制中，存在着明显的机会主义和实用主义的缺陷，还缺乏制度的纠偏机制和稳定性，其制度承诺效应大打折扣。当之前的一些制度红利已消耗殆尽之后，如何继续进行制度改革，维持中国式分权正向激励的稳定性，持续释放更多的制度红利是当前和今后改革的重心。

参考文献：

[1] Blanchard O., & Shleifer, A., Federalism With and Without Political Centralization: China Versus Russia, IMF Staff Papers, No. 48, 2001, pp. 171 – 179.

[2] Cai H., & Treisman, D., Did Government Decentralization Cause China's Economic Miracle? *World Politics*, Vol. 58, No. 4, 2006, pp. 505 – 535.

[3] Cai H., & Treisman, D., Does Competition for Capital Discipline Governments? Decentralization, Globalization, and Public Policy, *American Economic Review*, Vol. 95, No. 3, 2005, pp. 817 – 830.

[4] Cao Y., Qian, Y., & Weingast, B. R., From Federalism, Chinese Style to Privatization, Chinese Style, *Economics of Transition*, Vol. 7, No. 1, 1999, pp. 103 – 131.

[5] Che J., & Qian, Y., Institutional Environment, Community Government, and Corporate Governance: Understanding China's Town-

ship – Village Enterprises, *Journal of Law*, *Economics*, *& Organization*, *Vol. 14*, No. 1, 1998, pp. 1 – 23.

[6] De Figueiredo, R. J. P., Jr., & Weingast, B. R., Self – Enforcing Federalism, *Journal of Law*, *Economics*, *& Organization*, Vol. 21, No. 1, 2005, pp. 103 – 135.

[7] Frye T., & Shleifer, A., The Invisible Hand and the Grabbing Hand, *American Economic Review*, Vol. 87, No. 2, 1997, pp. 354 – 358.

[8] Jin H., Qian, Y., & Weingast, B. R., Regional Decentralization and Fiscal Incentives: Federalism, Chinese Style, *Journal of Public Economics*, Vol. 89, No. 9 – 10, 2005, pp. 1719 – 1742.

[9] Kornai J., The Soft Budget Constraint, KYKLOS, Vol. 39, No. 1, 1986, pp. 3 – 30.

[10] Li H., & Zhou L. A., Political Turnover and Economic Performance: The Incentive Role of Personnel Control in China, *Journal of Public Economics*, Vol. 89, 2005, pp. 1743 – 1762.

[11] Li S., & Lian P., Decentralization and Coordination: China's Credible Commitent to Preserve the Market under Authoritarianism, *China Economic Review*, Vol. 10, 1999, pp. 161 – 190.

[12] Maskin E., Qian Y., & Xu C., Incentives, Information, and Organizational Form, *Review of Economic Studies*, Vol. 67, 2000, pp. 359 – 378.

[13] Montinola G., Qian Y., & Weingast B. R., Federalism, Chinese Style: The Political Basis for Economic Success in China, *World Politics*, Vol. 48, No. 1, 1995, pp. 50 – 81.

[14] North D., *Institutions*, *Institutional Changes and Economic Performance*, New York: Cambridge University Press, 1990.

[15] Qian Y., & Roland G., "Federalism and the Soft Budget Constraint", *American Economic Review*, Vol. 88, No. 5, 1998, pp. 1143 – 1162.

[16] Qian Y., & Weingast B. R., China's Transition to Markets: Market - Preserving Federalism, Chinese Style, *Journal of Policy Reform*, Vol. 1, 1996, pp. 149 - 185.

[17] Qian Y., & Weingast B. R., Federalism as a Commitment to Preserving Market Incentives, *Journal of Economic Perspectives*, Vol. 11, No. 4, 1997, pp. 83 - 92.

[18] Qian Y., & Xu C., Why China's Economic Reforms Differ: the M - Form Hierarchy and Entry/Expansion of the Non - State Sector, *Economics of Transition*, Vol. 1, No. 2, 1993, pp. 135 - 170.

[19] Riker W. H., *Federalism: Origin, Operation, and Significance*, Boston: Little Brown, 1964.

[20] Rodden J., & Rose - Ackerman S., Does Federalism Preserve Markets? *Virginia Law Review*, Vol. 83, No. 7, 1997, pp. 1521 - 1572.

[21] Shleifer A., & Vishny R., Corruption, *Quarterly Journal of Economics*, Vol. 108, No. 3, 1993, pp. 599 - 618.

[22] Stigler G., The Theory of Economic Regulation, *Bell Journal of Economics*, Vol. 2, No. 1, 1971, pp. 2 - 21.

[23] Weingast B. R., The Economic Role of Political Institutions: Market - Preserving Federalism and Economic Development, *Journal of Law, Economics, & Organization*, Vol. 11, No. 1, 1995, pp. 1 - 31.

[24] Xu C., The Fundamental Institutions of China's Reforms and Development, *Journal of Economic Literature*, Vol. 49, No. 4, 2011, pp. 1076 - 1151.

[25] 陶然、陆曦、苏福兵、汪晖:《地区竞争格局演变下的中国转轨:财政激励和发展模式反思》,《经济研究》2009 年第 7 期。

[26] 陶然、苏福兵、陆曦、朱昱铭:《经济增长能够带来晋升吗?——对晋升锦标竞赛理论的逻辑挑战与省级实证重估》,《管理世界》2010 年第 12 期。

[27] 王永钦、张晏、章元、陈钊、陆铭：《中国的大国发展道路——论分权式改革的得失》，《经济研究》2007 年第 1 期。
[28] 杨其静、聂辉华：《保护市场的联邦主义及其批评》，《经济研究》2008 年第 3 期。
[29] 张军：《分权与增长：中国的故事》，《经济学》（季刊），2007 年第 7 卷第 1 期。
[30] 张军：《中国经济发展：为增长而竞争》，《世界经济文汇》，2005 年第 4 期。
[31] 周黎安：《晋升博弈中政府官员的激励与合作——兼论我国地方保护主义和重复建设问题长期存在的原因》，《经济研究》2004 年第 6 期。
[32] 周黎安：《中国地方官员的晋升锦标赛模式研究》，《经济研究》2007 年第 7 期。